小 都 晶 子 著　　　　　　　汲古叢書 154

「満洲国」の日本人移民政策

汲 古 書 院

目　　次

図表一覧…………………………………………………………iv

凡　　例…………………………………………………………vi

序　　章……………………………………………………………3

第1部　中央の政策決定と実施

第1章　移民機関の設置にみる満洲国の政策関与 …………………15

はじめに　………………………………………………………15

Ⅰ　政策実施への関与 …………………………………………15

Ⅱ　政策決定への関与 …………………………………………24

Ⅲ　移民行政における「内面指導」……………………………35

むすび　…………………………………………………………39

第2章　移民政策の制度化と戦時体制への移行 ………………………43

はじめに　………………………………………………………43

Ⅰ　機構の拡充 …………………………………………………44

Ⅱ　政策実施の制度化 …………………………………………51

Ⅲ　戦時下の移民政策 …………………………………………63

むすび　…………………………………………………………74

第3章　移民用地の取得・開発・配分 …………………………………79

はじめに　………………………………………………………79

Ⅰ　用地取得の変遷 ……………………………………………80

Ⅱ　満洲国の「未利用地開発」………………………………93

ii

Ⅲ　用地配分の制度化 ……………………………………………102

むすび …………………………………………………………110

第4章　満洲国立開拓研究所の調査と研究 ……………………116

はじめに ………………………………………………………116

Ⅰ　設立の経緯 ………………………………………………117

Ⅱ　組織と活動 ………………………………………………122

Ⅲ　調査の現場から …………………………………………146

むすび …………………………………………………………151

第2部　地域における政策展開

第5章　日本人移民の入植と地域の抵抗
　　　　──三江省樺川県の事例から ……………………………157

はじめに ………………………………………………………157

Ⅰ　県の概況 …………………………………………………158

Ⅱ　関東軍の介入と地域の反応 ……………………………161

Ⅲ　初期移民政策の転換 ……………………………………166

Ⅳ　移民政策の展開 …………………………………………170

むすび …………………………………………………………176

第6章　「未利用地開発」の実施
　　　　──錦州省盤山県の事例から ……………………………179

はじめに ………………………………………………………179

Ⅰ　県の概況 …………………………………………………180

Ⅱ　朝鮮人移民の入植──営口安全農村の成功 …………183

Ⅲ　盤山県の土地改良事業と日本人開拓団の入植 ………187

むすび …………………………………………………………193

目　次　iii

第7章　戦時下の「開拓増産」と「農地開発」
　　　　——吉林省徳恵県の事例から ………………………………196
　はじめに ………………………………………………………………196
　Ⅰ　県の概況 …………………………………………………………197
　Ⅱ　第二松花江開発の背景 …………………………………………200
　Ⅲ　第二松花江開発と広島総合開拓団 ……………………………204
　むすび …………………………………………………………………209

終　章 ……………………………………………………………………213

　参考文献一覧 …………………………………………………………217
　あとがき ………………………………………………………………237
　索　引 …………………………………………………………………241

図表一覧

満洲国略図（1940 年現在）…………vii

表 1-1 産業部拓政司（1938 年 4 月 1 日
現在，事務官以上）…………22

図 1-1 開拓総局の組織と各科の業務
（1939 年 1 月現在）…………26

表 1-2 産業部開拓総局（1939 年 4 月 1
日現在，科長以上）…………28

図 2-1 開拓総局の組織と各科の業務
（1941 年 3 月現在）…………45

表 2-1 興農部開拓総局（1942 年 12 月
1 日現在，科長以上）…………46

表 2-2 地方開拓行政機関設置状況…49

表 2-3 満洲開拓事業予算（1940 年度）
…………………………………53

表 2-4 満洲開拓事業予算（1941〜1942
年度）…………………………54

表 2-5 開拓関係法規（1939〜1943 年）
…………………………………57

表 2-6 満洲開拓事業予算（1943〜1944
年度）…………………………69

表 2-7 開拓増産総合動員計画抜粋…74

図 3-1 第 1 次移民入植地図…………81

図 3-2 第 2 次移民入植地図…………83

表 3-1 日本人移民用地面積一覧表…84

表 3-2 移民用地の取得地帯と取得面積
…………………………………85

表 3-3 満洲拓植公社の年度別土地取得
…………………………………89

表 3-4 開拓用地整備面積（満洲国政府
1941 年 4 月，満拓公社同年 3 月
現在）…………………………91

表 3-5 開拓用地整備面積（満洲国政府
1944 年 1 月，満拓公社 1943 年
3 月現在）……………………93

表 3-6 開拓用地整備主体別土地原価表
…………………………………93

表 3-7 土地改良に関する各種調査報告
書………………………………94

表 3-8 土地改良事業の実施状況（1941
年 1 月現在）…………………97

表 3-9 土地改良事業の進行状況（1943
年 6 月現在）…………………99

表 3-10 緊急造成地区概況…………101

表 3-11 開拓団地計画実績…………109

表 4-1 開拓研究所所員およびその経歴
（1942 年 11 月現在）…………124

図 4-1 開拓研究所機構…………129

表 4-2 開拓研究所刊行物…………132

表 4-3 開拓研究所『大陸開拓──開拓
研究所彙報』主要記事目録
…………………………………138

図 5-1 樺川県地図…………159

図 5-2 民国初期における三江地域の耕
地分布状況……………………160

表 5-1 吉林省 6 県における関東軍移民
用地買収予定面積…………163

表 5-2 樺川・勃利・宝清・密山・虎林
各県における土地買収面積
…………………………………169

表 5-3 樺川県開拓団入植一覧……173

図 5-3 樺川県第 8 次大八浪開拓団農耕
地配置略図……………………175

図表一覧　v

図 6-1　盤山県地図 ……………………181

図 6-2　営口農村土地改良計画平面図
　　　　……………………186

表 6-1　栄興農村年度別作付け面積およ
　　　　び総収量 ……………………187

図 6-3　盤山県田荘台地区開拓団入植図
　　　　……………………190

表 6-2　盤山県開拓団入植一覧 ……191

図 7-1　徳恵県地図 ……………………198

図 7-2　広島総合開拓団入植図 ……205

表 7-1　徳恵県開拓団入植一覧 ……208

表 7-2　広島総合開拓団土地利用計画
　　　　……………………208

凡　例

・「満洲」，「満洲国」には括弧を付すべきであるが，煩雑さを避けるために省略する。
　そのほか，満洲国固有の地名・機関名についても同様に括弧を省略する。
・「北満」，「中満」，「南満」は当時用いられた地域区分で，おおよそ現在の黒龍江省，
　吉林省，遼寧省に相当する。いずれも括弧を省略する。
・当時，現地の住民を指して「原住民」，「満人」などの語が用いられたが，引用では原
　文のまま記載した。
・引用では，旧字体を新字体に書き改めた。また一部で片仮名書きを平仮名書きに改め
　た。

・地積単位は原資料にしたがって表記する。
　　　畝　：一般的に南満では小畝，北満では中畝を使用した。1 小畝は 6.144 アール，1
　　　　　　中畝は 7.3728 アール。
　　　天地：南満の土地単位。1 天地 6 畝とする場合は 36.864 アール，10 畝とする場合
　　　　　　は 61.44 アール。
　　　晌　：北満の土地単位。1 晌は 73.726 アール。
　　　陌　：ヘクタール。

満洲国略図　vii

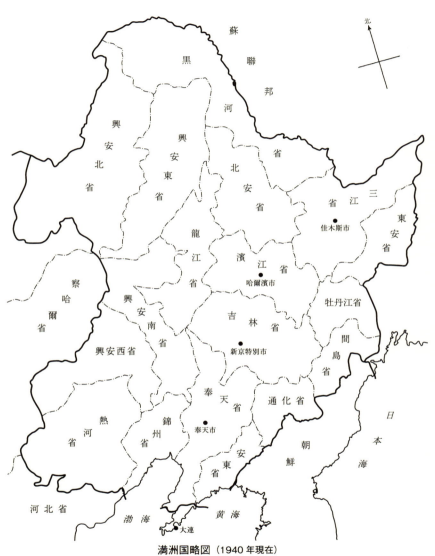

満洲国略図（1940 年現在）
出所：満洲国通信社（1940a）より作成。

「満洲国」の日本人移民政策

序　章

1.　本書の課題

　1932〜1945年，日本は約27万人の農業移民を中国東北地域に送出した。「開拓団」と呼ばれた彼ら日本人農業移民は，1945年8月現在，在留日本人総数155万人のうちの17パーセントを占めたにすぎなかったが，戦後現地で死亡した開拓団関係者は民間人犠牲者の40パーセントに及んだ［山本有造2007］[1]。

　日本人満洲農業移民（以下，満洲移民）に関しては，送出の背景や政策展開，営農実態などを中心に，実証分析が積みあげられてきた。他方，日本で，満洲移民をめぐっては引揚げの悲劇に規定されて被害の面を指摘するもの，その被害を生み出した加害の面を指摘するものに二分されてきた。しかし，こうした枠組みでは，中国東北地域は移民の後景に退いている[2]。これに対し，本書は移民の入植地となった満洲国がこの政策をどのように実施し，それが中国東北地域でどのように展開されたのかを検討する。満洲移民は中国東北地域史を構成する一部でもある。

　日本は満洲事変を発端として中国東北地域に侵攻し，1932年3月，傀儡国家満洲国を成立させた。日本人移民政策はこの満洲国の成立後すぐに始まったが，1935年までは試験移民約2500人が送出されたのみであった。二・二六事件後の1936年8月，日本政府は対満移民政策を七大国策の一つに決定し，翌年から二十カ年百万戸送出計画を開始した。その初年度となる1937年7月には，日中戦争が始まった。1939年12月，日満両国政府が発表した「満洲開拓政策基本要綱」は「東亜新秩序」における日本人移民政策の基本方針を示している。さらにアジア太平洋戦争が始まった1941年12月，満洲国は「満洲開拓第二期五カ年計画」を策定し，日本人移民に日本帝国圏の食糧増産という新た

な目標が課せられた。「日満一体化」のスローガンの下，日本人移民政策も大規模に展開されていった。

　こうした政策の展開に対し，移民を受け入れた満洲国は 1935 年 7 月，民政部に拓政司を，1939 年 1 月にはこれを拡大して開拓総局を設立し，用地取得や現地住民への対応を担わせた。開拓総局は「土地，移民，営農の三位一体の総合的中心機関」として設立され [S・P・S 1939, 89]，その所管事項は「未開発地域に於ける未利用地の取得及開発並に移植民に関する事項」とされた [産業部 1939, 1]。満洲国の移民行政は土地開発と移植民を総合的に実施するものとして構想され，開拓総局は「未利用地開発主義」の中心的機関と位置づけられた。

　1939 年 1 月，日鮮満移民各関係機関懇談会において，第 1 次移民団長山崎芳雄と第 2 次移民団長宗光彦は「移民」の名称の変更を求めた [楠見 1939, 21][3]。これにこたえて日本側は，「移民」の名称が国策の意義を弱め，経済難民のような連想を与えるとして変更を決定，満洲国も 2 月 2 日から改称するとした。以後，「移民」は「開拓民」，「農業移民」は「開拓農民」，「移民政策」は「開拓政策」，「移民地」は「開拓地」に改称された[4]。同年 3 月，満洲国は「開拓政策」を「産業開発」，「北辺振興」と並ぶ三大国策とした。

　すでに指摘されているように，従来の研究では「開拓」という用語の使用は避けられてきた [玉 2016, 36]。日本人移民の土地収奪と地主化の実態は，「開拓」の表現にそぐわないからである。他方で，満洲国は日中戦争開始後，「未利用地開発主義」を採用し，日本人移民政策を「開拓政策」の名のもとに展開した。本書はこの「未利用地開発主義」を検討課題の一つとする。「未利用地開発主義」はほぼ実態をともなわなかったが，一方でこの方針は日本人移民政策を中国東北地域との関係のなかでとらえる手がかりとなる。

　本書は，満洲国の日本人移民政策を実証的に検討することによって，中国東北地域における満洲移民の政策展開を明らかにする。これによって満洲移民を中国東北地域の歴史的な文脈において分析し，政策に対する地域の側の関与を把握することを目指す。

2. 研究史

　満洲移民については，すでに豊富な研究蓄積がある。

　喜多（1944）は，満洲国末期における満洲移民の入植実績や用地整備，入植分布，人口動態などをデータにもとづいて整理，分析している。喜多は満洲拓植公社（以下，満拓公社）東京支社の参事であったため，同書は満洲移民を支持する立場で記述され，その利用には注意が必要であるが，当時の内部資料も多く掲載され，資料的価値もある。

　1960年代には，満洲回顧集刊行会（1965），満洲開拓史刊行会（1966），満洲国史編纂刊行会（1970；1971）など，政策を担当した当事者らによる回想録や通史が刊行された。その多くは満洲国を肯定的にとらえ，満洲移民を悲劇の枠組みで語っている。悲惨な引揚げをつづった満洲移民の手記も次々と刊行された。

　こうした被害意識に対し，1970年代以降の日本帝国主義研究は満洲移民の加害性を痛烈に指摘した。満州移民史研究会（1976）は，試験移民期（1932〜1935年），本格的移民期（1937〜1941年），崩壊期（1942〜1945年）に時期区分し，日本帝国主義下における満洲移民の実態を実証的に明らかにした，いまなおもっとも体系的な研究である。さらに土地収奪による移民の寄生地主化や，これに対する反満抗日運動を検証した浅田喬二の研究は，満洲移民における帝国主義的枠組みを確固たるものにした［浅田 1968；1973；1993］[5]。

　また，中国における満洲移民研究は東北淪陥史研究，すなわち被占領史研究の一環として進められた。高（2000）は，満州移民史研究会（1976）の枠組みを踏襲しつつ，現地における政策過程や移民機構，移民用地の収奪と経営，移民の危害と中国人の闘争を総合的に検討した。中国に残された資料によって，満洲国末期の政策過程にも触れている。東北淪陥14年史総編室[6]による孫・鄭（2002）は，資料集や文史資料[7]から集められた関係者の証言，現地調査報告，さらにそれらの分析によって構成され，入植地における満洲移民の実態を知るうえで重要な内容を含んでいる。これらはいずれも被害の実態を指摘する

6　序　章

ために統治権力を強大に評価する点で，日本帝国主義研究の枠組みを共有している。

　近年，満洲移民研究は農業史や社会学の領域でさらに深化している。農業史の領域では，玉（2016）が満洲移民を日本の総力戦体制のなかでとらえ，円ブロック内食糧自給態勢と満洲移民の関係を検討している。玉は北海道農法などの技術移転にも着目し，満洲移民を日本帝国規模でとらえる新たな論点を提示した。また細谷（2014b）は，アジア太平洋戦争時期に政策が強化される側面を重視し，「崩壊期」という評価に再考を求めている。社会学の領域では，蘭が引揚げや「残留」などを含めた「満州移民の人生を『まるごと』対象と」し，その「生きられた世界」を記述，解釈している［蘭 1994，17］。蘭は満洲移民を現在に続くものととらえ，その戦後体験を研究の遡上に載せた。このほか，移民用地の獲得過程を分析した劉含発（2003），八紘開拓団，鏡泊学園・鏡泊湖義勇隊を調査した寺林ほか（2014）は，満洲移民の入植が現地住民に与えた影響を検討している[8]。

　移民と地域の関係を考えるうえでは，朝鮮人移民研究のアプローチが参考になる。孫春日（2003），金永哲（2012）は満洲国の朝鮮人移民政策を実証的に明らかにし，朴（2015）は朝鮮人の移住と水田開発を分析することによって，これを中国東北地域史のなかに定置することに成功している。すでに中国東北地域史研究の枠組みによって満洲国の 14 年を検討することは，一つの潮流となっている[9]。そのなかで，広川（2005）は満洲国の「蒙地奉上」を実証的に分析し，満洲国の土地政策は内モンゴル東部地域の社会構造を変容させたが，同時にそれぞれの地域の実態に規定される側面をもっていたと指摘する。

　以上の研究史をふまえ，本書は満洲国の日本人移民政策を中国東北地域史の枠組みによって検討する。入植地となった中国東北地域はその政策展開に影響を与えうるものであったのか。そして当該地域の実質的な統治機構とされた満洲国は地域の反応を真っ先に受けながら，政策実施にどのように対応したのか。これらの課題に関わって，二つの論点を確認しておきたい。

　第一は，傀儡性に関わる論点である。山室は，「国家の根幹をなすはずの権

力基盤や上部構造さらにその国家運営の実態についての研究が蓄積されないま，満洲国の性格規定だけが本来，アプリオリになされうるはずもない」と指摘した［山室 1993，86］。同様の問題意識によって，浜口（1996）は満洲国の中国人官吏の人事を分析し，その支配の浸透の度合をはかっている。他方で，満洲移民は日満両国の国策であったために，その政策展開を分析する過程で満洲国の独自性が見出されることはまれであった。

第二は，「開発」に関わる論点である。日本植民地研究では，日本統治下の「開発」を戦後への連続性のなかでとらえ，その評価が検討されている[10]。満洲国研究でも，工業の領域では，満洲国期から中華人民共和国初期における鞍山の鉄鋼業を通時的に分析した松本俊郎（2000）などがある。しかし，農業の領域では，戦後の土地改革による断絶などもあって，「開発」の質は問われてこなかった。

本書は，満洲国の日本人移民政策を日本側の政策とは異なる枠組みによって進められたものとして，その実施体制や政策展開を実証的に明らかにする。また，戦後の地域変容も視野に入れ，個別の地域における具体的な政策展開をみていきたい。

3. 入植地の歴史的背景

ここでまず，満洲移民の入植地となる中国東北地域の開発過程を簡単に確認する[11]。

満洲国の領域は，現在の中国東北3省（黒龍江，吉林，遼寧）から内モンゴル自治区・河北省東部までの約110万平方キロメートルにわたっていた。大小興安嶺と長白山脈に囲まれ，中央には遼河および松花江・嫩江流域の平原が広がる。冬の厳しい気候環境とモンゴル系やツングース系などが暮らす多民族性に特徴があった。

このうち，遼東地域（遼寧省東部）は清朝発祥の地でもある。清の入関後，土地は荒廃したが，清は官荘や旗地を設けて漢人の移住，開墾を奨励した。しかしその後，漢人の流入が増え，旗民の間で紛争が生じるようになると，封禁

8　序　章

政策に転じ，移住に制限が加えられた。

　1858 年の愛琿条約によって黒龍江以北のシベリア，1860 年の北京条約によってウスリー江以東の沿海州がそれぞれロシアに割譲された。さらにロシアは 1896 年に東北地域を横断する中東鉄道（満洲里〜綏芬河）の敷設権を獲得し，1898 年には遼東半島南部を租借して南部線（哈爾濱〜旅順）の敷設権も獲得した。

　他方，封禁政策は 19 世紀後半以降次第に機能しなくなる。背景には，ロシアの南下に対し，「移民実辺」とよばれる土地払下げ・開墾奨励の政策がとられたこと，牛荘（営口）の開港や鉄道敷設による交通の発達があった。関内から多くの漢人が流入し，土地開発を進めた。モンゴル人居住地域でも漢人農民が増加し，土地の使用権が与えられた。

　払い下げられた土地の経営や農産物の取引によって在地有力者層が生まれ，このなかから台頭した張作霖は，中華民国成立後，奉天省の実権を掌握した。張は大豆取引の利益などを吸い上げて，この地域の近代化・集権化を進めた。この間，東北地域の人口は増え続け，1930 年には約 3000 万人に達した。

　これに対し，日本は日露戦争後にロシアから長春以南の鉄道の割譲を受け，南満洲鉄道株式会社（以下，満鉄）を設立した。1915 年 5 月には，中華民国と「南満洲及東部内蒙古に関する条約（南満東蒙条約）」を締結し，30 年までの長期限かつ無条件で更新できる「土地商租権」を獲得した。日本側はこれを所有権とみなしたが，中国側はこれを阻止するさまざまな措置をとった。

　1928 年 6 月，張作霖が日本軍によって爆殺され，息子の張学良は同年 12 月，東北易幟を実行し，国民政府への合流を進めた。こうしたなか，1931 年 9 月，関東軍は満洲事変を引き起こし，翌年 3 月，傀儡国家満洲国を成立させる。そして中国東北地域は，この満洲国の成立と同時に日本人移民の入植地と目されていくことになる。

4. 構成と資料

　本書は，第 1 部「中央の政策決定と実施」と第 2 部「地域における政策展

開」によって構成される。

第1部「中央の政策決定と実施」では，移民行政機関の変遷とその中心的業務となった移民用地取得を中心に検討する。第1章は，1932年から1939年までを対象とし，当初は日本人移民政策に関与できなかった満洲国がいかに政策実施に関わっていき，そのための体制を整えていったのかを検討する。また，移民政策における関東軍の「内面指導」についても確認する。第2章は，1940年から1945年までを対象とし，1939年12月の「満洲開拓政策基本要綱」以後，満洲国が確立していった政策実施の体制を機構，法制などの面から検討する。同時に，こうして整えられた満洲国の体制が，日本の戦況悪化にともなって，あらたな局面に向かっていったことを確認する。第3章は，満洲国の移民行政のうち，移民用地の取得，開発，配分がどのように実施されたのかを整理する。第4章は，満洲国立開拓研究所（以下，開拓研究所）の組織と調査研究活動を明らかにする。開拓研究所は1940年6月に設立された満洲国立の研究機関である。開拓研究所の設立経緯を明らかにし，次いでその調査研究の性格，とくに活動の中心となった現地調査について検討する。

第2部「地域における政策展開」では，満洲国の日本人移民政策がどのように実施されたのかを，北満，中満，南満の各地域における事例から検討する。まず，第5章では，北満に位置する三江省樺川県をとりあげ，初期における日本人移民用地の取得とこれに対する地域の抵抗の様相を明らかにする。樺川県では，1934年3月，移民政策最大の衝撃となった地域住民の暴動，土龍山事件が発生した。第6章では，南満に位置する錦州省盤山県をとりあげ，1939年から実施された「未利用地開発」について検討する。第7章では，中満に位置する吉林省徳恵県をとりあげ，「未利用地開発」が「開拓増産」に収れんする満洲国末期の政策展開を分析する。満洲国末期の移民政策は食糧増産というそれまでとは異なる方針にそって実施された。

なお，本書の分析を進めていくにあたって，利用しうる資料の環境は1970年代に比べ，大幅によくなっている。『満洲移民関係資料集成』（1990～1992年），『満洲移民関係資料集成』第2期（1998～1999年）のほか，中国でも資料集が相

10　序　章

次いで刊行された[12]。本書では，こうした公刊資料のほか，満洲国の『政府公報』をはじめとする各関係機関の資料，外務省記録や移民送出母村の役場資料，現地の新聞，中国の新地方志などを利用している。

注

（1）　1956年3月現在，現地で死亡した開拓団関係者は7万2000人，未帰還者は1万1000人とされる。

（2）　蘭はこれを「植民地の背景」と表現している［蘭 2002，313］。

（3）　宗は懇談会で次のように発言した。

　　　　「移民ト云フ名称ノ変更方ヲ此際提案シタイ

　　　　今日使用サレテ居ル満洲移民ヲハ他ノブラジルヤ米国移民ト同シ様ニ通念的ニ考ヘラルルハ移民其レ自身ニ於テモ非常ニ嫌ナ感ヲ持ツテ居リマス

　　　　特ニ青少年義勇軍カ満洲ヘ来テ義勇隊トナルノミニテモ青少年ニ精神的ニ大キナ影響カアル故移民ノ文字ヲ廃シ適当ナ字句ニ訂正願ヒタイ」［関東軍司令部 1939b，11］。

（4）　『盛京時報』康徳6（1939）年2月2日。

（5）　このほか，山田（1962a；1962b；1962c；1962d），松村（1972）など。

（6）　「東北淪陥十四年史叢書」，雑誌『東北淪陥史研究』（1996～2004年）などを刊行し，日本語では植民地文化学会・中国東北淪陥14年史総編室（2008），植民地文化学会（2014）などがある。

（7）　文史資料については，上田（2003）を参照のこと。

（8）　加藤（2017）は，こうした近年の研究が個別テーマに細分化され，全体を俯瞰する政治史からのアプローチが行われなくなっているとし，新資料に依拠して，政策を担ったとされる東宮鉄男や加藤完治らの評価を見直し，政策史に修正を加えている。

（9）　西村（1984），江夏ほか（2005）など。

（10）　例えば，朝鮮研究では，戦後経済を植民地期からの連続でとらえる「植民地近代化」論に対する批判から，「近代」を批判的に問う「植民地近代」の視座が提示された［宮嶋ほか 2004］。また，農業水利の研究では，松本武祝（2005），清水（2015）がある。

（11）　満洲国成立以前の中国東北地域については，多くの先行研究があるが，ひとま

ず貴志ほか（2012）の「総説」を参照のこと。

(12)　遼寧省檔案館編『満鉄秘檔』（2000年），同『日本開拓団檔案資料』（2015年），吉林省檔案館編『東北日本移民檔案（吉林巻)』（2003年），黒龍江省檔案館編『東北日本移民檔案（黒龍江巻)』（2003年）など。

第1部　中央の政策決定と実施

第1章　移民機関の設置にみる満洲国の政策関与

は じ め に

　満洲国への日本人移民の送出は，1932年から1935年まで4次の試験移民を経て，1937年以降，二十カ年百万戸送出計画の開始によって本格的に展開した。当初，この政策は拓務省と関東軍を中心に進められ，さらに1935年12月に満洲拓植株式会社（以下，満拓会社），1937年8月には同社を拡大した満拓公社が設立された［浅田 1976ほか］。

　他方，満洲国も日本人移民政策に対応するために，1935年7月，民政部に拓政司を，1939年1月にはこれを拡大改組した開拓総局を産業部外局として設置した。さらに，移民政策における満洲国の役割は，1939年12月に日満両国政府が発表した「満洲開拓政策基本要綱」によって決定的に転換した。しかし，従来の満洲移民研究では満洲国が政策実施の重要な一翼を担ったことは十分には重視されてこなかった。

　これをふまえ，本章では1930年代における満洲国の移民行政機関を整理し，日本人移民に対する満洲国の制度的対応を検討する[1]。具体的には，満洲国の移民行政機関の設置とその役割，また日本人移民政策における関東軍の満洲国に対する「内面指導」について考察する。

I　政策実施への関与

1. 初期移民政策における満洲国政府

　関東軍は満洲国成立と同時に日本人移民政策に着手した。建国当初，北満を

16　第1部　中央の政策決定と実施

中心に東北各地では反満抗日運動が続き，関東軍は軍事力を強化するため，在郷軍人からなる日本人移民の入植を計画した。この計画は拓務省の協力を得て，試験移民というかたちで実現した。1932年9月，治安の悪かった吉林省樺川県に第1次試験移民約500人が，1933年7月には依蘭県に第2次試験移民約500人が入植することになった。

　これらの移民の入植地は関東軍が現地県公署と直接交渉して決定し，東亜勧業株式会社（以下，東亜勧業）が実際の用地取得にあたった。「日本人武装移民団の入植については，満洲国政府にはなんの連絡も交渉もなかった」という[古海 1978, 63]。1933年7月5日の『盛京時報』は，「拓務省が吉林樺川県に派遣した日本人屯墾隊の活動状況や区域について，中央民政部当局は極めて注意を払っており，近く訓令により吉林省公署に調査，報告を命じる」（引用者訳）としており，満洲国民政部が移民の入植状況を把握していなかったことがわかる。

　さらに1934年1月，関東軍は吉林省東北部の5県で100万町歩の移民用地買収に着手したが，同年3月9日，これに反対する付近の住民約1万人は土龍山事件と呼ばれる大規模な武装蜂起を起こした。事件の発生を受けて，満洲国は状況把握と事態収拾のために関東軍と協議し，その後，関東軍は用地取得業務を満洲国に引き継ぐことを決定した[菱刈大使 1934b][2]。すでに実施を決定していた第3次試験移民は，当初候補にあがっていた京図線沿線，樺川県小八虎力への入植を，治安状況などから断念し，同年10月，濱江省綏稜県に入植した[満洲開拓史復刊委員会 1980, 152-156]。

　関東軍は移民用地取得に端を発した土龍山事件の事後処理を，満洲国の協力なしには収拾することができなかった。以後，関東軍は満洲国を日本人移民政策の実施に関与させる方針に転換する。最初に行われたのは移民行政機関の整備であった。

2.　拓政司の設置

　関東軍は土龍山事件の発生によって頓挫した日本人移民政策を立て直すため，

第1章　移民機関の設置にみる満洲国の政策関与　17

1934年11月26日から12月6日までの11日間，新京で対満農業移民会議を
開催した。会議には満洲国，駐満日本大使館や満鉄の関係者，学識経験者らが
参加し，関東軍が作成した「満洲農業移民根本方策（案）」をもとに，日本人
移民についての諸問題を検討した[3]。関東軍は在満移民機関について，満拓会
社の設立とともに，満洲国に招墾地事務処理機関（仮称：墾務局）を設置する
ことを提起した。墾務局は招墾地の開発，招墾地の調査取得，招墾地附近の交
通，通信および警備，満拓会社に関する事項を管掌するとされた[4]。

　1935年3月1日，関東軍司令部は「満洲国移民機関設置案」を立案し，さ
らにこれを具体化した。土龍山事件以降，日本人移民に関する満洲国の業務は
民政部地方司と実業部農務司が分掌していたが [国務院民政部 1936, 175]，「満
洲国移民機関設置案」はこれにもとづいて民政部に移民一般に関する事務を主
管する拓植司を新設するとともに，実業部農務司墾務股を墾務科に格上げし，
移民に関する産業の事務にあたらせるとした。拓植司の業務は，「（一）移民地
の開発に関する事項，（二）移民地の調査，選定，取得に関する事項，（三）移
民地付近における交通，通信及警備施設に関する事項，（四）満洲拓植会社に
関する事項，（五）その他移民に関する事項」，また墾務科の業務は，「（一）移
民の産業経営の指導及助成に関する事項，（二）移民地の開発，墾拓に関する
事項，（三）移民産業と現住民産業との調整関連に関する事項」とし，その職
員は民政部拓植司と兼任するとされた [関東軍司令部 1935]。

　同案では，民政部拓植司と実業部墾務科の業務の一部が重複しているが，こ
の背景には実業部からの申し入れがあったようである。当初，民政部は移植民
や商租に関する事項を管掌する「墾務科」の新設を計画していた。これに対し，
実業部は「民政部ハ一般民政ノ立場ニ於テ墾務者ノ保護監督スヘキモノニシテ
特ニ民政部内ニ墾務科（ト称スルカ如キ産業行政機関）ヲ設置スルノ要ナシ」と
して，民政部の新機関設置を批判し [実業部 1935]，民政部と実業部が移民に
関する業務を分掌することになった。

　「満洲国移民機関設置案」を受けて，1935年4月22日，民政部地方司に拓
政科が設置された[5]。拓政科長には民政部総務司調査科長であった都甲謙介が

18　第1部　中央の政策決定と実施

就任した。さらに 1935 年 7 月 23 日，拓政科は拓政司に拡大された[6]。これに
よって，日本人移民を管掌する従来の拓政科は拓政司第一科とされ，増加が見
込まれる朝鮮人移民の指導対策の具体化をはかるため，第二科が新設された
［国務院民政部 1936, 176］。

　第一科の業務は，第 1 に，移民用地の調査，選定および取得に関する事項で
ある。拓政司は拓務省や関東軍による移民用地調査隊に参加し，また現地住民
に対する用地取得工作も担当した。第 2 に，移民用地の開発，計画および施設
に関する事項である。移民地建設に対する援助，移民地周辺の交通，通信網の
整備を実施するとされた。第 3 に，移植事業のために設立される機関の監督に
関する事項である。この機関とは，1934 年 11 月の対満農業移民会議で提起さ
れ，1935 年 12 月に満洲国法人として設立される満拓会社を指している。これ
に対し，第二科は朝鮮人移民および中国人移民の業務を管掌するとされた［国
務院民政部 1936, 176］。第二科の業務は移民の諧和協調や補導，統制に関する
事項であった[7]。

　拓政司長は清水良策民政部総務司長が兼任し，第一科長には都甲謙介拓政科
長，第二科長には民政部嘱託として朝鮮人移民の補導にあたっていた尹相弼が
就任した。尹は朝鮮威鏡南道出身で，1934 年 1 月の旧吉林省東北部 5 県にお
ける移民用地買収の際に[8]，関東軍から宣撫工作に参加していた［満蒙資料協
会 1940, 83］。1935 年 12 月 1 日現在，拓政司官吏は 24 人で，うち 12 人が日
本人であった［国務院総務庁人事処 1935, 35-36］[9]。

　他方，実業部農務司墾務科は 1935 年 9 月 15 日に設置された。墾務科は土地
利用や農業土木，水利，営農定着など入植後の移民に関する事項を取り扱うと
され，職員は拓政司官吏の兼任とされた[10]。

　この間，1935 年春には，日本の第 67 回帝国議会で第 4 次試験移民 500 戸送
出の予算が承認された。入植地には濱江省密山県城子河，哈達河が選定され，
同年 8 月以降に先遣隊，翌年 3 月に本隊が入植した。また拓務省は関東軍の
「満洲農業移民根本方策（案）」を受けて，1935 年 5 月 7 日，「満洲農業移民根
本方策ニ関スル件」を作成し，海外拓殖委員会に諮問した。海外拓殖委員会の

第1章　移民機関の設置にみる満洲国の政策関与　19

答申を経て，第68回帝国議会では「五カ年二万戸送出計画」の先駆とされる
1000戸送出の予算が承認された。1935年12月には，現地助成機関として前述
の満拓会社も設立された。

「五カ年二万戸送出計画」は，1934年に旧吉林省東北部の5県で買収した
100万町歩のうち，可耕地76万町歩を二分し，36万町歩を現地住民用地とし，
残りの40万町歩に5年で2万戸の日本人移民を入植させる計画であった。こ
れを受けて試験移民は第4次で終了とし，「五カ年二万戸送出計画」の1年目
となる第5次以降は集団移民に改称された。第5次集団移民は1936年7月以
降，密山県虎林線沿線に第4次試験移民と隣接して入植し，永安屯，朝陽屯，
黒台，黒台信濃村の4村からなった［喜多 1944，150-151，153-154；浅田 1976，37
-40；満洲開拓史復刊委員会 1980，171-172］。

　第4次試験移民の先遣隊は満拓会社設立前に入植したため，1935年10月，
満洲国は現地で移民地の建設，移民地内住民の立退き補導などにあたる密山県
拓政辦事処を設置した［国務院民政部 1936，177］。密山県拓政辦事処は，県長
趙恒貞を所長とし，県参事官ほか県職員数人と民政部拓政司・実業部墾務科の
職員各1人によって構成された。翌年には隣接する地域に第5次集団移民が入
植することになったため，満拓会社駐在員や拓務省出張員もこの辦事処に拠点
を置き，現地作業の中心的組織となった。

　現地では1936年6月以降，民政部拓政司「第五次日本人農業移民入植地建
設要綱」に従って移民地建設の準備が進められた。辦事処は6月28日，黒台
に出張所を開設し，黒台警察署長，保甲長などの地元有力者を集めて，翌日か
ら現地住民に対する宣撫工作を行った。宣撫工作には処員のほか，前密山県参
事官で拓政司事務官の福田一が参加し，7月2日には「大体所定ノ成績ヲ収
メ」て終了した。また辦事処員は満拓会社の業務である先遣隊の使用家屋の選
定や買収価格協定に立ち会い，先発隊入植後に使用する耕地の選定などを行っ
た。さらに現地住民の移住地の調査・選定，移住地部落建設指導（集団部落）
も辦事処の分担とされた。これに対して，満拓会社駐在員は移民入植地および
現地住民移住地の調査・測量，移民使用家屋の選定・買収，立退き移転料・開

20　第1部　中央の政策決定と実施

田補助費の支払い，立退き住民に対する部落建設資金貸付，移民入植建設に必
要な補導，移民地施設の施工，現地住民移住地の水路開削・改修を，拓務省出
張員は移民団との連絡を担当するとされた［満鉄・産業部 1936］。

　すでにみたように，「五カ年二万戸送出計画」は買収地内の可耕地を現地住
民用地と移民入植地に二分するとしていたが，辦事処の業務からは第5次集団
移民が現地住民を移転させて入植したことがわかる。また現地住民に開田補助
費を支払い，水路開削・改修を行っていることから，その移転地は条件のよい
土地ではなかったといえる。宣撫・斡旋工作は現地でもっとも困難な業務の一
つになった。満拓会社が用地取得と金融，拓務省が移民団との連絡を分担する
一方で，辦事処は現地における宣撫・斡旋工作を担い，地域の反応を一手に引
き受けることになった。

　また密山県の入植地では，小作料徴収に関しても問題が生じた。第4次城子
河移民団は1936年度には水田・畑計約300町歩を経営し，そのほかの耕地は
現地住民に耕作させていた。1936年末，移民団は次年度の現金収入を補うた
め，保長に地区内650晌の小作料の納入を命じ，「地主トシテ移民地区内満人
ト（中略）小作契約ヲ行」っていた満拓会社もまた小作料の納入を命じた。保
長は「移民団ト満拓トノ中ニ立チテ頗ル苦慮」し，満拓会社にこの650晌の小
作料を除いて納入したいと申し出たが，「移民団ハ（中略）地区内ノ小作料ヲ
徴収スル権利ナシ，若シ満人カ移民団ニ小作料ヲ納メ満拓ニ納メサル時ハ満人
ハ処罰ヲ受ケルナラム」と一蹴され，「色ヲ失ヒ」移民団に対応を求めている。
その後，移民団と満拓会社の協議によって，移民団はこの650晌の小作料を徴
収したが，この対立は保長をはじめとする現地住民を困惑させた［満鉄・産業
部 1937a］。

　満洲国は拓政司と墾務科を設置して移民政策実施に関与したが，その主な業
務は用地取得をめぐる現地での調整であった。他方で，現地における満洲国，
満拓会社，拓務省の分担はこの後の現地工作の一つのモデルとなる。

3. 二十カ年百万戸送出計画と拓政司の拡大

1936年8月，広田弘毅内閣は対満移民政策を日本の7大国策の一つに決定した。11月10日には，対満移民政策の骨子となる「満洲農業移民百万戸移住計画案」，「暫行的甲種移民実施要領案」，「日本人移民用地整備要綱案」の3案が関東軍参謀長から満洲国の神吉正一総務庁次長および大津敏男民政部総務司長に正式通達された［『満洲移民関係要綱，要領集』］。

「満洲農業移民百万戸移住計画案」は，満洲への日本人農業移民を20年で約100万戸入植させ，そのため満洲国政府は国内11地域で1千万町歩の移民用地を整備するとし，5年を1期として第1期に10万戸，第2期に20万戸，第3期に30万戸，第4期に40万戸を入植させるとした。また「暫行的甲種移民実施要領案」は，「政府の補助厚くその直接取扱に係る」甲種移民の募集，訓練，入植および移民村の経営について規定した。「日本人移民用地整備要綱」は，満洲国政府が「（一）移民用地地域の決定（一月以内），（二）調査および取得順位の決定（同右），（三）調査（一年以内），（四）移民用地の決定（調査の進行に伴ない逐次決定）」を行って，取得は政府幹旋の下に満拓会社が実施するとした［『満洲移民関係要綱，要領集』］。

これと前後して，拓政司と墾務科は1936年9月に満洲国内の移民入植適地調査を開始し，1937年4月からは入植候補地の精査を実施した［『農務司事務分担表』1937］。二十カ年百万戸送出計画初年度となる第6次集団移民の入植地は，三江省湯原県，龍江省通北県，濱江省密山県，同虎林県に決定し，湯原県，通北県では1936年12月から買収工作が始まった。

こうした業務の拡大に対応して，1937年5月1日，拓政司は新たに監理科と，移民用地の調査，取得，管理，処分を分掌する調査科を新設し，4科制に移行した。また実業部墾務科も職員を増員した［『農務司事務分担表』1937］。拓政司は「移民用地買収ノ援助，移民ト現住民トノ軋轢ノ緩和，移民入植諸準備ノ援助，移民用地概査」など，移民事務全般を取り扱い，墾務科は移民に関する農業技術を担当した[11]。すでにこの年の4月には満拓公社の設立も具体化

22　第1部　中央の政策決定と実施

し(12)，用地取得の体制が整えられつつあった。

　同年7月1日，拓政司は行政機構改革によって民政部から新設の産業部へ移行した(13)。このとき，実業部墾務科の業務は産業部拓政司に吸収され，満洲国の移民行政は拓政司に一元化された。

　【表1-1】は，1938年4月1日現在，拓政司に在籍した事務官以上の官吏およびその経歴である。すでに行政機構改革に先立って，1936年4月には，森重干夫が拓政司長に就任している(14)。森重は，試験移民開始当初から拓務省東亜課長として日本人移民政策に関わっていた。また平川守理事官も農林省からの転入である。田中孫平監理科長と趙恒貞調査科長は，土龍山事件後，現地で用地取得業務を担当していたが，こうした用地取得業務の経験者も動員された。人員は69人に増加し，うち日本人官吏は53人で全体の約77パーセントを占めていた［国務院総務庁人事処 1938，145］。日本が満洲への移民を国策としたのを受け，満洲国の移民行政機関も強化された。

　この時期の用地取得については第3章で検討するが，各地で反対運動や陳情が発生し(15)，満洲国はその対応に追われた。軍当局は「共産匪は之を奇貨として住民を扇動し事を構えんとして土龍山事件と同一の経路を辿り居る」とし，「極度に事態を重視」していた［在佳木斯大久保主任 1938］。しかしこの段階では用地取得の方法は見直されず，その後も各地で用地取得が進められた。

　以上のように，政策の初期，満洲国の移民行政機関の設置は関東軍の意向を反映したものであった。さらに日本における対満移民国策化は，満洲国の移民行政機関の拡充をうながした。満洲国はその主要な業務であった移民用地取得において，日本側が求める1千万町歩の用地を確保しなければならず，同時に地域や移民の利害も考慮しなければならなかった。

表1-1　産業部拓政司（1938年4月1日現在，事務官以上）

肩書	名前	経歴
司長	森重干夫	1902年生，25年東大法学部英法科卒，関東庁大連民政署地方課長，金州民政支署長などを経て拓務事務官，35年4月拓務局東亜課長，36年4月満洲国に転入，民政部拓政司長，37年7月産業部拓政司長。

第1章　移民機関の設置にみる満洲国の政策関与　23

第二指導科長	尹相弼	1890年生，1915年陸軍士官学校卒，同年12月陸軍騎兵少尉，33年8月同少佐，35年予備役編入，同年12月満洲国に転じ，民政部拓政司第二科長，次いで産業部拓政司第二指導科長，開拓総局招墾処第二指導科長。
第一指導科長	都甲謙介	1904年生，東大［法学部］英法科卒，満鉄入社，33年満洲国に転じ，財政部理財司事務官，民政部総務司調査科長，同司拓政科長，同部拓政司第一科長，産業部拓政司第一指導科長，総務庁監察官などを歴任，39年4月三江省開拓庁長，鞍山市長，興安南省次長などを経て，43年10月開拓総局総務処長。
監理科長	田中孫平	1902年生，25年東亜同文書院卒，同年満鉄入社。その後満洲国に転じ，吉林省公署顧問，同省実業庁事務官など，37年5月民政部拓政司総務科長，次いで産業部大臣官房会計科長兼人事科長，総務庁参事官など，39年6月東安省開拓庁長，同省次長，42年12月開拓総局土地処長。
理事官	平川守	1908年生，30年東大法学部法律科，31年同政治科卒，同年4月農林省嘱託，農林局，農務局勤務，33年5月農林事務官経済更生部兼農務局農政課勤務，35年9月満洲国に転じ，実業部総務司会計科事務官，産業部拓政司第一指導科長，開拓総局招墾処監理科長などを歴任，39年3月開拓総局総務処総務科長。
調査科長	趙恒貞	1898年生，1919年遼陽県第一民立中学，21年奉天法政学校別科三年政治学修，遼中県公署第一科主任，鞍山製鉄所職員，鞍山日満倉庫組合副組合長。その後満洲国に転じ，国務院総務庁嘱託などを経て35年8月民政部臨時嘱託，次いで同部拓政司事務官，密山県長，産業部拓政司理事官，39年1月同部開拓総局招墾処第三指導科長。
事務官	金丸徹	1907年生，32年東大法学部，大同学院卒，満洲国に入り，同年10月興城県属官，次いで桓仁・荘河各県属官，通化県参事官，吉林省実業庁拓政科長，同省開拓庁招墾科長兼拓地科長などを経て39年12月龍江省長官房庶務科長，43年4月興農部開拓総局総務処総務科長。
	毛利佐郎	1905年生，33年東大経済学部商科，大同学院卒，満洲国に入り，同年10月遼陽県属官，次いで西安県属官，同県参事官，37年7月産業部拓政司事務官，39年1月同部開拓総局招墾処第一指導科長，同局総務処総務科長などを経て43年4月東安省開拓庁長。
	福田一	1908年生，32年法大経済学部，大同学院卒，満洲国に入り，営口県副参事官，民政部拓政司事務官，産業部拓政司事務官，同理事官，同部開拓総局総務処土地科長など，同局招墾処監理科長などを経て41年3月樺川県副県長。
	清田正一	1905年生，27年東亜同文書院卒，熊本県立商業学校教諭，満洲国に転じ，32年3月吉林省公署実業庁属官，舒蘭県属官，産業部拓政司事務官，同部開拓総局招墾処事務官兼同部大臣官房事務官を経て興農部大臣官房事務官，41年1月東安省開拓庁開拓科長兼同省地方職員訓練所教官。
	陳洋根	1906年生，32年京大法学部卒，同年満洲国に入り，産業部開拓総局招墾処事務官を経て，39年10月安東市行政科長。

24　第1部　中央の政策決定と実施

内藤重義	1907年生, 32年東大［経済学部］経済学科卒, 満蒙学校本科一部卒, 満洲国に入り, 33年3月吉林省磐石県参事官, 次いで同県女子小学校教師, 吉林省公署総務庁雇員, 同公署属官, 民政部拓政司属官, 産業部開拓総局招墾処事務官, 39年6月興安東省民政庁開拓科長などを経て, 43年4月総務庁弘報処参事官.
木村凡夫	1907年生, 33年東大法学部卒, 同年満洲国に入り, 実業部総務司庶務科事務官, 産業部大臣官房事務官, 同部拓政司監理科事務官, 同部開拓総局招墾処ほか事務官, 同局総務処理事官などを歴任, 40年6月同局土地処用地科長, 同局総務処管財科長, 招墾処第一科長などを歴任, 41年12月盤山県副県長.
金泰昊	1908年生, 33年京城帝大法文学部卒, 同年満洲国に入り, 柳河県, 民政部拓政司, 産業部拓政司, 同部建設司勤務, 39年1月同部開拓総局拓地処調査科事務官.
谷連芳	1899年生, 吉林省立法政専門修, 吉林省公署旗蒙科員, 吉林日報編集員, 吉林省印花税処秘書, 同省総務庁調査資料股長, 32年満洲国に入り, 吉林省総務庁属官, 協和会中央本部嘱託, 産業部拓政司監理科事務官を歴任, 39年1月同部開拓総局土地処事務官, 総務庁事務官, 43年8月熱河省事務官.

出所：国務院総務庁人事処（1938）, 満蒙資料協会（1937；1940；1943）より作成。

II　政策決定への関与

1.　開拓総局の設置

(1)　設置過程

　1937年7月7日, 北京郊外盧溝橋で起きた日中の軍事衝突は, 全面戦争へと拡大した。二十カ年百万戸送出計画の開始とこれにともなう移民用地1千万町歩の取得は, 国民政府の反日宣伝の根拠となった［満洲開拓史復刊委員会1980, 338-339］。関東軍は関内で展開する抗日闘争が満洲国に波及することを懸念し, 日本人移民政策の再検討に着手した［浅田 1976, 57-58］。

　なかでも焦点となったのは用地取得であった。「日本側は成可く早期に於て能ふ限り低廉に農地を入手し, 日本移民が土地を年賦で買取る際に於ける日本移民の負担を軽減」しようとしたのに対し［古海 1954, 154］, 満洲国では治安回復にともなって中国人の一時避難民や新たな移民が未耕地や二荒地[16]の開

墾を進め，当初，取得を見込んでいた可耕未利用地の面積は著しく減少していた［満洲国通信社 1941b，65-66］。取得の現場では矛盾が生じていたのである[17]。

　これに対し，満洲国では移民用地の不足をアルカリ土壌地や湿地など不可耕未利用地の開発によって解決しようとする議論が展開された［池田 1938］。こうした動きを受けて，関東軍は 1938 年半ば以降，用地整備に関する方策の検討を進め，8 月に「未利用地開発要綱」を発表した［「未利用地開発要綱」1938］。この「未利用地を主体とする原則」については「張景恵国務総理大臣の強い意見」があったという［古海 1978，63][18]。

　同時期，満洲国では拓政司の拡充が検討されていた。1938 年夏頃，「岸［信介産業部］次長を中心とする産業部司科長の水曜昼飯会席上で，移民問題に熱心な某科長が移民用地国営論を一くさりしやべつた」［S・P・S 1939，88］のがきっかけとなり，移民用地管理機関の立案が決定された。議論は岸や森重干夫拓政司長のほか，当時，総務庁企画処で移民や土地問題を担当していた高倉正参事官，片倉衷関東軍参謀らを中心に進められた。10 月から全国で大規模なアルカリ地帯調査が実施されていたため，新機関は「未利用地開発」を実施する産業部の 1 組織とすることになった。企画処では高倉参事官を中心に 10 月頃から立案が開始された［S・P・S 1939，88-89］。

　新機関要領作成中の 1938 年 10 月末から 11 月初旬にかけて，日本側からも移民政策の本格的推進案が提示され，現地に一元的機関を設けるという要請があった[19]。要請を受けた満洲国は立案中の新機関の業務範囲を変更して，土地・移民・営農の三位一体の総合的中心機関とするとし，11 月中旬までに設立要領を作成した［S・P・S 1939，89-90］。新機関設立の協議には，岸信介，片倉衷，高倉正，森重干夫のほか，稲垣征夫満洲拓植委員会事務局長，五十子巻三農務司長らも出席した。

　1938 年 12 月 24 日，勅令第 330 号「開拓総局官制」が公布され，1939 年 1 月 1 日に施行され，開拓総局が設立された[20]。開拓総局の所管事項は「未開発地域に於ける未利用地の取得及開発並に移植民に関する事項」とされ，「国内約一八〇〇万町歩以上と推測される可耕未利用地を取得し之を積極的且計画

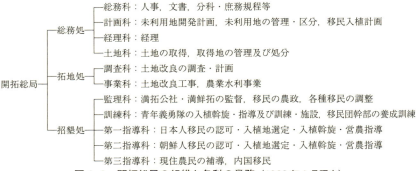

図 1-1　開拓総局の組織と各科の業務（1939年1月現在）
出所：「開拓総局分科規程」[21] より作成。

的に開発し農地造成森林牧野の設定等専ら国土の開拓利用を図り以て産業の開発を促進」するとした［産業部 1939, 1］。これによって拓政司は廃止された。

また用地取得はそれまで満拓公社の資金によっていたが，1939年度以降，満洲国は「資金予算の許す限度に於て開拓用地収買費を出すこと」となり，「爾来開拓用地収買費（土地造成費を含む）は，偽満洲国が主として負担することになつた」。用地買収や農地造成など日本人移民の入植準備を実施するため，同年度に開拓事業特別会計が新設された［古海 1954, 154］。

(2)　組織と業務

開拓総局は，総務，拓地，招墾の3処からなる【図1-1】。

総務処は土地および資料に関する事項を管掌し，総務科，経理科，計画科，土地科からなる。総務科は局内の人事と文書に関する事務，経理科は予算関係の事務を管掌し，計画科は「未利用地開発」計画や移民入植計画などの政策方針を決定する，土地科は土地の取得，管理および処分に関する事務を管掌する。総務処は総局全体を管理するとともに，用地取得業務を扱うとされた。

拓地処は従来産業部建設司が行っていた土地開発事業に関する事項を管掌し，調査科，事業科からなる。調査科は取得した未利用地について土地改良の調査，計画を行い，事業科は土地改良工事の施行，農業水利事業の指導監督を行う。

第1章　移民機関の設置にみる満洲国の政策関与　27

　招墾処は日本人移民および朝鮮人移民関係に関する事項，中国人の国内移動
に関する事項を管掌し，監理科，訓練科，第一指導科，第二指導科，第三指導
科からなる。監理科，第一指導科，第二指導科，第三指導科は，その計画業務
が総務処に移されたのを除いて，拓政司の業務を引き継いだ。また新たに青年
義勇隊に関する事項を取り扱う訓練科が新設された。

　開拓総局には，局長，処長3人，理事官11人，技正4人，事務官24人，技
佐12人，属官60人，技士34人，計149人の職員が配置された［産業部1939,
8］[22]。【表1-2】は1939年4月現在の開拓総局の科長以上の官吏とその主な経
歴である。局長には結城清太郎が就任した。結城は満洲国成立時に満鉄から転
入し，監察院総務処長，国都建設局総務処長などを経て，1936年8月から濱
江省公署総務庁長，機構改革にともなって1937年7月から同省次長をつとめ
た［満洲国通信社1939, 112］。五十子巻三総務処長は1937年2月に農林省から
転入し，農務司長をつとめ，「満洲産業開発五カ年計画」の立案，農事合作社
の設立などを行った［満蒙資料協会1940, 75］。また五十子は，農務司長として
開拓総局設立にも関わっている。李叔平拓地処長は1933年7月以降，哈爾濱
特別市公署行政処長，民政部土木司長，土木局副局長を歴任し，高倉正招墾処
長は総務庁企画処長として，五十子と同じく開拓総局設立に関わっていた。

　科長レベルでは，総務処の平川守総務科長が拓政司からの継続であり，近藤
続行経理科長は総務庁経理科長をつとめた経験がある。拓地処の張国賢調査科
長は土木出身である。招墾処では，新設された訓練科以外の科長には元拓政司
官吏が就任し，業務の連続性が維持された。当初，拓政司の業務を引き継いだ
招墾処には拓政司出身の官吏が多かったが，彼らは機構が整えられるに従って
徐々に総務処や拓地処に分散して配置されていった。

　また新機関の設置にともなって，日本人職員が補充された。1939年1月，
満洲国総務長官星野直樹は，関東軍および陸軍省を通して，日本側に開拓総局
および地方開拓行政機関の職員募集への協力を依頼している。同年度の中等学
校，専門学校卒業者を対象に事務220人，農業・農業土木・林業・畜産の技術
者130人を委任官試補として採用するとし，2月下旬から日本各地で試験を実

28　第1部　中央の政策決定と実施

表 1-2　産業部開拓総局（1939 年 4 月 1 日現在，科長以上）

肩書	名前	経歴
局長	結城清太郎	1894 年生，1919 年京大法学部政治科卒，同年満鉄入社，社長室人事課等に勤務，31 年 10 月自治指導部統務課長，32 年満洲国に入り，監察院総務処長，国都建設局総務処長兼局長代理，国務院密山辦事処長，協和会中央本部監査部長等を歴任，37 年 6 月濱江省次長，39 年 1 月開拓総局長，40 年 6 月興農部次長，41 年 7 月満洲農産公社理事長。
総務処長	五十子巻三	1897 年生，1923 年東大［法学部］政治学科卒，農林省経済更生部総務課長などをつとめた後，37 年 2 月満洲国に転じ，産業部農務司長，39 年 1 月開拓総局総務処長，吉林省次長を経て，42 年開拓総局長，敗戦直前は東満総省長。
総務科長	平川守	【表 1-1】参照
計画科長	張明徹	1905 年生，29 年大分高商卒，満洲国に入り，吉林省実業庁秘書，実業部属官，同部臨時産業調査局事務官，産業部事務官，同部鉱工司工業科長等，39 年 1 月開拓総局総務処経理科長，同年 3 月同処計画科長。
経理科長	近藤続行	1898 年生，愛媛県新居浜農学校卒，1915 年満鉄撫順炭礦，満洲国に転じ，32 年 8 月奉天省総務庁事務官，同庁経理科長，濱江省長官房経理科長等を歴任，39 年 4 月産業部開拓総局総務処経理科長，次いで興農部大臣官房参事官，41 年 10 月満洲農産公社総務処人事科長。
土地科長	松村三次	1898 年生，1924 年明治大商学部卒，満洲国に入り，32 年 5 月民政部勤務，北満地区救済員，通遼県属官，青岡県参事官，海倫県参事官，木蘭県副県長，開拓総局拓地処調査科長，同局総務処土地科長等を歴任，40 年 6 月興農部農産司糧穀科長，東安省開拓庁長を経て 41 年 7 月満洲農産公社理事。
拓地処長	李叔平	1896 年生，1921 年東京高等工業機械科卒，奉天紡紗廠技師長，四洮鉄路機務股長，呼海鉄路機務課長，北満鉄路総工廠副廠長，管理局特務委員，哈爾濱市政籌備所総務科長等，33 年 7 月満洲国に入り，哈爾濱特別市公署行政処長，民政部土木司長，土木局副局長，吉林省土木庁長を経て，39 年 1 月産業部開拓総局拓地処長，41 年 10 月北安省長。
調査科長	張国賢	1896 年生，1922 年北海道大土木専門部卒，奉天省公署技士，奉海鉄路工程司，吉林省公署技監，吉林自来水管理処主任。その後，満洲国に入り，産業部建設司工務科長，開拓総局総務処計画科長，同局拓地処調査科長等を歴任，39 年 10 月満洲土地開発株式会社副理事長。
事業科長	山北濱之助	（不明）
招墾処長	高倉正	1903 年生，大分県師範学校卒，大分県で小学校訓導の後，28 年関東庁地方課，関東庁専売局理事官，関東局理事官等を経て，32 年満洲

第1章　移民機関の設置にみる満洲国の政策関与　29

		国に入り，民政部総務司経理科長，総務庁企画処参事官，同官房監察官，開拓総局総務処総務科長，39年3月同局招墾処長，興農部農産司長，43年7月総務庁企画処長。
監理科長	福田一	【表1-1】参照
訓練科長	前川義一	【表1-1】参照
第一指導科長	毛利佐郎	【表1-1】参照
第二指導科長	尹相弼	【表1-1】参照
第三指導科長	趙恒貞	【表1-1】参照

出所：国務院総務庁人事処（1939），満蒙資料協会（1940；1943）より作成。

施，4月初旬に採用するとした［関東軍参謀長磯谷廉介 1939b］[23]。

　さらに専門技術者は「部内補充困難」であったため，星野は同年1月に農業水利および土地改良の経験者として農林技師山北濱之助，9月に給水調査・水質検査担当要員として警視庁衛生検査所技師吉良環雄の割愛を申し出て，拓地処技正，同技佐にそれぞれ任用した。また同月，招墾処技佐に群馬県農林技師永井一雄，香川県農林技師紙屋重治の割愛を受けている［関東軍参謀長磯谷廉介 1939a；1939c；関東軍参謀長飯村穣 1939］。

　1939年4月1日現在，職員234人のうち日本人官吏は184人で，全体の約79パーセントを占めていた［国務院総務庁人事処 1939，250-253］。また総務庁からの異動が多かった。1940年4月現在，日本人比率はもっとも高い総務庁で80パーセント，産業部で75パーセント，中央官庁の平均は69パーセントであったが［塚瀬 1998，4-5］，開拓総局の日本人比率は総務庁に匹敵するものであった。1939年4月には，満洲国でも日本人移民政策が三大国策に掲げられ，産業開発の一翼を担う開拓総局は，その人的構成上，また満洲国の組織上においても重視されるに至ったといえる。

　拓政司から開拓総局への改組によって，満洲国の移民行政機関は拡大された。満洲国は移民用地取得のための制度的権限を与えられ，日本人移民政策を重要国策として推進する政策決定への関与を開始することになる。

30   第1部   中央の政策決定と実施

2. 「満洲開拓政策基本要綱」の制定

（1）　立案過程

1939年12月22日，日満両国政府は日本人移民政策の「最高の憲典」とさ
れる「満洲開拓政策基本要綱」を発表した［喜多 1944, 252］。この立案は開拓
総局の設置と平行して進められていた。

開拓総局設置を目前に控えた1938年12月1日，関東軍は「移民根本国策決
定ノ為ノ重要事項検討促進ニ関スル件（案）」および「移民根本国策決定ノ為
ノ重要検討事項（案）」を策定した［関東軍司令部 1938a；関東軍司令部 1938b］。
これによって，1939年中に従来の移民国策を再検討して，日満両国の責任分
担を明確にした具体案を確立し，40年から新体制に移行するとされた。同時
に，関東軍はこの素案作成のための分科会を編成し，「移民根本国策基本要綱」
［関東軍司令部 1939a］および部門別要綱案を立案した。これらの要綱案は，
1939年1月7〜8日，関東軍主催の日鮮満移民各関係機関懇談会に提出，審議
された［浅田 1976, 57-67］。懇談会には，現地から磯谷廉介関東軍参謀長，片
倉衷関東軍参謀，稲垣征夫満洲拓植委員会事務局長，星野直樹満洲国総務長官，
結城清太郎開拓総局長，坪上貞二満拓公社総裁ら約90人，日本から石黒忠篤，
加藤完治，橋本傳左衛門，安井誠一郎拓務省拓務局長ら約20人が参加してい
る［満鉄調査部 1939, 123-129］。

懇談会では，稲垣征夫の司会の下，片倉衷が「移民根本国策基本要綱」を説
明した［関東軍司令部 1939b, 1］。同要綱は日本人移民政策の目的を「道義的新
大陸政策ノ拠点ヲ培養確立」し，「日本人移民ヲ中核トスル民族協和」を達成
することであるとした。また日満の分担を明確にし，満洲国側では「拓植事業
ノ一元化」をはかり，移民用地の取得は「未利用地主義」によって原則「国
営」とするとした。片倉はこの新要綱立案の理由を「内鮮人及原住民ノ取扱方
ニ於テ今日ノ満拓並鮮拓タケテハ色々ノ点ヨリ背負イキレナクナツテイル。特
ニ東亜共同体的観点ヨリハ移民ト満洲国，移民ト原住民等ノ関係ヲ訂正シナケ
レハナラナイ」と説明した［関東軍司令部 1939b, 7-8］。

第 1 章　移民機関の設置にみる満洲国の政策関与　31

　続いて，部門別要綱案が各主査から説明された。平川守産業部拓政司理事官
と協和会中央本部の久保田豊主任は「移民区分入植要領朝鮮人問題」について，
都甲謙介総務庁監察官は「移住地行政経済機構」について，高倉正総務庁企画
処参事官は「未利用地其ノ他土地制度要綱案」について，福田一産業部拓政司
理事官は「農業経営及生活様式」および「青年義勇隊」について，久保田主任
は「移民ニ関スル協和会活動要綱」について，伊吹幸隆総務庁企画処参事官は
「移民事業処理機関」について，松崎健吉総務庁主計処特別会計科長は「財政
経済問題」について説明し[24]，それぞれ質疑応答が行われた［関東軍司令
部 1939b, 1-31］。すでに要綱案の骨子は関東軍の「移民根本国策決定ノ為ノ重
要検討事項（案)」によって示され，部門別要綱案はこれに沿って満洲国官吏
を中心とするメンバーが具体化したと理解してよい。

　他方，要綱案では満拓公社と満鮮拓植株式会社（以下，満鮮拓）の統合も提
起され，満拓公社の坪上貞二総裁や中村孝二郎理事，対満事務局竹内庶務課長
らはたびたび質疑を行っている。このことから，満拓公社や日本側関係者は事
前の要綱案作成に関与していなかったとみられる[25]。農事合作社による移民
経済の包括や開拓団への街村制施行などに対する満洲国の機構上の不備が指摘
されるなど，要綱案には厳しい反対意見が出された。なかでも移民用地の国営
化，満拓公社・満鮮拓の統合に対する反対は強かった。これに対して，谷次亨
総務庁次長ら満洲国の中国人官吏は，現地視察で見聞した用地買収に対する現
地住民の不満の噴出に言及し，従来，移民政策は日本の国策であって満洲国の
国策としては考慮されず，こうした会議で中国人官吏は発言することはおろか
出席することも稀であったと発言している［関東軍司令部 1939b, 12-13］。

　「移民根本国策基本要綱」は短期間でまとめられた素案であり，さらに検討
を要するとしつつも，基本的な賛成は得られたとして，懇談会は閉会した［関
東軍司令部 1939b, 31］。懇談会終了後，現地案として「満洲開拓根本政策基本
要綱」が作成され，日本政府に提出された。日本政府は 1939 年 3 月以降，「満
洲移民問題審議ノ為ノ準備委員会」で同要綱案を審議し，これをもとに準備委
員会案を作成した［満洲拓植公社東京支社 1939, 1］。準備委員会案は 7 月 4 日，

32 第1部　中央の政策決定と実施

東京で開催された満洲開拓民日満懇談会に提出され，承認された［浅田 1976,
67］。懇談会に出席した結城清太郎開拓総局長は，帰国後の談話で土地所有，
義勇隊訓練本部ならびに本部長，満拓公社・満鮮拓統合などの懸案においても，
ほぼ満洲国側の希望が容れられたとしている［「結城開拓総局長談」1939, 91］。
さらに準備委員会案は同年8〜10月，臨時満洲開拓民審議会の審議を経て，12
月22日，日満両国政府によって「満洲開拓政策基本要綱」として正式に決定，
発表された［浅田 1976, 72］。

(2)　満洲国政府の位置づけ

　「満洲開拓政策基本要綱」は「第一．基本方針」，「第二．基本要領」，「第三.
処置」からなり，「附属書」と「参考資料」が添付されている［開拓総局総務処
計画科 1940b］。

　具体的な政策実施方針を定めた「基本要領」の内容は，以下の4点にまとめ
られる。

　第1に，日満両国政府の責任分担を明確にするとともに，日満間の連携を維
持，強化するとした。日本国内での業務は日本政府，満洲国内での業務は満洲
国政府が実施する。移民入植地の行政経済機構は「原住民トノ共存共栄的関連
ヲ考慮シ」，満洲国制度下に融合させる［開拓総局総務処計画科 1940b, 12-13］。
行政機構は街村制によるものとし，経済機構は協同組合を結成させる。また指
導員[26]の身分は従来の日本政府嘱託から日満両国政府の嘱託に改められ，移
民の訓練については日本国内での訓練は日本政府，従来は満拓公社が管理して
いた満洲国内での訓練は満洲国政府が統括するとした。満洲開拓青年義勇隊に
ついては，日満両国の開拓関係機関の合作による訓練本部を新京に置き，各機
関の協議によってこれを運営するとした。さらに日満両国政府がそれぞれ開拓
関係行政機構の整備拡充を行い，関係機関との連絡に適切な処置をするととも
に，両国政府間の協議連絡を緊密にするとした。

　第2に，移民の区分と入植地域，入植形態を規定した。日本人移民，朝鮮人
移民を（1）開拓農民，（2）林業，牧畜，漁業等との半農的開拓民，（3）商，

工，鉱業その他の開拓民に区分した。また中国人農民を（1）国内開拓移動住民，（2）開拓民移住にともなう「補導原住民」に区分した。前者は一般の中国人の国内移動，後者は日本人入植にともなう現地住民の立退きをさしている。日本人開拓民の定着を推進するとともに，朝鮮人開拓民の移住，定着，現地住民の補導，移動に対し，積極的な助成，補導を行うとした。さらにこうした開拓民の入植や現地住民の移住補導では，満洲国協和会の活動が重視された。

第3に，移民用地の整備，利用開発，配分などに関する要領を定めた。移民用地の整備は「未利用地主義」にもとづき「国営」により実施するとした。また湿地干拓，アルカリ地帯の利用，森林原野の開拓などを重点的に行うとした。これにともなって，満拓公社の業務であった移民用地の取得および管理が満洲国政府に移管された。

第4に，満洲拓植委員会の運営の規制および満鮮拓の満拓公社への統合を決定した。ただし満拓公社改組については意見がまとまらず，今後引き続き協議することになった[27]。

「満洲開拓政策基本要綱」によって，日本人移民政策における満洲国の位置づけは大きく転換した。満洲拓植委員会は存続したものの，以後，日本人移民政策の基本方針の決定では両国政府間の直接協議が重視され，満洲国内の政策実施は基本的に満洲国政府に委ねられることになった。

(3) 満洲拓植公社の位置——満拓公社参事・喜多一雄の評価

それでは，満拓公社は「満洲開拓政策基本要綱」をどのように評価したのであろうか。満拓公社東京支社の参事として日本国内の審議に参加した喜多一雄は，その評価すべき成果と問題点を次のようにまとめている。

成果として，対内的に（1）日満両国の政府各機関および各種団体の満洲開拓政策に対する関心，熱意，協力の高揚に資したこと，（2）現地住民および朝鮮人移民に対して良好な心理的影響を与えたことの2点を，また政策全般にかかわる点で（1）開拓用地の大規模かつ総合的な開発の緒を作ったこと，（2）開拓民の土地制度確定の端緒を開いたこと，（3）営農方式の改善を促進したこ

34　第1部　中央の政策決定と実施

と，(4) 開拓農家の経営適正規模設定を促進したこと，(5) 開拓団の行政を満
洲国側に吸収したこと，(6) 日本人開拓民に対する政府の助成保護が増大した
こと，(7) 朝鮮人開拓民の補導徹底および現地住民の補導強化，(8) 青少年義
勇軍の訓練系統統一化，(9) 開拓研究所，開拓医学院，同医科大学などの出現
の9点をあげた。また問題点として，(1) 開拓運営機関の重複にともなう事務
の繁雑化，能率の低下，(2) 満洲国政府の土地買収方針である「未利用地開発
主義」による開拓者の困難度の増大，(3) 満洲国政府の財政支出増大とその負
担過重化，(4) 満洲国政府の地方行政機関の人的陣容未整備による助成手段の
低下の4点をあげている [喜多 1944，267-269]。

　喜多のあげる成果については，第1に，現地住民および朝鮮人移民に与える
心理的影響に対する積極的評価から，従来の土地買収によって彼らにかかる心
理的負担を満拓公社側も認識していたといえる。第2に，土地制度，営農方式，
開拓農家経営適正規模などの制度化は，1939年以降，満洲国の諸法律によっ
て整備されることになる。また湿地やアルカリ地干拓などの「未利用地開発」
に関する研究は1938年から，開拓研究機関設立計画についても1939年から満
洲国内で検討されていた。

　また喜多の指摘する問題点について，第1に，開拓運営機関の重複は，満洲
国による行政機関の整備によって営農指導を除く移民関係業務が満洲国の管理
下に統合され，解決にむかったといえる。第2に，「未利用地主義」は政策開
始当初から掲げられていた。にもかかわらず，ここであらためて規定されたの
は，従来の「未利用地主義」が実質をともなっていなかったことを意味してい
る。第3に，地方行政機関の陣容未整備については，満拓公社社員を満洲国の
地方行政機関に吸収するという対策をとった。

　従来，満洲国政府内では「開拓政策が満洲国内に営まるる重要施策なるに拘
らず，日本側機関乃至之に準ずるものの独断的運営に任ぬることを不当とする
主張を生み出し」ていた。これを受けて立案された「満洲開拓政策基本要綱」
は，満拓公社にとって「開拓政策に於ける満洲国政府の異常なる権限伸暢」と
「日本政府の支配権（具体的には満洲拓植委員会及び満洲拓植公社）の満洲内に於

第1章　移民機関の設置にみる満洲国の政策関与　35

ける退色」を意味した［喜多 1944, 303］。

　すでにみたように，満拓公社による従来の移民用地取得は地域の反発をまね
いていた。片倉衷が「満洲ハ占領地ノ保障行為デハナ」く「独立国家満洲国ノ
開拓協和」であるべきだと主張したように［関東軍司令部 1939b, 15-16］，満洲
国は日本側とは異なる枠組みで政策を進めざるをえなかった。このため，満拓
公社側の不満を生みつつも「満洲開拓政策基本要綱」が策定された。

Ⅲ　移民行政における「内面指導」

　他方で，満洲国の統治は関東軍の「内面指導」を通して行われていた[28]。
日本人移民政策においても関東軍は各委員会を設置し，この委員会を通して
「内面指導」を行った[29]。本節では，移民行政における「内面指導」の変遷を
検討する。

1.　移民事務処理委員会と満洲拓植委員会

　日本人移民政策に関して，関東軍は 1932 年 12 月，特務部に移民部を設置し
た［満洲開拓史復刊委員会 1980, 143］。1935 年 12 月，特務部が廃止され，以後
満洲国の政務指導を担当する参謀部第三課が移民政策を主導した。

　二十カ年百万戸送出計画の原案のうち，「暫行的甲種移民実施要領案」（1936
年 5 月 11 日）は「現地ニ於ケル移民ニ関スル重要事項ヲ審議決定スル為移民事
務処理委員会（仮称）ヲ設置ス」としていた［『満洲移民関係要綱，要領集』］。こ
れにもとづき，1937 年 1 月，関東軍司令部は「移民入植地の選定，移民村構
成要領の作成，移民幹部の詮衡」を行う移民事務処理委員会を設置した。委員
会は関東軍参謀長を委員長とし，委員に関東軍主任顧問，同主任高級参謀，拓
務省拓務局長，朝鮮総督府外事課長，満洲国総務庁次長，民政部拓政司長，実
業部農務司長，また附属の幹事会幹事長には関東軍主任参謀が就任し，幹事に
関東軍参謀部主務者，拓務省出張所長，朝鮮総督府出張所長，満洲国民政部拓
政司科長，実業部農務司墾務科長が任命された。すなわちメンバーの 3 割以上

36　第1部　中央の政策決定と実施

を関東軍が占めていた。委員会は関東軍司令部に設置され，「現地における移民に関する重要事項を審議決定する」政策決定機関と位置づけられた［喜多 1944，167-168］。

1937年8月，満拓公社が設立され，同時に同社の監督機関として満洲拓植委員会が設置された(30)。委員会には，満拓公社の業務の監督上必要な命令をする権限，両国政府の直接行う監督事項について両国政府に意見を具申する権限，必要に応じて満洲国における移民に関する一切の事項について日満両国政府に建議する権限が認められた。また両国間の協議は満洲拓植委員会を通して行うとし，委員会は満拓公社の監督機関に止まらない，両国政府間の政策決定最高機関と位置づけられた。さらに，満洲拓植委員会の設置にともなって，移民事務処理委員会の所管事項のうち，日本人移民に関する機能は満洲拓植委員会に引継がれ，同年11月以降，移民事務処理委員会は朝鮮人移民に関する委員会となった［満洲国通信社 1940b，73］。満洲拓植委員会の委員は12人で，日本側からは関東軍参謀長，大使館主席参事官，関東局総長，移民事務に関係ある者で日本国政府がとくに任命するもの3人，満洲国側からは産業部大臣，経済部大臣，総務長官，移民事務に関係ある者で満洲国政府がとくに任命するもの3人，委員長は関東軍参謀長の兼任とされた［満洲開拓史復刊委員会1980，875］。また委員会には常設の事務局が設置され，事務局長には拓務事務官または書記官が就任するとした。これにともなって，拓務省新京出張所が廃止され，満洲拓植委員会事務局は拓務省の在満移民窓口としての役割も担った［喜多 1944，213］。

しかし，1939年12月に発表された「満洲開拓政策基本要綱」は，満洲拓植委員会の運営に関しては適宜これを規制し，政策に関する重要事項の処理については日満両国の行政機構を整備拡充して，相互の協議連絡を緊密にするとして，直接協議のために満洲拓植委員会事務局が強化された。

こうした委員会運営の規制は，満拓公社の政策権限のみならず，満洲国に対する関東軍の影響力をも弱めたかのようにみえる。しかし，次項でみるように，関東軍は満洲国の機構内部にも影響力行使のための経路を確保していた。

2. 招墾地整備委員会と開拓委員会──「内面指導」徹底の構造

(1) 招墾地整備委員会

すでに指摘されているように，満洲国に対する関東軍のコントロールは政府内にも経路があった。

国内の重要政策決定に関して，満洲国は実施レベルの各部機関とは別に，政策の基本方針を決定する国務院直属の政策別委員会をもっていた。この委員会は総務庁や関東軍が政策を統制するために設置したものであり，1937年3月1日現在，商租権整理委員会，土地制度調査委員会など13の委員会，審査会，調査会と2つの会議が確認できる［満洲国通信社 1937，附図］。

1936年8月13日，この政策別委員会に新たに招墾地整備委員会が加えられた。「日本人移民用地整備要綱」（関東軍，1936年7月9日）は，満洲国が土地取得業務を実施するにあたって，土地評価その他土地取得に関する事項を審議し，土地取得の斡旋を行うために，国務院に招墾地整備委員会を，各省県旗にその分支会を設置するとしていた。委員会は総務庁次長を会長，拓政司長を幹事長とし，省レベルの委員会は省総務庁長を委員長とした。設置理由を「委員会規程」は次のように説明している。

> 日本人移民用地整備要綱ノ決定ニ伴ヒ，右決定要綱ニ基キ速カニ招墾地整備ノ必要アリ而シテ招墾地ノ調査，決定，管理，取得等ニ関スル事項ハ国策上重要ニシテ且ツソノ関係スル所少カラザルヲ以テ別ニ委員会ヲ組織シテ慎重ニ之ヲ審議シ以テ移民事業ノ遂行ニ遺憾ナカラシメムトス［産業部拓政司 1938b，36-37］

移民用地取得は国策上の重要事項に位置づけられた。これによって，満洲国では招墾地整備委員会で政策方針を決定し，拓政司が実施する体制が構築された。

(2) 開拓委員会

1939年1月の開拓総局の設置にともなって，同年3月，政策決定レベルの

38　第1部　中央の政策決定と実施

招墾地整備委員会も開拓委員会に改組された。1月25日の『盛京時報』は，「移民国策の大転換期に順応して，未利用地の開発・開拓，原住民の処理，その他附帯事項の計画を樹立するため」（引用者訳），企画委員会の一部門として開拓委員会を設置すると報道している。

　企画委員会は，業務事項が広範で「各部局及び総務庁相互間の連絡調整に忙殺され勝ち」だった総務庁企画処を補う目的で，1938年7月14日，重要国策に関する官民共助一致の総合的審議機関として設置された［満洲国通信社 1939, 60］[(31)]。総務長官を会長，企画処長を幹事長とし，委員は各官庁のほか，特殊銀行や公社の理事官または知識経験ある者のなかから任命，委嘱された。さらに委員会は必要に応じて随時政策別の委員会を設置し，この政策別委員会には関東軍主務将校や総務庁各処長，協和会中央本部各部長が出席できるとされた［山室 1993, 97-98］。

　開拓委員会は，1939年3月3日，為替，物資，物価，労務，金融貿易，産業開発に続く企画委員会の7番目の政策別委員会として設置された。開拓委員会は「開拓用地ノ整備及改良造成並ニ開拓農民及原住民ノ処理ニ関スル主要方針及計画ノ審議立案ニ当ル」とし[(32)]，「開拓用地整備関係」，「開拓用地改良関係」，「開拓民及原住民処理関係」の3分科会からなった。これによって招墾地整備委員会の機能は開拓委員会に吸収された［満洲国通信社 1940b, 73］。

　委員会には一般委員と特別委員が置かれた。一般委員は総務庁企画処を中心に関係各庁簡任官から任命された各政策別委員会共通の委員，特別委員は関係各庁簡任官，特殊銀行や会社の理事，または知識経験のある民間権威者から任命または委嘱された特定の政策別委員会の委員である［満洲国通信社 1939, 64-65］。開拓委員会の特別委員には，政府から結城清太郎開拓総局長，李叔平拓地処長，高倉正招墾処長，政府外から満洲拓植委員会稲垣征夫事務局長，満拓公社坪上貞二総裁，満鮮拓二宮治重理事長，石黒忠篤，加藤完治，橋本傳左衛門などが選出された[(33)]。また政策別委員会には，庶務を整理する一般幹事，特別幹事が置かれた［満洲国通信社 1939, 64-65］。開拓委員会の特別幹事には，開拓総局から官吏7人のほか，満拓公社，満鮮拓から各3人，大使館，満洲拓

第1章　移民機関の設置にみる満洲国の政策関与　39

植委員会から各1人が任命された。開拓の重点省であった吉林，濱江，間島，牡丹江，三江，龍江各省長および次長も特別幹事に任命された[34]。

　このように，「政府各部局処間の連絡並に政府・軍・各特殊会社の三者間の連繫は一層緊密となり，重要政策の総合的にして的確なる実行を期する」という［満洲国通信社 1939, 65］企画委員会の目的は，開拓委員会にも反映された。他方で，政策の企画・立案事務を実質的に担当していたのは，企画処参事官を中心に関係各部局処官吏から選任された幹事であり，民間選出の特別委員は起草作成された企画原案の審議にあずかるだけで，その活動は受動的消極的であったとされる［山室 1993, 97］。開拓委員会でも，満洲拓植委員会や満拓公社の委員の役割は，政府が決定した方針・計画を審議するという限定的なものであったと考えられる。

　以上のように，満洲国でも移民政策が「国策」となるのにあわせ，その移民政策実施機関は拓政司から開拓総局へ，政策方針決定機関は招墾地整備委員会から開拓委員会へ改組された。同時に，満洲国の日本人移民政策は招墾地整備委員会，開拓委員会を通して，機構内部に関東軍のコントロールを受ける構造をもっていた。この時期，関東軍は満洲における政策決定機能を軍から満洲国に移行させつつあったが[35]，これが可能になったのは満洲国政府内部に関東軍の「内面指導」のための経路が確保されていたからである。満洲国の移民行政機関の拡充と「満洲開拓政策基本要綱」による満洲国の権限強化は，相互に連動して行われていた。

む す び

　以上，本章で検討した満洲国の移民行政機関の設置・拡大過程からは，日本人移民政策に対する満洲国の制度的対応に，2つの転機があったとまとめられる。当初，満洲国は日本人移民政策の実施に関与できず，具体的な入植状況すら把握できなかった。1934年3月の大規模な移民用地取得に端を発する土龍山事件を受けて，1935年7月，満洲国は民政部に拓政司を設置し，政策実施

40 第1部 中央の政策決定と実施

に対応した。これは満洲国が日本人移民の政策実施過程に参与する転機となった。さらに 1939 年 12 月の「満洲開拓政策基本要綱」によって，関東軍は現地における日本人移民政策の実施を満洲国に委ねるとし，これに先駆けて満洲国は拓政司を開拓総局に改組した。これは満洲国がその政策決定過程に参与する転機となった。

　満洲国は拓政司，開拓総局の設置を通して，日本人移民政策に対する制度的関与の度合いを深めていった。しかし同時に，関東軍は総務庁に設置した委員会を通して「内面指導」の経路を確保していた。満洲国の日本人移民政策は機構内部に関東軍のコントロールを受ける構造を組み込みつつ，その制度化を進めていった。

　　　　注

（1）　満洲国の移民行政機関に関しては，君島（1976），高（2000）などがある。なお，これらの機関はともに日本人移民のみではなく，朝鮮人移民，中国人の国内移住を含めた国内の移民行政を管掌する機関であったが，ここでは考察を日本人移民に限定する。朝鮮人移民に対する満洲国の対応については，金永哲（2012）を参照のこと。

（2）　土龍山事件とその後の満洲国の対応については第 5 章で検討する。

（3）　会議については，浅田（1976，19-23）を参照。また南満洲鉄道株式会社経済調査会（1935e；1935f）は同会議の速記録である。

（4）　「満洲農業移民根本方策案」，別紙第 7「満洲国招墾地事務処理機関設置に関する要綱（案）」［関東軍特務部 1934］。

（5）　「民政部分科規程中改正ノ件」『政府公報日訳』第 334 号，康徳 2（1935）年 4 月 24 日，289-290。

（6）　「民政部分科規程中改正ノ件」『政府公報日訳』第 409 号，康徳 2（1935）年 7 月 23 日，275-276。

（7）　同上。

（8）　1934 年 12 月，興安省を除く国内 4 省は 10 省に改められ，これらの 5 県は三江省と濱江省にそれぞれ編入された。

（9）　官吏の内訳は，司長のほかに理事官 2（1）人，事務官 3（2）人，属官 18（8）

人である（括弧内は日本人）。

(10) 「実業部分科規程中改正」『政府公報日訳』第 454 号，康徳 2（1935）年 9 月 16
日，170-171。

(11) 「民政部分科規程中改正」『政府公報』第 924 号，康徳 4（1937）年 5 月 1 日，
14-16。

(12) 「満洲移民ノ為ノ拓植会社設立ニ関スル件」（関東軍司令部，1937 年 4 月 30
日）〔『満洲移民関係要綱，要領集』〕。

(13) 「産業部分科規程」『政府公報』第 976 号，康徳 4（1937）年 7 月 1 日，73-79。

(14) 森重の拓政司への転任は軍の要請によるものである。陸軍省は拓務省から森重
割愛の承認を得て，まず軍で拓政司長に任用し，その後，同年 4 月に満洲国の正
式任用となった。また就任に際し，待遇には特別の配慮がされた〔陸軍省軍務
局 1936〕。

(15) この時期の移民用地取得に対する現地住民の抵抗や強制移住については，劉含
発（2001，第 3 章）に詳しい。

(16) 廃耕後 3 農年未満の土地を指す〔喜多 1944，362〕。

(17) 拓務省拓務局長安井誠一郎は，「百万戸樹立の際には，関東軍で満洲国側に折
衝し，移民用地一千万町歩の準備を約束しているというものの，これはまだ買収
ずみではなかった。そこで勢い満拓公社では，満洲国側と協議の上で，必要の土
地をどんどん買いはじめたのであるが，そうすると急ぎの場合であるため，既墾
地や未墾地の区別は取りあげておられなくなった。従来満人が入地し相当に落付
いて耕作しているような処でも日本人の入植に都合がよく，したがってその定着
に便利のよい土地は無理してまでも買収して仕舞うというような場合も起った」
としている〔満洲開拓史復刊委員会 1980，338-339〕。

(18) 星野直樹によれば，既墾地の買収を「なかには張〔景恵〕さんのとこへに直接
訴えてくる者もあった。（中略）こんなことがたびたびあった」〔星野 1963，
199〕。

(19) 日本側の要請について具体的な文書は確認できないが，関東軍の「10 月下旬
要解決促進主要懸案事項」（1938 年 10 月 24 日）には「臨時開拓局設置ノ件」が，
「11 月下旬解決促進主要懸案事項」（同年 11 月 30 日）には「開拓総局運営準備
ノ件」が確認できる〔「備忘録・第 1 号」，1938〕。

(20) 勅令第 330 号「開拓総局官制」『政府公報』第 1416 号，康徳 5（1938）年 12

42　第 1 部　中央の政策決定と実施

　　　月 24 日，523–524。

(21)　「開拓総局分科規程」『政府公報』第 1427 号，康徳 6 (1939) 年 1 月 12 日，
　　　235–236。

(22)　技正，技佐はともに満洲国の技術系官吏の名称である。

(23)　委任官試補は満洲国の文官等級である。文官は高等官と委任官，試補に分かれ，
　　　高等官はさらに特任官，簡任官，薦任官に分かれていた。

(24)　各部門別要綱案の内容は，満鉄調査部 (1939) を参照。

(25)　満拓公社の機構再編に関する坪上の意見開陳や，青年義勇隊の訓練をめぐる拓
　　　務省山口東亜第二課長，対満事務局竹内庶務課長の質疑など［関東軍司令部
　　　1939b］。

(26)　各開拓団には，団員から選出された農事，畜産，警備，経理，保健などの指導
　　　員が置かれた［満洲開拓史復刊委員会 1980, 408］。

(27)　満拓公社と満鮮拓の統合については，その後日満間で協議が進められ，1941
　　　年 6 月 1 日に実施された。

(28)　「内面指導」については，山室 (1993, 99–105) を参照。

(29)　本節でとりあげる各委員会については，君島 (1976) による整理がある。

(30)　満拓公社および満洲拓植委員会の設立は，「満洲拓植公社ノ設立ニ関スル協定」
　　　(1937 年 8 月 2 日，日満両政府発表) にもとづく (条約第 1 号「満洲拓植公社ノ
　　　設立ニ関スル協定」『政府公報』第 1004 号，康徳 4 (1937) 年 8 月 3 日，29–34)。

(31)　『盛京時報』1838 年 7 月 15 日に，勅令第 148 号「企画委員会官制」が掲載さ
　　　れている。

(32)　「開拓委員会設置」『政府公報』第 1478 号，康徳 6 (1939) 年 3 月 20 日，337。

(33)　「人事異動」『産業部月報』第 3 巻第 11 号，1939 年 11 月，118–123。

(34)　同上。

(35)　1938 年 5 月には，関東軍特務部の労働統制委員会が満洲国企画委員会の労務
　　　委員会に吸収されている［松村 1976, 239–240］。

第2章　移民政策の制度化と戦時体制への移行

は じ め に

　本章では，「満洲開拓政策基本要綱」以後，1940年代における満洲国の日本人移民政策を検討する。1940年代の移民政策に関しては，1970年代に浅田，君島らが当時見ることのできた内部資料を利用して行った先駆的な研究がある[満州移民史研究会 1976][1]。そのなかで浅田（1976）は，満洲移民史を3期に分けて分析し，アジア太平洋戦争開始後を移民の崩壊期と位置づけて，その破綻過程を明らかにした。他方で，当時，現地で政策を担った満洲国の対応は十分に検討されず，その全体像を把握するには至っていない。

　1939年12月の「満洲開拓政策基本要綱」によって，現地における移民用地の取得，移民の助成・金融，満洲開拓青年義勇隊制度などのうち，助成・金融を除くおもな業務が満拓公社から満洲国に移された。さらに1943年以降，日本の戦況悪化にともなって満洲国の移民政策においても大規模な動員が展開された。「開拓増産」とよばれたこの戦時動員のなかで，満洲国は中心的な役割をはたすことになる。

　本章では，満洲国が1940年代に確立した移民政策実施のための諸制度を整理するとともに，戦時体制への移行にともなってそれらの制度がどのように変わっていったのかを検討する。こうした分析が可能になったのは，中国やアメリカにある満洲国期の日本語資料が利用できたことによる。これらを利用し，浅田らの研究に新たな知見を付け加えることを目指したい。

I 機構の拡充

1. 中央行政機関

　すでにみてきたように，「満洲開拓政策基本要綱」の決定に先立って，1939年1月，満洲国の移民行政機関は拓政司から開拓総局に改組された。さらに「満洲開拓政策基本要綱」基本要領4は，「開拓民ノ指導ニ関シ満洲ニ於テハ開拓政策遂行ノ一元化ヲ図リ開拓用地ノ整備，利用開発及配分，営農方式，開拓民移住，原住民補導等ニ付刷新的方途ヲ講ジ特ニ開拓諸機構ヲ調整シ開拓民取扱ニ関スル責任分野ヲ明カナラシムルト共ニ其ノ総合的機能ノ発揮ニ努ムルモノトス」としていた［開拓総局総務処計画科 1940b, 10］。

　これを受けて，1940年2月1日，開拓総局はさらに拡大改組された[2]。この改組によって，新たに土地処が設置され，移民用地の取得，管理および処分に関する事項，適地調査に関する事項を管掌することになった。また満洲建設勤労奉仕隊に関する事務を管掌する勤労奉仕科と移住適地調査に関する事務を管掌する適地調査科が新設された。第3に，開拓地の巡回視察にあたる参与制が導入され［開拓総局総務処計画科 1940b, 7］，参与には杉野忠夫が就任した[3]。

　この機構改革にともない，新たに529人の職員が補充されたが，うち128人が「未利用地開発」に割り当てられ[4]，新たな業務となった移民用地の取得，開発，管理に重点が置かれることになった。また関係事務を地方に移し，移民行政機関の横の連携をはかるとした［開拓総局総務処計画科 1940b, 7］。

　さらに1940年6月1日，産業部の農業部門は新設の興農部に移され，開拓総局は興農部開拓総局となった。「満洲産業開発五カ年計画」の修正によって，食糧自給体制の確立をはかることになったためである。興農部は「農，林，水産，畜産（馬，騾，驢及駱駝ニ関スル事項ヲ除ク）及開拓ニ関スル事項ヲ掌理」するとされ[5]，このとき産業部の鉱工業部門は同じく新設の経済部に移された。

　1941年3月10日，開拓総局は地方重点主義に対応するため，さらに若干の

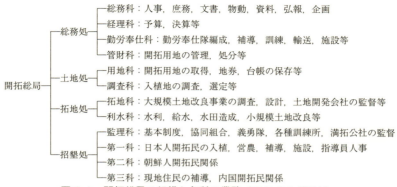

図 2-1 開拓総局の組織と各科の業務（1941 年 3 月現在）
出所：開拓総局招墾処（1942, 442）より作成。

組織変更を行った。中央機構はやや簡素化され，職員も削減され［満洲国通信社 1941b, 52］[6]，開拓総局から省や県の開拓庁，開拓科などに官吏が転出した。この組織変更によって，開拓総局の各処科の分掌事項は【図 2-1】のようになった。以後，1945 年 8 月までほぼこの体制が維持される[7]。

開拓総局長結城清太郎は，1940 年 5 月から産業部次長を兼任していたが［満洲国通信社 1940a, 126］，同年 7 月，この兼任局長にかわって，稲垣征夫が開拓総局長に就任した［満洲国通信社 1941a, 89-90］。稲垣は拓務省出身で，朝鮮総督府事務官，関東軍経済顧問などを経て，1937 年 8 月から満洲拓植委員会事務局長をつとめていた［満蒙資料協会 1943, 1090］。1941 年 7 月 14 日，結城が新しく設立された満洲農産公社理事長に転任し［満蒙資料協会 1943, 1275］，稲垣が興農部次長を兼任することになった［満洲国通信社 1941a, 89-90］。さらに 1942 年 6 月には，開拓総局総務処長であった五十子巻三が開拓総局長に就任した［五十子 1965, 647］。【表 2-1】は，1942 年 12 月現在，開拓総局に在籍していた科長以上の官吏およびその経歴である。なお五十子は 1945 年 6 月に東満総省長に転任し，敗戦時には田中孫平が開拓総局長をつとめていた。

また二十カ年百万戸送出計画の開始後，移民政策は日本の農村経済更正運動と結びつき，日本側では拓務省に加え，農林省が政策担当機関となった。開拓総局にはその設立以降，拓務省や農林省の官僚が相次いで転入している。こう

46　第1部　中央の政策決定と実施

表 2-1　興農部開拓総局（1942 年 12 月 1 日現在，科長以上）

肩書	名前	経歴
局長	五十子巻三	【表 1-2】参照
総務処長	向野元生	1903 年生，25 年東大法学部英法科卒，同年満鉄入社，31 年から 2 年間欧米留学，帰任後，鉄路総局総務処人事課人事係主任など経て，満洲国に転じ，37 年 5 月交通部鉄路司鉄道科長，次いで鉄路司長，39 年 4 月牡丹江省次長，41 年 6 月開拓総局総務処長。
総務科長	毛利佐郎	【表 1-1】参照
経理科長	広瀬渉	1903 年生，30 年拓植大商学部卒，32 年 6 月満洲国に入り，鎮東県属官，熱河政治工作員，平泉県属官，同県参事官，熱河省警務庁煙務科長，同庁煙政科長，寧安県副県長などを経て，39 年 6 月牡丹江省開拓庁開拓科長，41 年 3 月開拓総局総務処経理科長。
勤労奉仕科長	横畠正彦	1908 年生，31 年東大経済学部卒，東京市役所勤務の後，36 年 4 月満洲国に入り，熱河省公署総務庁総務科属官，同省民政府事務官，三江省開拓庁農林科長，総務庁理事官などを経て，39 年 6 月東安省長官房企画科長，41 年 3 月興農部開拓総局総務処勤労奉仕科長。
土地処長	手島朋義	1899 年生，1925 年東大法学部独法科卒，小学校教員などを経て，満洲国に転じ，32 年 10 月瀋陽県副参事官，安達県ほか参事官，濱江省公署総務科長，奉天市公署庶務科長，黒河省次長，産業部大臣官房理事官などを歴任，40 年 6 月産業部開拓総局土地処長，42 年 12 月奉天税務監督署副処長。
調査科長	佐藤健司	1899 年生，1927 年東大［農学部］農業経済学科卒，農林省副業調査嘱託，同省家畜保険事務取扱嘱託，新潟県農林主事，35 年 9 月満洲国に入り，実業部臨時産業調査局技佐，産業部農務司・開拓総局招墾処各技佐，同技正などを歴任。41 年 3 月開拓総局技正土地処調査科長兼開拓研究所研究官，地政総局事業処技正。
管財科長	青崎庄蔵	1908 年生，34 年東大［法学部］法律科卒，満洲国に入り，35 年 11 月三江省総務庁総務科雇，次いで蒙政部屋員，同部属官，興安局属官などを歴任，39 年 8 月産業部開拓総局招墾処事務官，41 年 9 月興農部開拓総局土地処管財科長，地政総局事業処参事官を兼任。
拓地処長	範垂紳	北海道大［農学部］畜産科卒，奉天の東北大学教授，洮南牧場経理，第一模範牧場長，満洲国に入り，奉天省実業庁農務科長，安東省公署実業庁長，新京特別市行政処長，濱江省開拓庁長，41 年 10 月開拓総局拓地処長。
利水科長	張士選	1903 年生，28 年第五高校文科卒，奉天市政公署市長秘書，満洲国に入り，32 年 3 月奉天省警察庁第六分区警察分局長，同庁第六区警察署警正署長，立法院属官，民政部属官，産業部事務官などを歴任，39 年 1 月開拓総局招墾処事務官，1942 年 8 月開拓総局拓地処利水科長。

（代）拓地科長	木下真治	1903 年生，31 年東大農学部卒，石川県農林技手，同技師を経て，満洲国に入り，39 年 8 月開拓総局拓地処技佐，同技正など，43 年 4 月興農部農産司農地改良科長。
招墾処長	宮林敏雄	（不明）
監理科長	山本廉	1908 年生，32 年東大法学部卒，満洲国に入り，41 年 3 月開拓総局招墾処監理科長。
第一科長	金丸徹	【表1-1】参照
第二科長	永井孝治	1898 年生，1917 年官立京城高校卒，満洲国に入り，40 年 11 月開拓総局招墾処第二科長。
第三科長	趙恒貞	【表1-1】参照

出所：国務院総務庁人事処（1942），満蒙資料協会（1940：1943），向野（1965）より作成。

した人事は，「満洲開拓政策基本要綱」基本要領 21 の「日満両国人事ハ交流等デ協調提携スル」という規定にもとづくものである。開拓総局は満洲国の中央，地方行政機関から異動してきた官吏と日本からの転入官僚によって構成された。稲垣征夫や五十子巻三など日本からの転入官僚は，上層部にあって日本側の方針を満洲国の政策に反映させる役割をはたした[8]。満洲国の機構内部に拓務省や農林省との関係が形成され，政策遂行の円滑化がはかられた。

　以上のように，1940 年以降，開拓総局は拡大，強化された。他方，日本政府からの転入官僚によって，機構内部では「日満一体化」が進んでいた。同時に，開拓機構は地方に展開し，地域への政策浸透がはかられた。

2. 地方行政機関

　中央の機構拡大にともなって，地方開拓行政機関も整備されていった。1939年 1 月 1 日，開拓総局の設置と同時に，三江，濱江，龍江，吉林の各省で実業庁が開拓庁に改組され，牡丹江省に開拓庁が新設された［産業部 1939，2][9]。また開拓庁が設置されなかった省や開拓政策推進の主要県には，開拓科あるいは開拓股が設置された。

　当初，開拓庁長には実業庁長であった中国人官吏が就任した。しかし，1939年 6 月，北辺振興計画の実施にともなって東安，北安両省が新設された後，開拓庁長に相次いで日本人官吏が就任した。移民政策の重点県であった密山，虎

48　第1部　中央の政策決定と実施

林両県が属する東安省では，省新設と同時に開拓庁が設置され，開拓庁長には拓政司監理科長の田中孫平が就任した［満洲国通信社 1940a，189］。同時に，三江省開拓庁長には元拓政司第一指導科長の都甲謙介が就任し，次いで間島省に市川敏，牡丹江省に井上実，北安省に盛長次郎，黒河省に甲斐政治と徐々に開拓庁長が日本人にかわっている［満洲国通信社 1940a，177，181，187，191，195］。一般的に，満洲国の行政機関ではトップを中国人が，次長を日本人がつとめ，実質的には日本人次長が政策をコントロールしていたとされる。従って，形式としての中国人庁長制度が放棄され，日本人の開拓庁長にかわったことは，地方開拓行政においては日本人中心の体制が確立されていったことになる。さらに都甲謙介や田中孫平，井上実ら政策開始当初から移民行政に関わっていた官吏が地方に転出したことによって，中央開拓総局と省開拓庁，県開拓科との関係が強化されていったといえる[10]。

　1942 年 3 月現在，全国 9 の省に開拓庁が，43 の県，旗に開拓科が設置されていた【表 2-2】。

　また『盛京時報』1939 年 12 月 9 日は，満拓公社で土地調査や訓練業務に従事していた社員を現地の開拓庁に吸収する予定であるとしている。地方における移民政策の実施も満拓公社から満洲国に移行しつつあったが，地方行政機関における業務の急増は政府内でそれらに対処しきれない状況を生み出していた。

　中央と同様，満洲国の地方行政機関も，機構の拡大とともに日本人中心の体制に組みかえられていった。これは，満拓公社の業務を地方レベルで引き継ぐための体制づくりともいえる。

3. 協和会

　協和会は，行政と地域との間に立って「建国理念」の普及や「治安維持」のための宣撫工作を行った組織である。政府による移民行政機関の整備，拡大と並行して，協和会もその機構を整えていった。1938 年 8 月には，中央実践本部に開拓係を設置し，満洲国の現地住民補導に協力していた。

　さらに 1939 年 12 月の「満洲開拓政策基本要綱」基本要領 15 で，「開拓民移

第2章　移民政策の制度化と戦時体制への移行　49

表2-2　地方開拓行政機関設置状況

省	省公署関係科	開拓科設置県（旗）	開拓股設置県（旗）
奉天	実業庁農林科	なし	瀋陽，鉄嶺，康平，興京
吉林	開拓庁開拓科	舒蘭，蛟河，敦化，樺甸，盤石	長春，徳恵，乾安，扶余，永吉，懐徳
濱江	開拓庁開拓科	五常，珠河，葦河，延寿，巴彦，木蘭	阿城，濱，双城，呼蘭，肇東，肇州，蘭西，東興，安達，青崗，郭爾羅斯後旗
龍江	開拓庁開拓科	訥河，甘南，富裕	龍江，景星，林甸，大賚，安広，鎮東，開通，瞻楡，洮南，白城，泰来，杜爾伯特旗
錦州	実業庁農林科	盤山	錦
安東	実業庁農林科	なし	鳳城，荘河，寬甸，桓仁
間島	実業庁農林科	琿春	延吉，汪清，和龍，安図
四平	実業庁開拓科	なし	昌図，梨樹，東豊，海龍，双遼
三江	開拓庁開拓科	樺川，方正，依蘭，富錦，通河，湯原，鶴立	撫遠，同江，羅北，綏濱，佛山
通化	実業庁農務科	なし	通化，輝南，濛江
牡丹江	開拓庁開拓科	寧安	東寧，綏陽，穆稜
東安	開拓庁開拓科	密山，虎林，林口，宝清，饒河，勃利，鶏寧	なし
北安	開拓庁開拓科	北安，徳都，嫩江，通北，慶城，鉄驪，綏稜，海倫	克山，克東，拝泉，依安，明水
黒河	開拓庁開拓科	なし	愛琿，孫呉，呼瑪，遜克，漠河，烏雲
興安東	民生庁開拓科	布特哈旗，阿栄旗，莫力達瓦旗，巴彦旗	なし
興安北	開拓庁殖産科	なし	なし
興安南	実業庁殖産科	なし	なし

出所：「開拓科設置省県一覧表」［満洲国通信社 1942b，49］。

住及原住民転住補導ニ関シテハ民族協和具現上特ニ満洲帝国協和会ノ活動ヲ促進」するとされ，移民政策における協和会の活動が重視されることになった。その直前の1939年10月，協和会は開拓係を開拓科に拡大し，移民入植にともなう現地住民の補導工作や移民の協和精神普及のための活動を行った［満洲国通信社 1940b，76］。開拓科は協和会中央本部実践部に設置され，指導・訓練・

50　第1部　中央の政策決定と実施

弘報の3班と庶務から構成された。協和会は満洲国の政策実施を地域レベルで援助する機能を担っていた。

　協和会の「康徳七年度運動方針大綱」は，その年度の運動方針に「[移民の]満洲国民タル意識ノ昂揚」と「原住民補導ノ徹底」をあげた。さらに，移民政策に関する活動方針を示した「開拓協和運動要綱」は，移民に関する協和会運動のための基本体制の確立，満洲国の用地整備に対する協力を2大目標とした[「康徳七年度運動方針」1940，97，121]。

　用地整備に対する協力に関しては，「開拓用地整備事業協力要領」を定め，「政府ノ国策的要請」と「原住民ノ現実的要求」を政治的に調整するとした。一方で協和会は「原住民ノ生活不安感ヲ解消」することを重視し，住民の意向を代弁する立場をとった[満洲帝国協和会中央本部調査部 1943，543-549]。たとえば，1939年の三江省連合協議会では，県本部から提出された全議案350件のうち，移民関係は34件，そのうち土地をめぐる案件は88パーセントを占めていた[後藤 1939，92-93]。移民用地取得やその管理をめぐる地域の不満の一部は協和会を通して提起されていた。

　基本体制の確立については，開拓団をいかに協和会運動に組み込むかが焦点となった。全国連合協議会に出席したある開拓団長は，日本人出席者のほとんどが官吏や会社員，商人などであり，「真の民族協和の中核的位置にあるべき開拓民代表」が自分を含めて2人しかいないことを指摘して，開拓団への協和会分会の設置を要請している[廣部 1940，75]。

　分会設置の要望を反映して，1941年6月15日，協和会開拓分会が結成された[満洲帝国協和会中央本部調査部 1943，553-554](11)。開拓分会は中央本部長直属の組織として，全国19省を10の地区班に区分し[「開拓分会誕生す」1941]，その下部組織として県旗市に分班を設置した。開拓団，開拓協同組合，満洲開拓青年義勇隊訓練所の幹部や官民関係機関の主要役職員を会員とし，「開拓精神」の練成，農談会の開催，部会員の共済福祉などを行った[満洲帝国協和会中央本部調査部 1943，556]。現地住民と移民の融合をはかるよりはむしろ，移民の生活向上を目的としていた。

さらに日本の戦況悪化にともない，「開拓部会康徳十年度運動計画要綱」は，「開拓増産」を最重要課題に掲げた［「開拓部会康徳十年度運動計画要綱」1943］。当初，移民政策における協和会運動の重点は「民族協和」にあったが，開拓部会の設立とともに，移民の生活向上に移行し，さらに満洲国が日本の戦時体制に組み込まれるに従って，「開拓増産」による「大東亜共栄圏」の食糧自給体制確立へと変わっていった。

協和会はその機構整備によって，満洲国の日本人移民政策を地域に浸透させる機能をもつことになったが，実際には，多くの場合，中央・地方官吏は協和会会員を兼ね，行政側の意向が協和会運動に反映されていた。

満洲国の移民政策は中央・地方の移民行政機関や協和会を通して，地方レベルへの浸透をはかった。満洲国は傀儡国家という制約された枠組みのなかで，移民政策実施のための機構を確立した。他方，1936年以降に形成された機構内部の「日満一体化」は，1940年代に「開拓増産」を推進する基礎となる。

II　政策実施の制度化

1．予算と事業計画

「満洲開拓政策基本要綱」は，日満両国政府の責任分担を明確にするという方針の下，基本要領22-1で「日満両国政府ノ経費負担区分」を，「日本人開拓民ニ関シテハ原則トシテ日本国内ニ於テ要スル経費及箇別補助ハ日本国政府，協同補助ハ日満両国政府同額負担シ，満洲国内ニ於ケル施設及助成ハ満洲国政府之ヲ負担ス」としていた。

この経費負担の区分について，総務庁主計処長をつとめた古海忠之は，戦後，撫順の戦犯管理所で書いた供述書で次のように述べている。二十カ年百万戸送出計画初年度となる1937年度予算では，日満の経費負担の区分は決定されず，満洲国は移民適地調査，移民地の道路通信その他の施設約900万円を負担し，土地買収費は予算に計上していなかった。1938年度予算では，「満洲に於ける

52　第1部　中央の政策決定と実施

日本開拓事業経費の負担区分は日満両国折半原則」にもとづき，満洲国は移民適地調査費，土地買収関係諸費，道路通信線その他移民用地に必要な施設費1200万円の予算を決定，「最も問題となつた開拓用地の買収費は一応満洲拓植公社の資金に依る」ことになった。しかし，1939年度の予算では，「成可く早期に於て能ふ限り低廉に農地を入手し，日本人移民が土地を年賦で買取る際に於ける日本移民の負担を軽減せんとし」た日本側に対し，「偽満洲国は資金予算の許す限度に於て開拓用地収買費を出すことに決定した。爾来開拓用地収買費（土地造成費を含む）は，偽満洲国が主として負担することとなつた」。この日本側との協定にもとづき，「開拓用地の収買，農地造成等日本開拓民の入植地準備に当る為，開拓事業特別会計を新設」して，同年度の開拓総局関係予算は1400万円，開拓事業特別会計予算は4700万円となった〔古海 1954, 153-155〕。すなわち「満洲開拓政策基本要綱」の策定過程で満洲国側が示した「移民用地国営化」，「未利用地開発」などの方針は，結果として満洲国に大きな経済的負担をもたらすことになった。

「満洲開拓政策基本要綱」実施初年度となる1940年度の満洲国開拓事業予算は，地方費を含め，前年度のほぼ倍額となる約1億2424万円とされた。予算編成にあたっては，移民数拡大への対応，移民用地の取得・保全・管理・利用開発・道路通信・適地調査に関する整備員の費用計上，移民の補導研究機関の設立，内国開拓民の補導，行政機構の拡充強化，義勇隊計画の積極化，勤労奉仕隊と移民事業の関係強化などを方針とした〔満洲国通信社 1940b，67-68〕。

その内訳を【表2-3】に示した。開拓総局一般会計では義勇隊関係，同特別会計では開拓事業，内国開拓民助成事業が突出し，とくに用地取得にかかる開拓事業費が全体の約65パーセントを占めている。また一般会計のうち，助成関係，補導関係，勤労奉仕隊関係，開拓行政機構整備関係などに高額が配分された。このほか，交通部，治安部，民生部にそれぞれ関係予算が計上されている。なお同年度，日本側の関係予算は約3750万円であった（農林省所管分村分郷助成費を含まず）〔満洲国通信社 1940b，67〕。

【表2-4】は1941〜1942年度における日満両国政府の満洲開拓事業予算であ

第2章　移民政策の制度化と戦時体制への移行　53

表 2-3　満洲開拓事業予算（1940 年度）

（単位：円）

区分	1940 年度予算	1940 年度中追加計上見込額	合計
開拓総局一般会計（A）	19,258,174	3,944,448	23,202,622
基本施設関係	656,759	――	656,759
助成関係	1,159,546	267,570	1,427,116
訓練関係	32,179	2,414,132	2,446,311
義勇隊関係	10,088,720	――	10,088,720
補導関係	1,983,150	1,262,746	3,245,896
拓植委員会関係	55,000	――	55,000
勤労奉仕隊関係	2,050,000	――	2,050,000
東安省買戻関係	974,699	――	974,699
特別補助関係	121,200	――	121,200
内国開拓民助成事業補給関係	697,615	――	697,615
給水関係	341,198	――	341,198
農業水利指導関係	64,769	――	64,769
開拓行政機構整備関係	967,665	――	967,665
各款項支出	65,674	――	65,674
開拓総局特別会計（B）	93,348,855		93,348,855
開拓事業	79,960,241		79,960,241
内国開拓民助成事業	13,388,614		13,388,614
部内予算計（A＋B）	112,607,029	3,944,448	116,551,477
道路関係（交通部）	5,763,500		5,763,500
警保関係（治安部）	1,119,750		1,119,750
保健関係（民生部）	240,000		240,000
部外予算計（C）	7,123,250		7,123,250
総計（A＋B＋C）	119,730,279	3,944,448	123,674,727

出所：満洲国通信社（1940b, 68）より作成。
注：原資料の誤植を修正した。このほか，地方費に計上される開拓に関する地方的経費がある。

54 第1部 中央の政策決定と実施

表2-4 満洲開拓事業予算 （1941〜1942年度）

（単位：円）

内訳			1941年度	1942年度
満洲国側	開拓総局	一般会計	35,763,000	37,039,000
		開拓事業特別会計	84,715,000	69,100,000
		内国開拓民助成事業特別会計	——	11,030,000
		計	120,478,000	117,170,000
	部外予算（民生部，交通部，治安部ほか）		7,127,000	7,215,000
	地方開拓経費		[500,000]	——
	合計		127,605,000	124,385,000
日本側	拓務省		[50,460,000]	52,397,000
	勤労奉仕隊に関する各省関係予算		[1,300,000]	——
	朝鮮総督府拓務課		——	5,010,000
	合計		[51,760,000]	57,407,000
日満両国予算合算額			[179,900,000]	181,792,000

出所：満洲国通信社（1941b, 45-47），満洲国通信社（1942b, 43-44）より作成。
注：合計欄と項目の合計が一致しない部分は，四捨五入による誤差と考えられるため，原資
　料のまま記載した。[　]内は見込み額。また日本側経費には農林省の分村分郷助成費，
　地方費，満洲移住協会などの民間側経費は含まれていない。

る。年度によって予算項目が異なる，見込み額を含むなどの難点はあるが，お
およその経費負担の状況がつかめるであろう。

　満洲国側の1941年度予算には，前年度とほぼ同額の約1億2760万円が計上
された。予算編成にあたっては，入植地の取得・整備の継続，日本人移民に対
する訓練補導の徹底，とくに営農指導の重視，義勇隊補助金制度の導入，勤労
奉仕隊の増産強化などがはかられた。また開拓研究所の充実，地方行政機関の
拡充，移民の配偶者を養成する開拓女塾の新設なども計画されている。開拓事
業費を含む特別会計は一般会計の2倍以上に達した［満洲国通信社 1941b, 45-
47］。

　満洲開拓第2期5カ年計画初年度となる1942年度予算では，開拓指導員訓
練所，開拓農業実験場などの訓練・指導体制の強化，航空写真測量の活用，入
植予定団地の総合立地計画となる団地計画の本格的導入，土地改良事業の重点
的実施などが計画された。満洲国側の予算総額は部外予算を含め，前年度とほ

ぽ同額の約 1 億 2438 万円である。やはり特別会計が突出しているが，内国開拓民助成事業特別会計が別項目になっているため，全額が開拓事業費にわりあてられたとみられる［満洲国通信社 1942b, 43-44］。

　以上のように，「満洲開拓政策基本要綱」以後，満洲国の移民政策には年 1 億円を超える予算が配分された。これは満洲国政府予算全体の約 5 パーセントを占め，なかでも用地取得にかかる開拓事業費の負担が突出している。他方，日本政府の開拓事業予算はその半分にも満たず，日満両国の経費負担には著しい不均衡が生じた。

2. 法体制の確立

　「満洲開拓政策基本要綱」は，基本要領 8-1 で「開拓用地ノ管理配分ニ付テハ国家，団及開拓農家間ノ移行関係等ヲ適切ニ規制シ農民ノ特性ニ鑑ミ土地ノ永代世襲的確保ヲ図ル」とし，また同 8-4 で「合理的且有機的ニ満洲国制度下ニ融合帰一セシムル」ため，「集団開拓地ニ付テハ行政機構ハ街村制ニ拠ラシメ経済機構ハ協同組合ヲ結成セシメ之ガ一元的運用ノ方途ヲ講ズルモ移住後概ネ五年ハ…（中略）…特殊法人（仮称開拓団）ヲ結成セシメ可及的速ニ一般行政経済機構ニ吸収移行セシム」としている。これらの規定に法的根拠を与えるため，1940 年 5 月以降，満洲国は「開拓団法」，「開拓協同組合法」，「開拓農場法」を公布した。

　1940 年 5 月 3 日に公布された勅令第 107 号「開拓団法」は，協同組合移行前の特殊法人開拓団の制度を規定している。すなわち，開拓団は日本人開拓民を団員とする法人団体であって，設置後 5 年以内に廃止される。開拓団の設置や廃止は産業部大臣の認可を受け，団長および指導員は産業部大臣が任命し，産業部，省，県・旗は開拓団を監督する[12]。

　同年 6 月 20 日に公布された勅令第 162 号「開拓協同組合法」は，開拓民が開拓団廃止後に設立する開拓協同組合および開拓協同組合連合会を規定している。組合および連合会は開拓民を組合員とし，興農部大臣の監督を受ける。また条件付きで区域内の日本人以外の農民の加入も認め，資金貸付や生産・加工，

56　第1部　中央の政策決定と実施

共同購入などに関する業務を行う[13]。すでに「満洲開拓政策基本要綱」附属書は，周辺住民村落の経済協同機構を開拓地のそれに連携させ，連合会に統合させることを目指していた。

　同時に，組合には街村制を適応し，開拓民を行政的に満洲国地方制度に吸収するとしていた。従来，開拓団は日本政府の指導監督を受けていたが，「開拓団法」，「開拓協同組合法」の施行によって，開拓民は満洲国産業部（後に興農部）の監督下に置かれることになり，入植後5年間は特殊法人という形態を保ちつつも，満洲国の地方行政制度に組み込まれることになった。

　また，開拓地の施設および経営上必要な事項については，満拓公社との連携維持もはかられた。しかし，満洲国にとって満拓公社は開拓民の指導統制機関ではなく，「金融，物資配給のみを担当する一下請会社」としての色合いが強かった［喜多 1944, 304］。興農部訓令第319号「開拓団ニ対スル満洲拓植公社ノ助成ニ関スル件」は，「開拓団ノ指導監督ハ当部（興農部を指す―引用者注），省，県之ニ当ルモ資金借入，物資購入，家屋建築其ノ他開拓団ノ建設経営ニ必要ナル事項ニ付テハ満洲拓植公社ノ助成補導ノ機能ト密接ナル連繋調和ヲ保持シ以テ開拓団ノ指導育成ノ円滑ヲ期スル」としている[14]。

　他方で，勅令第280号「開拓農場法」は日本人開拓民の定着に関わっていたため，日本政府との協議を経て制定された。日本での審議が長引き[15]，1941年11月13日に公布された。満洲国が作成した素案は，日本での審議によって多くの修正が加えられ，日本の家長制を全面的に取り入れたものになった。同法は，開拓地で農場の経営によって独立の生計を営む親族団体を開拓農家とし，この農家の財産である開拓農場を世襲家産制とした。また国，開拓団，農家間における開拓用地の管理，配分を規定した[16]。

　【表2-5】は1939年から1943年までに公布された開拓関連法規である。上記3法の関連法のほか，内国開拓民助成事業や移民用地整備に関する法規も公布されている。

　以上のように，1939年以降，移民政策に関わる法規が公布され，満洲国の国内法によって1941年末までに移民政策の法体制はほぼ確立された。

第 2 章　移民政策の制度化と戦時体制への移行　57

表 2-5　開拓関係法規 (1939～1943 年)

	法規	公布年月日
産業部訓令第 172 号	「暫行未利用地整備要領ニ関スル件」	1939/4/24
	付「暫行未利用地整備要領」	
産業部訓令第 291 号	「地価受領地変更ニ関スル件」	1939/7/17
産業部訓令第 472 号	「内国民開拓助成事業ニ関スル件」	1939/11/7
	付「内国民開拓事業助成要綱」	
産業部訓令第 500 号	「土地改良地域整備ニ関スル件」	1939/11/23
産業部訓令第 501 号	「開拓用整備地ノ管理ニ関スル件」	1939/11/25
	付「暫行開拓財産管理要綱」	
産業部訓令第 562 号	「内国開拓助成規則ニ関スル件」	1939/12/22
	付「内国民開拓助成事業規則」	
勅令第 107 号	「開拓団法」	1940/5/3
勅令第 123 号	「開拓団ニ対スル租税法令ノ適用ニ関スル件」	1940/5/16
勅令第 158 号	「武装団体ノ統制及其ノ武器ノ管理ニ関スル件」	1940/6/13
治安部令第 29 号	「武装団体ノ統制及其ノ武器ノ管理ニ関スル件施行規則」	1940/6/19
興農部令第 3 号	「開拓団法施行規則」	1940/6/20
勅令第 162 号	「開拓協同組合法」	同上
勅令第 163 号	「開拓協同組合登記法」	同上
勅令第 164 号	「印花税法中改正ノ件」	同上
開拓総局	「集合開拓団ノ開拓団法準用ニ関スル件」	1940/6/25
司法部令第 2 号	「開拓協同組合登記法施行規則」	1940/7/1
司法部令第 23 号	「開拓協同組合登記及開拓協同組合連合会登記ニ関スル手数料ノ件」	同上
開拓総局	「開拓団規則準則」	1940/7/9
開拓総局	「開拓協同組合定款準則」	同上
興農部令第 9 号	「開拓協同組合法施行規則」	1940/7/31
開拓総局	「開拓地ニ関スル土地課税要綱」	1940/7
興農部訓令第 318 号	「開拓協同組合ノ指導ニ関スル件」	1940/9/12
興農部訓令第 319 号	「開拓団ニ対スル満洲拓植公社ノ助成ニ関スル件」	1940/9/17
開拓総局	「開拓協同組合業務規則準則」	1940/11/1
開拓総局	「開拓協同組合役職員規程準則」	同上
開拓総局	「開拓協同組合実行会規約準則」	同上

58　第1部　中央の政策決定と実施

開拓総局	「実行会指導要綱」	同上
開拓総局	「開拓協同組合連合会定款準則」	同上
勅令第311号	「開拓用地地税等措置法」	1940/12/1
興農部令第60号	「開拓用地地税等措置法施行規則」	1940/12/2
勅令第280号	「開拓農場法」	1941/11/13
勅令第281号	「開拓農場法第14条ノ規定ニ依ル家長ノ代行者ニ関スル件」	同上
興農部訓令第131号	「開拓用地ノ整理ニ関スル件」	1942/3/20
興農部令第16号	「開拓農場法施行規則」	1942/4/1
興農部令第17号	「開拓農場法第14条ノ規定ニ依ル家長ノ代行者ニ関スル件施行細則」	同上
興農部令第18号	「農家台帳規則」	同上
勅令第230号	「内国開拓民助成事業法」	1942/11/30
興農部令第4号	「内国開拓民助成事業法施行規則」	1943/2/10
興農部訓令第127号	「満洲拓植公社社有開拓用地ノ整理ニ関スル件」	1943/3/11
勅令第41号	「開拓保健団法」	1943/3/29
勅令第157号	「内国開拓民助成事業法中改正ノ件」	1943/5/3
興農部令第28号	「農地ノ利用促進ニ関スル件施行細則」	1943/6/3

出所：『産業部月報』3～4（1939～40年）「法規」欄，『満洲国政府公報（重要記事）総目録　康徳6年（自康徳6年1月至康徳6年12月）』，満洲国通信社（1944，41-43）より作成。

3.　開拓民への助成

(1)　現地訓練

　満洲国における日本人移民の訓練施設には，1932年5月，奉天北大営旧兵舎に設けられた日本国民高等学校分校があった。同校は哈爾濱に移転し，1936年，満蒙開拓哈爾濱訓練所と改称され，その経営には満洲移住協会，次いで満拓公社があたった。

　1939年12月制定の「満洲開拓政策基本要綱」の基本要領13は，「一般開拓民ノ訓練ハ其ノ心身ヲ鍛錬陶冶シ，特ニ八紘一宇ノ理想，満洲建国ノ精神ヲ振作涵養シ満洲開拓政策ノ本義ヲ体得セシメ併セテ開拓地ノ建設及経営ニ必要ナル技術ヲ授クルヲ主眼トス。其ノ訓練所ハ日本及満洲ニ設置スルモ開拓民ノ区

分ニ応ジ其ノ経営様式，訓練其ノ他ニ関シ適宜考慮ヲ加ヘ目的達成ニ遺憾ナカラシムルモノトス」とし，同基本要領 14 は，「指導員ハ汎ク之ガ適格者ヲ簡抜スルモ特ニ之ガ要員ノ確保ノ為開拓ニ関スル教育施設ノ拡充ヲ図ルト共ニ日本及満洲ニ訓練養成施設ヲ設置シ其ノ資質ノ向上ヲ期スルモノトス」としていた。

　これを受けて，1940 年 5 月，満蒙開拓哈爾濱訓練所は国立の開拓指導員訓練所と基幹開拓農民訓練所に組織変更された。ともに産業部大臣の管理に属し，前者は日本人開拓民の指導員，後者は基幹開拓民（先遣隊を指す）の訓練，養成を実施した[17]。

　集団・集合開拓団には団長のほか，農事，畜産，警備，経理，保健の各指導員が配置されることになっており，開拓指導員訓練所はこの訓練，養成にあたった。指導員訓練所は本科，別科に分かれ，庶務科，教務科と農事部，畜産部，医学部が置かれた。本科には満洲開拓青年義勇隊嚮導訓練所修了者で嚮導訓練所長が推薦した者が入所し，訓練期間は 3 年とされ，別科には日本の開拓幹部訓練所の修了者および興農部大臣が適当と認めた者が入所し，訓練期間は 1 年以内，指導員の身分は日満両国政府の嘱託とされた。開拓団指導員は敗戦までに義勇隊開拓の指導員を含めて 2754 人に達したが，人材は慢性的に不足していた。

　他方，先遣隊は出身都道府県の開拓民訓練所または農民道場で 1 カ月訓練を受けた後，基幹開拓農民訓練所で共同生活による約 10 カ月の訓練を受けるものとされた。また三江省樺川県第 1 次弥栄村，東安省密山県北五道崗村第 6 次山形村，北安省北安県第 9 次二龍山の各開拓協同組合または開拓団に分所を置き，実地訓練を行っていた［満洲開拓史復刊委員会 1980，406-411］。

　このほか，満鮮拓が 1939 年 10 月，朝鮮人開拓民の訓練機関として吉林省永吉県江密峰に設置した江密峰移民訓練所も，1940 年 2 月，勅令第 26 号「江密峰開拓訓練所官制」によって国立の訓練所に組織変更された[18]。

（2）　営農指導

　日本人移民の営農については，すでに 1936 年 10 月，拓務省拓北局東亜課が

60　第1部　中央の政策決定と実施

「北満に於ける集団農業移民の経営標準案（未定稿）」を策定し，二十カ年百万戸送出計画における移民の営農指針とされていた。同案は，一戸当たり耕地10町歩を分譲し，「自家労力を主とし自給自足を原則とする自作農経営」を行うとしていた［満洲開拓史復刊委員会 1980, 182-186］。しかし，同案は具体的な農法の規定を欠いたため，この原則では10町歩を経営できず，残余の土地は小作化，あるいは雇用労働力に依存することになった［玉 1985, 6-9］。

　これに対し，現地では1939年に入植した第8次集団移民のうち北満の4地区を選んで実地調査を行い，それぞれの地区に応じた営農標準案を作成した。調査は，龍江省訥河県北学田，濱江省海倫県三井子，三江省通河県新立屯，濱江省珠河県帽児山で，民政部拓政司，満拓公社，満鉄，公主嶺農事試験場が共同で実施した[19]。通河県新立屯の営農標準案では，地力回復のために有畜農業を取り入れ，営農方針を改善して5年目には全耕地を自作し，さらに酪農や養豚を組み合わせた混同農業によって現金収入を講じるとしたが［満洲国興農部開拓総局 1939a, 18-19］，ここでも具体的な農法は示されなかった。

　この点について，「満洲開拓政策基本要綱」基本要領7では，「開拓民ノ農業経営ニ就テハ開拓地ノ自然的経済的条件ヲ考慮シ之ニ即応スル営農形態ニ拠ラシメ大陸新農法ノ積極的創成ヲ目途トス」とし，「新農法」として新たに北海道農法が導入されることになった[20]。

　中国東北の在来農法では，犂丈（リージャン）を用いて畑に土壌水分の保持や雨期の排水の役目を果たす高畝を作り，輪作方式によって地力維持をはかっていた。施肥は土糞に限られ，夏期に除草のため大量の雇用労働力を必要とするのが特徴であった。しかし，開拓団がこの在来農法を採用することは自作農主義からの逸脱であり，地域との軋轢・対立を生み出す要因になりうるものであった。さらに日中戦争開始後は労賃の高騰が農家の経営を圧迫した。これに対し，北海道農法は耕起から整地，除草までをプラウやハロー，カルチベーターなどの畜力用農具による有畜農業であり，雇用労働力の排除・肥料自給化による経営安定化と乳製品による栄養改善をはかるものであった。

　すでに1938年には，満拓公社が北海道の三谷正太郎，小田保太郎の2戸を

第2章 移民政策の制度化と戦時体制への移行　61

公社嘱託の実験農家として第3次瑞穂村，第1次弥栄村に入植させていた。また開拓総局は1940年以降，第1次弥栄村，第4次哈達河など北満開拓地10カ所に開拓農業実験場を設置し，北海道から実験農家を招致した。さらに開拓総局技正に松野傳，同技佐に安田泰次郎が就任するなど[21]，現地関係機関に北海道から官僚・技術者が転入した。1941年1月，開拓総局は「開拓民営農指導要領」を制定し，本格的にその導入を開始した。日本から農機具工場を移駐させ，開拓民4戸につき改良農具1組を配給する計画を立てている［開拓総局・満洲拓植公社 1942，17-30][22]。また開拓農業実習農家（4戸組），開拓農業長期伝習生，北海道農家による巡回指導によってその普及をはかった［玉 1985，15-16］。

　北海道農法の導入について，田中・今井（2006）は耕耘過程への畜力の導入以外にみるべき成果はなかったとし，白木沢（2014b）も短期的な増産の効果は限定的であったとする。他方で，導入時に重視された雇用労働力の排除や小作化の厳禁は，移民用地の「未利用地開発主義」と同様，地域への配慮を反映したものでもあった。

4．満洲開拓青年義勇隊制度

　16歳から19歳までの青少年を対象とした開拓青年義勇隊は，1938年に開始された。当初，満洲国における義勇隊の訓練は満拓公社に一任され，満洲国は衛生・交通通信・自衛施設の建設や訓練所に対する資金援助などを行った。しかし，この義勇隊制度についても，「満洲開拓政策基本要綱」の基本要領12-1において，「満洲開拓青年義勇隊訓練本部ヲ新京ニ設置」し，これを「日満両国開拓関係機関ノ協力合作ニナル指導統制機関タラシメ義勇隊訓練ノ一貫的指導統轄ニ当ルモノトス」とされたのを受けて，本格的な整備が進められることになった。

　1940年4月1日，国内義勇隊訓練の一元的指導統制機関として，新京に満洲開拓青年義勇隊訓練本部が設立された。訓練本部の業務は，満洲開拓青年義勇隊の指導統制に関する事項と基本訓練所，特別訓練所および政府の指定する

62　第1部　中央の政策決定と実施

実務訓練所の経営に関する事項，その他附帯業務である。訓練本部は日満両国政府，満拓公社，満鉄など日満の関係機関が協力して組織し，職員も上記各機関から派遣されたが，その機構は満洲国法人とされた。すなわち訓練本部は政府の監督を受け，その組織および運営については政府の認可が必要であり，本部長は政府が任命することになっていた[23]。基本訓練を主体とする基本訓練所は訓練本部が運営し，実務訓練所のうち乙種実務訓練所は省，県が運営することになったが，甲種実務訓練所は引き続き満拓公社が経営することになった[満洲開拓史復刊委員会 1980，271][24]。

　しかし，1941年4月1日には，甲種訓練所の経営も満拓公社から訓練本部に移管された[満洲開拓史復刊委員会 1980，245-246]。満洲国内で満洲開拓青年義勇隊については，義勇隊訓練所の建設，需要品などの業務が満拓公社に委託されたのを除き，訓練本部を通した一元的な指導体制が確立された。

　1941年4月1日からの訓練本部による指導体制では，省，県との連携がさらに強化された。基本訓練所，甲・乙・丙種の実務訓練所，特別訓練所は，大本部訓練所，中本部訓練所，小本部訓練所，小訓練所に改称され[満洲開拓史復刊委員会 1980，246]，訓練本部は訓練所および省，県との連絡の緊密化をはかって，1941年以降，濱江，北安，黒河，牡丹江，三江，東安，龍江の7省に訓練本部省支部を設置した。省支部事務所は省開拓庁に置かれ，省次長，開拓庁長をはじめ関係機関に主要幹部を委嘱して，訓練本部の派遣職員との協力により運営された[満洲国通信社 1944，55]。

　このように，満洲開拓青年義勇隊制度についても，1941年半ばまでには，日満関係機関による訓練本部を中心とした指導体制が確立された。その過程では，満洲国の中央・地方行政機関が活用され，満拓公社の業務は削減されていった。

　満洲国は「満洲開拓政策基本要綱」に沿って，移民政策実施のための体制を整えていった。満洲国の移民政策は地域に一定の配慮を示しつつ，制度化を進める一方で，財政的には大きな負担を負うことになった。

III 戦時下の移民政策

1.「満洲開拓第二期五カ年計画」の立案

　二十カ年百万戸送出計画は20年を4期5年に区分していたが，この第1期が1941年度で終了するため，同年，第2期計画の立案が始まった。移民政策における満洲国の位置づけの転換はこの立案過程にもあらわれている。

　1941年7月，開拓総局は満洲開拓第2期5カ年計画の原案となる「満洲開拓政策第二期五カ年計画要綱」を作成し［開拓総局 1941b, 1-4］，10月，総務庁で稲垣征夫興農部長，五十子巻三開拓総局長，武部六蔵総務長官，松木俠総務庁次長らの関係者がこれを審議，決定した。同要綱は11月以降，日本政府との協議折衝を経て，12月末に日満両国政府で正式決定された［古海 1954, 152］[(25)]。

　すでにみてきたように，満洲国は「満洲開拓政策基本要綱」の制定以降，移民政策実施のための体制を整えていた。こうした政策実施の制度化が現地における立案を可能にしたといえる。他方で，総務庁の審議に関わった官吏のうち，確認できる限りでは稲垣，五十子，古海の3人が日本からの転入官僚であり，また日本との折衝を担当したのは拓務省出身の稲垣であった。

　「満洲開拓第二期五カ年計画要綱」は，「日本内地人開拓民を中核とする民族協和の確立達成」，「東亜防衛に於ける北方拠点の強化」，「満洲農業の改良発達及増産促進」に重点を置き，同年から5年で一般開拓民（義勇隊開拓民[(26)]を含む）22万戸，青年義勇隊13万人の入植を計画目標とした［興農部大臣官房 1943, 113］。しかし直前にアジア太平洋戦争が始まり，入植者の確保は困難になっていた。

　「満洲開拓第二期五カ年計画要綱」決定後，満洲国はその実行計画を樹立するため，年度別入植者数や指導助成機関，開拓民・青年義勇隊の募集方策など12項目を，分科会において審議・検討し，1942年6月，これを満洲国側の実

64 第1部 中央の政策決定と実施

行計画案としてまとめた［満洲国通信社 1944, 87］。現地案では，実現はしなかったものの，「開拓事業ノ進展ニ即応シ政治的行政的推進力ノ強化ヲ計ルタメ」，開拓総局を開拓部に昇格させることも検討されていた［開拓総局［1942a］, 11］。

満洲国は現地案をもって日本側と協議し，これに修正を加えて，1942年9月1日，「満洲開拓第二期五カ年計画実行目標」を発表した[27]。協議に際しての満洲国側の要望は「第一に資金，第二に人間つまり開拓民並に義勇隊の送出」であったが，日本側は「一般開拓民については要綱通りの送出可能であるが，義勇隊については希望通りの送出は困難な状態にある」とした［満洲国通信社 1944, 87-88］。満洲国は，日本国内の労働力の逼迫状況を十分には認識していなかったのである。

「実行目標」は，「一般開拓民年度別入植戸数並ニ青年義勇隊年度別入植数」，「指導助成機関並ニ機構ノ整備」，「開拓民並ニ青年義勇隊ノ積極的募集方策」，「日満両国地方行政機関ノ連携制度」，「青年義勇隊訓練内容及施設ノ改善充実」，「女子青年ノ積極的進出並ニ補導方策」，「開拓団指導員制度ノ改正」，「生産計画並ニ積極的営農指導方策」，「開拓地ノ設定並ニ施設ノ充実方策」，「補助並ニ金融制度ノ改正」，「資金及資材ノ確保並ニ輸送方策」，「保健衛生教育文化ノ向上改善並ニ各種共済方策」，「開拓協同組合指導方策」からなっている。入植戸数の逐年逓増方針，道府県の送出計画目標の設定などによる入植の確保のほか，開拓特別指導郡や分村運動，大陸帰農開拓民[28]の募集，開拓女塾の充実や開拓保健団の設立などを規定した。また浅田（1976, 87）も指摘しているように，「用地整備ハ未利用地開発主義ヲ本則トスルモ軍事上其ノ他特別ノ必要アル場合ニ在リテハ未利用地ニ非ザル場合ト雖モ之ヲ開拓用地ト為シ得ル如クナス」とし，用地取得の原則であった「未利用地開発主義」を事実上放棄する方針も示された。そして「現時局下ニ於テハ一般資金資材ノ供給ハ自ラ制約ヲ受ケ充分ノ補給ハ望ミ得」ず，満拓公社の資本金を増額するとともに，日本側も資材確保に「積極的ニ協力」するとしていた［大東亜省 1943a］。

満洲国は開拓総局を中心に満洲開拓第2期5カ年計画を立案し，日本側との協議を経てこれを決定した。第2期5カ年計画には日本の戦局悪化の影響があ

らわれはじめ，「満洲開拓政策基本要綱」で示された「民族協和」の基調は
徐々に後退していく。

2.「開拓増産」への転換

アジア太平洋戦争の本格化は，移民政策の遂行をますます困難にした。「入
植の確保」は困難を極め，予定入植戸数に達しない「虫食い団」が増加した
［浅田 1976, 87］。さらに 1942 年半ば以降，円ブロック内食糧自給における満
洲国の地位は重要性を増し，移民政策でも増産目標が設定されることになる。

1943 年 1 月，開拓総局主催の第 1 回開拓全体会議に提出された「康徳十年
度開拓政策実行方策」は，「入植ノ確保」と「増産ノ完遂」を重点目標とした。
「入植ノ確保」では，補充入植に重点に置き，日本で分村計画，大陸帰農開拓
民の送出を推進するとし，同年度の日本人開拓民入植予定戸数は 1 万 9680 戸
とされた。「増産ノ完遂」では，日本人開拓民約 30 万陌，朝鮮人開拓民約 5 万
陌，内国開拓民約 15 万陌の作付け目標を設定し，日本人開拓民については各
省別割当面積にしたがって各市県族別，各開拓地別に作付け割当面積を設定す
るとした。また，「戦時下資金資材労力等ノ極メテ貴重ナル点ヲ十分ニ考慮」
し，「開拓魂ヲ発揮」して「大東亜戦争完勝ニ一意邁進スル」という精神論に
傾斜しつつあった［開拓総局 1943, 23-37］。

増産の完遂のため，開拓行政機関，開拓研究所，義勇隊訓練本部，満拓公社，
協和会開拓部会などの協力一致の組織として，中央，省，県，開拓団（開拓協
同組合を含む）に開拓増産本部を設置するとし，その事務と組織を次のように
規定した。

開拓総局長を本部長とする中央本部には，幕僚部および増産督励隊，技術指
導隊，特別工作隊を置き，各隊長にはおもに総局各処科長が就任する。増産督
励隊は開拓民に対する時局認識強化や増産督励，技術指導隊は営農や更生振興
の技術指導，特別工作隊は出荷報国や土地の開発・管理・配分などにあたるも
のとし，官民あげて「開拓増産」を遂行する体制が整えられた。

同年 6 月 4 日，日本政府は「食糧増産応急対策要綱」を閣議決定し，食糧自

給のさらなる強化をはかった。この要綱にある「満洲国ニ於ケル緊急増産ニ関スル措置」では，「満洲国内ニ於ケル日本内地人開拓用地ノ未墾地ヲ急速ニ開発シテ食糧ノ応急増産ヲ図ル為満洲国ノ協力ヲ得テ適当ナル措置ヲ講ズルコト」とし，そのため「土地改良ヲ拡充スルト共ニ裏作ノ普及改良ヲ図リ農地ノ生産力ヲ増強スル為別途必要ナル施策ヲ講ズルコト」とした［楠本・平賀 1988，54］。さらに8月17日に閣議決定した「第二次食糧増産対策要綱」は，「満洲国ニ於ケル食糧増産ニ付テハ内地人開拓用地ニ於ケル報国農場設置ノ拡充等日満両国提携シテ適切ナル方策ノ実施ニ努ムルコト」とし［楠本・平賀 1988，54-55］，満洲国では日本人移民による食糧増産に全力が注がれることになった。

　同年9月の関東軍総参謀長通牒「戦時緊急開拓政策実行方策に関する件」は，入植のために採るべき現地側の方針を示している。すでに君島（1976，176-177）が指摘しているように，ここでは補充入植を重点とするなど，「康徳十年度開拓政策実行方策」にみられる現地側の意図が反映されるとともに，土地改良事業の実施と移民用地の利用に関する根本的な方針転換が示された。すなわち，土地改良事業は「現下の資材労力難等の事情に鑑み最も効率的にして緊急的に改良造成をなし得べき地区に集中実施」するとした。また「開拓用地を徹底的に活用」するため，土地改良地区で勤労奉仕隊などを動員し，移民用地の荒廃防止，未利用地・二荒地の開発促進のため，朝鮮人・中国人小作の制度を整えるとした。さらに，これにもとづいて日満の協議が進められ，「入植確保のため採るべき方策」を決定した。同方策は日本側，満洲国側，日満両国共同でとるべき方策をそれぞれ具体的に定めているが，上記の方針転換には言及していない［満洲開拓史復刊委員会 1980，450-455］。

　満洲国は，1944年2月に第2回開拓全体会議を開催し，「康徳十一年度戦時緊急開拓政策実行方策」を示した。同方策は，「戦時緊急ノ要請タル北辺鎮護ト戦力増強トニ即応シ開拓民ノ国防，増産並指導的使命ヲ愈々昂揚シ（一）急速適確ナル入植ノ確保ト（二）画期的増産ノ完遂トニ実行諸方策ヲ集中」するとして［興農部開拓総局 1944，24］，それぞれの方策を次のように示した。

　まず，「入植確保方策」では，入植予定数を一般日本人開拓民1万5000戸，

第2章　移民政策の制度化と戦時体制への移行　67

義勇隊開拓民1万1100戸，満洲開拓青年義勇隊1万3500人，満洲建設勤労奉
仕隊1万6100人[29]，朝鮮人開拓民3000戸，内国開拓民1万600戸とし，「国
防並増産上ノ重要地区」に重点的に入植，とくに義勇隊開拓団は「東北満国境
地帯其他軍事上ノ重要地区」に入植させるとした。また日本からの送出は「編
成ノ便宜ノ為五〇戸程度ノ小規模単位」によるとし，「補充入植ヲ更ニ徹底」
するとともに，不振開拓団の「負債整理其他ノ更生計画ヲ樹立シ特別補導ノ途
ヲ講ジ以テ団ノ更生進展ヲ図ル」とした。ここから経営不振に陥った開拓団が
あったことがわかる。また分村開拓民や大陸帰農開拓民に加え，「関東州内並
国内ノ日本内地人帰農開拓民」，「都市蔬菜開拓民」（いずれも仮称），「都市人口
疎開」，「義勇隊現地募集」などの制度を検討するとした［興農部開拓総局 1944,
24-26］。

　次に，「増産完遂方策」では，同年度の作付け目標を，日本人開拓民約29万
6000陌，満洲開拓青年義勇隊約1万5000陌，満洲建設勤労奉仕隊1万6000
陌，朝鮮人開拓民約7万1000陌，内国開拓民約17万5000陌の合計約57万
3000陌とし，さらにこのほか甲・乙・丙種耕作隊[30]，自給農場，満洲国政
府・満拓公社管理地などを含め，総計約160万陌とした。日本人開拓民の確保
が行き詰まるなか，本来，現地住民の移転を指した内国開拓民については，
「国策遂行上移転ノ余儀ナキ者ノ処理ト云フ如キ消極的観念ヨリ脱却シ開拓増
産上ノ貴重ナル人的要素ノ配分布置方策ナル点ニ頭ヲ切り替ヘ特ニ之ガ安住定
着並営農指導ニ意ヲ用フル」とし，朝鮮人開拓民とともに重要な労働力と位置
づけられた。日本人による作付け目標面積は全体の約20パーセントを占めた
にすぎない。また「日満ヲ通ズル食糧ノ絶対自給体制ヲ確立強化スルノ目的ヲ
以テ『緊急農地造成計画』ヲ樹立」するとし，「日満ノ総力的協力ノ下」，「開
拓民ノ外満鮮農等ヲ大量ニ動員」して「生産物ノ対日寄与増強ヲ図ル」とし
た。さらに「開拓団ノ経営，入植並営農ニ当分支障ナキ限度ニ於テ満鮮農ヲ活
用シ開拓地内ノ可耕未墾地ノ開拓利用，二荒地ノ復旧，荒廃防止等ニ当ラシメ
以テ開拓地ノ完全利用ヲ図ルモノトス」とし，「尚一層開拓用地管理ノ徹底ヲ
期スル」とした。満洲建設勤労奉仕隊については「在満日本内地人学生生徒ノ

68　第1部　中央の政策決定と実施

動員」をあげるなど，「天地人総力結集」が強調された［興農部開拓総局 1944，26-29］。

　また総務庁に設置された緊急増産推進本部に対応して，1944 年 1 月 1 日，開拓増産本部にかわって，開拓増産中央実践本部が設置された。開拓増産中央実践本部は「緊急増産推進本部ト緊密ナル連繋ノ下ニ決戦下ニ於ケル開拓増産総合計画ノ完遂ヲ期スル為メ之ガ企画並ニ指導ニ当タルヲ以テ目的」とし，開拓総局に置かれた。開拓総局長を本部長，同局総務処長を副本部長とし，顧問，参与，幕僚を各若干名置いたほか，本部を 3 班に分け，第 1 班は開拓民既入植地区・義勇隊訓練所の増産，第 2 班は農地造成と当該地区の増産，第 3 班は開拓民未入植地区の増産を担当するとした。班員は開拓総局，開拓関係機関職員から任命または委嘱された［興農部開拓総局 1944，43-54］。

　1944 年 11 月，開拓増産中央実践本部が作成した「康徳十二年度開拓民増産指導対策要綱」は，「決戦段階ニ処スル康徳十二年度開拓増産計画ノ完遂ヲ期スル為ニハ凡有悪条件ヲ克服シ天地人物ノ総力ヲ結集発揮セザルヘカラズ関係機関ハ打ツテ一丸トナリ共同ノ責任，共同ノ作業ニヨリ其ノ全指導力ヲ挙ゲテ増産指導ニ集注シ以テ開拓民ヲシテ最大ノ増産成果ヲ挙ゲシムル」とし，そのための改善事項と指導方法を示している。

　改善事項としては，「最寄試験勧農機関及篤農家等ノ意見ヲ徴シ徒ニ理論理想ニ趨ルコトナク団員ノ技術程度ヲ考慮シ確信アル重要事項ヨリ着手スル」とし，重点作物とする水稲，小麦，大豆の耕種改善を示すとともに，一般作物では「改良農法ノ徹底的指導」を推奨した。また，多収作物を選んで供出の確保を期するとした。しかし，物資労力の確保はますます困難となり，農具は現有農具の保全，現地調辨，自家製作，金肥は増産効果が顕著な水稲への重点的施用によって増産をはかるとし，役畜の入手困難に対しては飼育管理上の注意点を示しうるのみであった。さらに「憤激勤労ノ徹底」によって労力の確保をはかるとしたが，協同体勢の確立や婦人労力の動員，早寝早起きの励行などがあげられるのみで，もはや根本的な解決方法は示されていない［開拓増産中央実践本部 1944］。

第 2 章　移民政策の制度化と戦時体制への移行　69

表 2-6　満洲開拓事業予算（1943〜1944 年度）

（単位：円）

内訳			1943 年度	1944 年度
満洲国側	開拓総局	一般会計	42,397,000	44,463,000 (80,683,000)
		開拓事業特別会計	94,897,000	103,498,000 (153,498,000)
		内国開拓民助成事業特別会計	11,247,000	14,591,000
		計	148,542,000	162,553,000 (248,773,000)
	部外予算（民生部，交通部，警務総局，馬政局，建築局等所管）		25,214,000	18,012,000
	合計		173,756,000	180,565,000 (266,785,000)
日本側	大東亜省		66,330,000	69,218,000 (119,218,000)
	農商省		776,000	2,279,000
	合計		67,106,000	71,497,000 (121,497,000)
日満両国予算合算額			240,863,000	252,063,000 (388,282,000)

出所：興農部開拓総局（1944，31-34）より作成。
注：合計欄と項目の合計が一致しない部分は，四捨五入による誤差と考えられるため，原資料のまま記載した。括弧内は追加計上の緊急農地造成費および開拓増産総合動員計画費を含む。

【表 2-6】は，1943〜1944 年度における日満両国政府の開拓事業予算である。満洲国側の予算は 1942 年度までと比較しておよそ 1.5 倍に増加し，とくに 1944 年度は日満両国で緊急農地造成費および開拓増産総合動員費を含めた額が飛躍的に増大している。

以上のように，日本のブロック内食糧需給が逼迫する 1943 年以降，満洲国の移民政策は急速に「開拓増産」へと転換した。長期的視点による開発や「民族協和」の建前は失われ，即効性のある増産が志向された。また，日本側には資金と人を求めた。他方，すでに資材労力難は深刻化し，その克服のために日本人開拓民個々の努力を求めるとともに，朝鮮人や中国人の動員があげられる

70　第1部　中央の政策決定と実施

など，「満洲開拓政策基本要綱」の主旨と矛盾する方策がたてられていった[31]。

3. 戦時下の諸制度

(1)　開拓保健団の設立

　開拓地の保健衛生について，「満洲開拓政策基本要綱」は「医療ニ関シテハ各地医療機関ヲ整備シ其ノ経営ヲ合理化シ開拓民医療ノ万全卜医療費負担ノ軽減ヲ期スルモノトス」（基本要領8-8）としていた［開拓総局総務処計画科 1940b, 14］。これによって，開拓地の診療所には保健指導員の資格をもつ嘱託の公医とともに，保健婦や看護婦なども配置された［沈 1996, 266］。拓務省は新たに医師の宇留野勝彌を拓務技師に任用し，1940年以降，保健指導員の採用を行った。保健指導員は日本人の医師，または中等学校卒業程度以上の学力を有し，医師について5年以上医学および医術を修得した者のなかから，試験によって選抜され，現地で所定の講習を受けて免許証を与えられた。また満洲国でも保健指導員を養成するために，1940年以降，佳木斯医科大学，および龍井・斉斉哈爾・北安・哈爾濱の4カ所に開拓医学院が設立された［宇留野 1978, 93-94］。

　1942年12月，「満洲開拓第二期五カ年計画要綱」は「開拓地ニ於ケル保健，衛生，教育，文化等ノ諸施設ヲ改善充実シ以テ開拓民ノ生活ノ安定向上ヲ期スルモノトス」とし［大東亜省 1943a, 3］，保健指導員制度に変更が加えられることになった。翌年1月以降，「保健，衛生，教育，文化の向上改善並びに各種共済方策」の分科会が設置され，そこでの審議によって新たに開拓保健団の設置を決定した。この間，日本側との協議によって，「開拓地における保健施設の画期的充実」については，資金を日本側が「相当援助」するとの了解を得ていた［満洲国通信社 1944, 88］。

　1943年3月29日，満洲国は「開拓保健団法」を公布し，4月1日に施行した。これに先立って，同年1月には民生部保健司に開拓衛生科が新設された。開拓保健団は「開拓衛生ニ関スル政府ノ方策ニ即応シ開拓地ニ於ケル保健指導予防衛生及医療ノ普及徹底ヲ図ル」ことを目的とし，(1) 総合病院，診療所，

第 2 章　移民政策の制度化と戦時体制への移行　71

結核療養所の経営，(2) 開拓地における保健指導および予防衛生の実施，(3)
所属医療関係者の錬成，保健婦・助産婦・看護婦の養成などを行うとした[32]。
1943 年度予算約 1000 万円によって，既設の 264 の診療所を接収するとともに，
診療所 142，総合病院 2，看護婦・助産婦養成所 1 を新設するとした。

　開拓保健団は，それまで開拓地の保健機関が「或ひは大東亜省に，或ひは開
拓総局に，民生部に属するといふ具合で区々であるのみならず，医療にのみ専
念してゐる弊」があったため[33]，「開拓民の保健機関は全部保健団で一元的に
統制すると共に，徹底的予防医学に重点をおき，他面合理的な医療方策の実施
を根本方針として邁進する」ことをはかって設置された［「開拓保健団（法人）
を設立　民生部内に本部」1943]。従来の「医療重点主義」から，「積極的保健方
策」，すなわち「予防医学」への方針転換である。さらに開拓保健団による開
拓地の保健機関の一元的統制は，開拓団から開拓協同組合への移行によってい
ったん満洲国の地方行政制度に組み込まれた開拓地の保健機関を，再び切り離
す措置であったともいえる。開拓協同組合への移行によって地域への融合をは
かった「満洲開拓政策基本要綱」の基本方針はここでも放棄された。

(2)　満洲建設勤労奉仕隊と報国農場

　満洲建設勤労奉仕隊も「満洲開拓政策基本要綱」の立案が進められた 1939
年に始まっている[34]。すでに白取（2008）が指摘しているように，当初，満洲
国側は現地住民の動員を想定していたのに対し[35]，日本では文部省が中心と
なって興亜青年勤労奉仕隊を計画し，翌年以降，拓務省，農林省も加わって満
洲建設勤労奉仕隊に一元化された。満洲国は現地の関係官民各機関によって満
洲建設勤労奉仕隊中央実践本部を設置し[36]，1940 年 2 月には開拓総局に勤労
奉仕科を新設した。この年，満拓公社は濱江省肇東県，同安達県，北安省嫩江
県，同通北県，東安省宝清県の 5 カ所に特設農場を設けた[37]。満洲建設勤労
奉仕隊は毎年のように制度が変更されたが[38]，おおむね年 1 万人前後が 2〜7
カ月の間，満洲各地の開拓団，特設農場などに派遣された[39]。農耕，除草，
開拓地建設に従事する一般青年のほか，特殊隊として医療や採鉱，測量，建築，

72 第1部 中央の政策決定と実施

教育などに従事する理，工，医学系の学生も含まれていた［満洲開拓史復刊員会 1980，442-443］。

1942年度には，一部の特設農場を報国農場に転換し，農業報国連盟および県支部，中央食糧営団に実施させた。すでにみたように，1943年8月17日，日本政府が閣議決定した「第二次食糧増産応急対策要綱」は，満洲国における食糧増産については「報国農場設置ノ拡充」につとめるとし［楠本・平賀 1988，55］，同年6月には，第82回臨時議会で在満報国農場に対する77万円の追加予算が決定されていた。報国農場は「満洲建設勤労奉仕隊事業の趣旨に則り食糧の増産並に開拓政策の促進に資」することを目的とし，各地の開拓団などに設置された［満洲国通信社 1944，172］。1945年には日本の農業報国連盟および都県支部，農業大学などから58農場，約4600人が渡満していた。

当初，満洲建設勤労奉仕隊には農耕や開拓地建設のほかに，不足する医師や技術者の補填が期待されていた。しかし，「開拓増産」が重視されるにしたがって，勤労奉仕隊は日本の地方自治体に運営を任せる報国農場に重点が移っていった[40]。

（3） 朝鮮人・中国人の動員

「開拓増産」への転換にともない，朝鮮人開拓民，内国開拓民のほか，現地住民による増産にも期待が寄せられるようになった。1944年の「康徳十一年度戦時緊急開拓政策実行方策」は，当分の間，開拓民の入植が見込めない移民用地の増産について，次のような案をあげている。

第1は，現耕地の荒廃防止である。従来，管理地内の耕地は開拓民入植までの間は現耕作者に貸し付けることを原則としていたが，以後，必要ある場合には現耕作者以外の現住地主などに対しても「積極的」にこれを貸し付けて荒廃を防止するとした。また現住小作農に対しては，熟地貸付期間1農年を5農年に延長，営農困難になった者への農耕資金の融資，施肥奨励費の公布など，その流動性を防ぐための施策が講じられている［興農部開拓総局 1944，73］。

第2は，現住小作農に対する開墾助成である。二荒地または未墾地の開発を

第2章　移民政策の制度化と戦時体制への移行　73

はかるため，貸付料の減免，開発資金の貸付・補助を行うとした［興農部開拓
総局 1944, 74］。

　第3は，甲・乙・丙種耕作隊および丙種勤労奉公隊の実施である。甲種耕作
隊は，開拓団既入植地区でその経営や補充入植に当分支障のない可耕未利用地
ならびに満拓公社・満洲土地開発株式会社の農地造成地区に一時的に地区外の
朝鮮人・中国人農民を入植させるものである。水田地帯には朝鮮人，畑作地帯
には中国人を入植させ，満拓公社および満洲土地開発株式会社が管理・補導に
あたる。また用地の貸付は将来開拓民の入植・利用に必要な時期まで「可及的
長期」とし，貸付料は3年間無料，4年目から貸付料を徴収し，期間終了後は
内国開拓民としてほかの土地に定着させる。乙種耕作隊は，未入植開拓用地の
うち当分開拓民が入植しない未利用地（主として二荒地）を，原住小作農集落の
余剰労力によって開発しようとするものである。すなわち近隣集落の余剰労働
力を移民用地の開墾に動員するもので，省長および開拓総局長の指導監督の下，
県（旗）長が管理・補導にあたる。貸付期間は10年以内とし，貸付料や期間
終了後の措置は甲種に同じとされた。丙種耕作隊は，開拓民が当分入植しない
移民用地に都市人口疎散帰農民を入植させるもので，その扱いはほぼ乙種と同
じとされた。他方，丙種勤労奉公隊は，開拓民入植のため造成されたものの，
当分開拓民の利用が見込めない地区のうち，水田に在満朝鮮人，畑地に中国人
の勤労奉公隊を導入しようとするものである。満洲建設勤労奉仕隊を朝鮮人，
中国人にも適用したものとみることができる［興農部開拓総局 1944, 59–70］【表
2–7】。

　第4は，移民用地内における自給農場の設置である。すなわち移民用地内の
未利用地の一部を自給農場として貸し付けるとした。貸付期間は10年以内と
し，開拓民の入植に支障のない限り延期できる［興農部開拓総局 1944, 71–72］。
これは耕作隊同様，開墾後の没収を前提とし，日本人開拓民のための開墾とな
っている。

　これらはいずれも移民用地の「完全利用ヲ図ル」という名目の下，現地住民
の一時的雇用または小作(41)を容認し，既入植地区や農地造成地区に「開拓増

74 第1部 中央の政策決定と実施

表2-7 開拓増産総合動員計画抜粋

隊名	種別	隊の対象	民族別	水田畑の別	耕作地域
耕作隊	甲種	招致農	朝鮮人，中国人	水田，畑	1. 既入植地区内で当分利用されない未利用地 2. 第2期5カ年計画入植予定地区内で当分利用されない未利用地 3. 満拓公社関係農地造成地区 4. 満洲土地開発株式会社関係農地造成地区
	乙種	管理地区内現地住民	中国人	畑	第2期5カ年計画入植予定地区以外の開拓用地（未利用地）
	丙種	都市人口疎散による帰農民	中国人	畑	第2期5カ年計画入植予定地区以外の開拓用地（未利用地）
勤奉隊	甲種	内地の一般勤労奉仕隊	日本人	水田，畑	報国農場，特設農場，既設団用地
	乙種	現地学徒	日本人，朝鮮人	水田，畑	既設開拓団
	丙種	満洲国勤労奉公隊	朝鮮人，中国人	水田，畑	緊急農地造成地区

出所：興農部開拓総局（1944，58）より作成。

産」の労働力として一時的に現地の朝鮮人，中国人を動員しようとするものである［興農部開拓総局 1944，125-126］。移民用地の荒廃防止や「虫食い団」の補充入植に現地住民を動員し，開拓民の自作農方針は放棄されている。

1940年代，満洲国は移民政策の全体方針となる「満洲開拓第二期五カ年計画」を策定したが，他方で，戦時下で「開拓増産」の推進を余儀なくされた。その過程では，日本側の食糧増産要請を全面的に反映した計画が，満洲国によって立案・実施され，地域への配慮はみられなくなった。

む す び

満洲国は1939年12月に「満洲開拓政策基本要綱」を決定した後，中央・地方の移民行政機関を体系的に整備，拡充し，法体制，移民の助成，満洲開拓青年義勇隊制度など，移民政策実施のための体制を確立した。「未利用地開発主

第 2 章　移民政策の制度化と戦時体制への移行　75

義」や「大陸新農法」を掲げ，協和会の活動を重視することによって，地域への影響に配慮を示したが，それによって相応の財政的負担を負うことにもなった。この過程で，満拓公社の業務の多くが満洲国に移行された。

　地域の反応に規定された満洲国の移民政策は日本側とは異なる論理によって展開され，満洲国という限られた空間のなかで「自立性」を獲得した。他方，こうして確立された満洲国の移民行政機構には拓務省や農林省など日本側関係機関の官僚が流入し，内部で「日満一体化」が進む状況にあった。

　満洲国の機構，制度面での体制確立と機構内部の「日満一体化」は，戦時下，日本が要請する「開拓増産」の遂行を可能にした。関東軍の「内面指導」が日本の満洲国統治に大きな影響力をもった満洲国初期と比較して，1940 年代の満洲国では，日本の政策方針が直接反映される体制が形成されつつあった。「開拓増産」への転換は，結果として，日本のアジア太平洋戦争推進のための直接動員へと帰着し，現地住民の小作化が公然と制度化されていった。地域への対応と日本の要請の間にあって，満洲国の移民政策は傀儡政権としての矛盾をはらんでいたといえる。

　注

（ 1 ）　同時期の日本国内における分村計画や個別開拓団の事例については，多くの研究がある［高橋 1997；細谷 2014a；2014b など］。

（ 2 ）　勅令第 24 号「開拓総局官制中改正ノ件」『政府公報』第 1738 号，康徳 7（1940）年 2 月 1 日，11–12。

（ 3 ）　杉野忠夫については，藤原（2007）を参照のこと。

（ 4 ）　勅令第 25 号「産業部内臨時職員設置官制中改正ノ件」『政府公報』第 1738 号，康徳 7（1940）年 2 月 1 日，12–13。

（ 5 ）　勅令第 142 号「国務院各部官制中改正ノ件」『政府公報』第 1830 号，康徳 7（1940）年 6 月 1 日，2–5.

（ 6 ）　1941 年 3 月の開拓総局分科規程については，開拓総局招墾処（1942，439–442）を参照のこと。

（ 7 ）　1944 年 2 月策定の「康徳十一年度戦時緊急開拓政策実行方策」は「開拓総局

76　第1部　中央の政策決定と実施

　　　　ニ監察参事官ヲ置キ開拓政策ノ運営状況ヲ査察シ其ノ実績ヲ検討シ将来ノ良キ指
　　　　針タラシムルト共ニ，輔導科ヲ設置シ特殊開拓団ニ対スル特別輔導並一般開拓団
　　　　ニ対スル営農指導ノ徹底ヲ期スルモノトトス」としているが［興農部開拓総
　　　　局 1944，30］，実現したかどうかは確認できていない。

（8）　　例えば，1936年7月，満洲国内で関東軍の「日本人移民用地整備要綱」に反
　　　　発が出たときに，これをおさえたのは，星野直樹経済部次長と稲垣征夫であった
　　　　［喜多 1944，172；満洲開拓史復刊委員会 1980，181］。

（9）　　この改正は勅令第331号「省官制中改正ノ件」の「国務総理大臣ノ指定スル省
　　　　ニハ実業庁ニ代ヘ開拓庁ヲ置クコトヲ得」という規定にもとづくものである
　　　　（『政府公報』第1416号，康徳5（1938）年12月24日，524-525）。

（10）　都甲は拓政科の初代科長である（第1章参照）。井上，田中は1934年4月，土
　　　　龍山事件に対応するために設置された現地工作部にいた（第5章参照）。

（11）　開拓分会は同年11月，開拓部会に改称される。

（12）　勅令第107号「開拓団法」『政府公報』第1805号，康徳7（1940）年5月3日，
　　　　35-37。

（13）　勅令第162号「開拓協同組合法」『政府公報』第1845号，康徳7（1940）年6
　　　　月20日，458-467。

（14）　興農部訓令第319号「開拓団ニ対スル満洲拓植公社ノ助成ニ関スル件」『政府
　　　　公報』第1930号，康徳7（1940）年10月1日，7。

（15）　「開拓農場法」の制定過程については，満洲開拓史復刊委員会（1980，385-
　　　　389）を参照のこと。なお，満洲国政府が日本政府に素案を提示したのは，1940
　　　　年11月である。

（16）　勅令第280号「開拓農場法」『政府公報』第2255号，康徳8（1941）年11月
　　　　13日，211-216。同法にもとづく移民用地の配分については，第3章で検討する。

（17）　勅令第135号「開拓指導員訓練所官制」『政府公報』第1822号，康徳7
　　　　（1940）年5月23日，536，勅令第136号「基幹開拓農民訓練所官制」『政府公
　　　　報』第1822号，康徳7（1940）年5月23日，537。

（18）　勅令第26号「江密峰開拓訓練所官制」『政府公報』第1738号，康徳7（1940）
　　　　年2月1日，13。江密峰開拓訓練所については，金永哲（2012，247-251）を参
　　　　照のこと。

（19）　この調査によって作成された標準案で確認できるものに，満洲国興農部開拓総

第 2 章　移民政策の制度化と戦時体制への移行　77

局（1939a；1939b；1939c），満鉄北満経済調査所（1938），満鉄調査部（1939b）
がある。

(20)　満洲開拓における北海道農法については，その導入過程を体系的に論じた玉
（1985）の研究がある。玉は日中戦争開始後，「満洲開拓政策基本要綱」の制定に
よって「道義性」と「民族協和」が強調され，そのなかで北海道農法が具体化さ
れていったとする。以下，北海道農法については，とくに出典を示さない限り，
玉（1985），および後述の田中・今井（2006），白木沢（2014b）による。

(21)　松野は北海道拓殖実習場長から奉天農業大学教授を経て転入，また安田は北海
道庁植民課から転入した。

(22)　実際には，「時局下資材ノ不足ハ到底之ガ満足ナル配給ヲ望ム事ハ困難」にな
っていた［開拓総局・満洲拓植公社 1942, 17］。

(23)　勅令第 47 号「満洲開拓青年義勇隊訓練本部ニ関スル件」『政府公報』第 1779
号，康徳 7（1940）年 3 月 29 日。ただし訓練本部長の任命は日本政府との協議
により決定される。初代本部長は結城清太郎開拓総局長の兼任とされた［満洲国
通信社 1944, 10］。

(24)　甲種は訓練終了後，集団開拓民としてその訓練地に定着するもの，乙種は訓練
終了後開拓民としてさらに他地方に移住するものを指す。このほか，農民以外の
者として特殊訓練を施す丙種があった［喜多 1944, 281-282］。

(25)　11 月 20 日，稲垣が協議のため東京に赴き，12 月 1 日に拓務省が満洲国側と最
終打ち合わせを完了したと発表している［満洲国通信社 1942b, 22］。1941 年
11 月の開拓総局『満洲開拓第二期五カ年計画案』［開拓総局 1941b］に「満洲開
拓政策第二期五カ年計画要綱」が収録されていることから，これが総務庁で審議
決定され，日本政府に提出された要綱の原案と考えられる。浅田（1976, 84）は，
11 月以降の日満交渉をもって，日本政府が同年秋から満洲開拓第 2 期 5 カ年計
画の作成に着手したとしているが，その原案は満洲国で作成されたとするのが妥
当である。「満洲開拓第二期五カ年計画要綱案比較表」は，決定案と現地側原案
の内容を比較している。

(26)　満洲開拓青年義勇隊が 3 年の訓練を終了して移行した開拓民。

(27)　浅田（1976）は開拓総局「満洲開拓第二期五カ年計画実行方策案」，同「満洲
開拓第二期五カ年計画実行方策案附属書」によって満洲開拓第 2 期 5 カ年計画を
分析しているが，これらは「満洲開拓第二期五カ年計画実行目標」の満洲国側計

78　第1部　中央の政策決定と実施

　　　画案である。日本での協議にあたった五十子巻三開拓総局長は，帰任後，「満洲
　　　側原案の趣旨は全的に取入れられたが数字的には幾分修正箇所もあつた」として
　　　いる［満洲国通信社 1944，88］。修正後に発表された「実行目標」は大東亜省
　　　（1943a）である。
(28)　大陸帰農開拓民については，第6章を参照のこと。
(29)　手書きで1万5500人に修正されている。
(30)　甲・乙・丙種耕作隊については，次項を参照のこと。
(31)　白木沢（2014b）は，開拓研究所主催篤農家座談会（1943年12月）において，
　　　雇用労働力と小作化が許容されていたことを指摘し，これを「開発第一主義」か
　　　ら「増産至上主義」への転換としている。
(32)　勅令第41号「開拓保健団法」『満洲公衆保健協会雑誌』8（4），1943年4月，
　　　85-86。
(33)　「開拓団法」（1940年5月）および「開拓協同組合法」（同年6月）の施行によ
　　　って，開拓団の診療所は団の経営，協同組合移行後は県立になっていた。
(34)　満洲建設勤労奉仕隊については，北博昭によって関連する資料が復刻され
　　　［北 1991；1993；1994］，白取（2008，補論）はこれらの資料も用いてその創設
　　　過程を整理しているが，分析はおおよそ1940年までにとどまっている。そのほ
　　　か，玉（2016，31）も勤労奉仕隊に言及している。
(35)　「満洲開拓根本政策基本要綱参考資料案」（昭和14年1月10日，満洲現地案）
　　　所収の「開拓勤労奉仕制度要綱案」は，「先ツ協和青年団，農事訓練生ヲ中心ト
　　　シテ農民層ヲ動員シ将来国民全体ノ運動ニ誘導ス」としている［満洲拓植公社東
　　　京支社 1939，附録］。
(36)　満洲建設勤労奉仕隊中央実践本部および省・県実践本部については，満洲建設
　　　勤労奉仕隊中央実践本部（1939）を参照のこと。
(37)　翌1941年には二龍山，成吉思汗の2カ所が加わる。
(38)　白取（2008，251）の表45を参照のこと。
(39)　送出実績は，1939年度8065人，1940年度1万1398人，1941年度8950人，
　　　1942年9928人である［満洲国通信社 1944，172-173］。
(40)　敗戦時の満洲建設勤労奉仕隊約6000人のうち，内地帰還者は4000人に満たな
　　　かったとされる［満洲開拓史復刊委員会 1980，443-444］。
(41)　ただし小作は団管理とされる。

第3章　移民用地の取得・開発・配分

は じ め に

　移民用地の取得については，すでに豊富な研究蓄積がある。浅田（1973；1989）は日本帝国主義による用地取得の収奪性を指摘し，君島（1976）はその中心的役割を担ったとされる満拓公社の活動状況を詳細に明らかにした。さらに1990年代以降には，中国でも満洲国に関する資料集が刊行され，現地での聞き取り調査も可能となった。孫・鄭（2002）や劉含発（2001）はこうした口述資料を用いて，地域における用地取得の具体的事例を明らかにしている。これらの研究は一貫して日本帝国主義の収奪性を明らかにすることを課題としてきた。

　他方で，満洲国は1939年以降，「未利用地開発主義」のもとに，取得した土地の改良事業を実施した。金穎（2012）は，こうした満洲国期の農地開発を中国東北地域の水利開発史のなかに位置づけて整理し，日本の利益のための「開発」であったと指摘している。

　取得，開発された用地は，日本人，あるいは朝鮮人や国内移住した中国人の入植地として配分された。日本人への配分が制度化されたのは，1942年4月，「開拓農場法」施行以降である。浅田（1989）は同法の内容を整理して，日本人移民の地主化を指摘しているが，用地配分の全体像をとらえているとはいいがたい。

　そこで本章では，満洲国が移民用地の取得・開発・配分をどのように実施したのかを検討する。まず，用地の取得と開発を満洲国の取り組みとして整理し直し，その状況を量的に把握する。またこれらの用地を配分するための制度とその実施状況を明らかにする。

80　第 1 部　中央の政策決定と実施

I　用地取得の変遷

1. 初期の用地取得

　1932 年，拓務省は 1000 戸の武装移民送出案を作成して 8 月の第 63 回臨時議会に提出し，同年に第 1 次 500 戸，翌年春に第 2 次 500 戸送出の予算が承認された［浅田 1976, 31-33］。関東軍もこれに応じて現地で確保すべき土地の取得に着手した。1933 年末には第 3 次試験移民の予算も可決され，その入植準備が進められたが，翌年 3 月，土龍山事件が発生し，移民用地の取得は転機を迎える[1]。

　1932 年 10 月に渡満した第 1 次移民の用地については，1933 年 3 月 28 日，入植地となる樺川県永豊鎮で，関東軍特務機関東宮鉄男大尉，樺川県長唐純礼，住民代表孫徳増，移民団長市川益平が「第一次特別移民用地議定書」[2]を締結し，境界を決定した。総面積は 4 万 5000 町歩，うち可耕地は 1 万町歩（既墾地 500 町歩，可耕未墾地 9500 町歩）で，7 月初旬に地価が取り決められ[3]，8 月にこのうち約 700 町歩の買収が完了した。一町歩あたり約 20 円の土地代金は移民団が支払い，この約 700 町歩は移民団の所有地となった[4]。支払いには治安維持の報酬として満洲国軍政部から移民団に支払われた補助金 6 万 6732 円が充てられた。残る 4 万 4000 町歩あまりについては，後述する 1934 年の大規模移民用地買収の際にあわせて取得された［木原・内田 1935, 86-88, 154-155］【図 3-1】。

　またこの時期，天理教青年会も独自に満洲での移住村建設を計画し，1933 年 2 月，哈爾濱市東郊外の阿什河左岸で約 7500 町歩の土地買収の仮契約を結んだ。しかし，関東軍は用地取得を民間に委ねるべきではないとしてこの許可を取り消し，同年 3 月「日本人移民実行機関の設立に至る期間の暫行方策案」を決定した。同案は「移民事業実行機関がその業務を開始するまで，これに代りて東亜勧業株式会社をして，移民事業実行の衝に当らしめんとす」とし，在

第3章　移民用地の取得・開発・配分　81

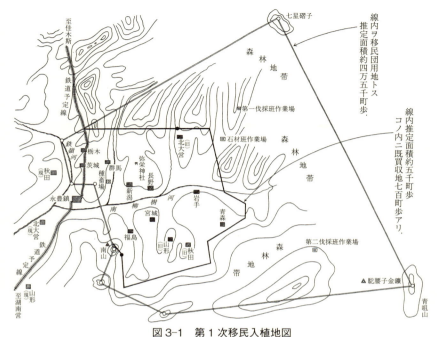

図3-1　第1次移民入植地図
出所：木原・内田（1935, 132の次の折込地図）より作成。

満最高統制機関の指示の下，満鉄資金を最大300万円融通して，東亜勧業が移民地の取得，改良，管理，分譲などにあたるとした[5]。9月，阿城県公署における関係者の協議会で，阿什河沿岸移民予定地は軍が東亜勧業に委託買収させる旨があらためて説明され，10月1日に買収が始まった［満洲開拓史復刊委員会 1980, 145-149］。両岸で約1万町歩の土地が買収され[6]，翌年7月，右岸の1342町歩が天理村に分譲された［満洲開拓史復刊委員会 1980, 127-128］。天理村への分譲地は，阿城県第三区新立屯，鴨子溝，副昌号，城子洪屯，鄭家屯にまたがる平坦で地味良好な地域であった［上原［1937］, 2］。

関東軍はさらなる用地取得を進めるため，1933年10月31日，在新京日本総領事館で第1回の移民用地買収会議を開催した。会議では，第10師団長広瀬寿助の提案によって，大量移民用地買収の方針を決定した［満洲開拓史復刊委

82 第1部 中央の政策決定と実施

員会 1980, 149]。翌年1月18日, 関東軍特務部は, 土地所有者および占有者が一定期限内に地券または権利の証徴を提出すべき旨を該当の県公署から布告するものとし, また東北政権時期に制定された「土地収用法」を, 移民事業のための過大地主または不在地主の土地の買収にも適用できると解釈して, これを移民に永年商租するとした[7]。

1月23日には, 第10師団司令部で第2回打合会が開かれ, 軍の援助の下, 東亜勧業が吉林省密山・虎林県80万町歩, 樺川・依蘭・勃利県20万町歩, 合計約100万町歩を買収することとした。日本軍指揮官および関係県公署によって用地取得の布告が出され, 2月以降, 密山, 依蘭の現地工作班が地券の回収を開始した。これに対し, 依蘭地区の住民は後に土龍山事件とよばれる大規模な武装蜂起を起こし, 買収は中断された。第10師団が引き揚げる3月下旬, 満洲国はこの業務を引き継ぎ, 価格などで譲歩し, 1935年7月までに買収事務をほぼ終了させた (第5章参照)。

他方, 1933年7月に渡満した第2次移民は, 土龍山事件によって最初の入植地樺川県七虎力を放棄せざるを得ず, 34年3月, 湖南営に撤退した。湖南営は1910年頃, 富吉公司が湖南省からの労働者約40人によって開拓に着手した地域で, 日本人入植当時は既墾地, 未墾地約3万晌のすべてが民有地であった。同年8月, 東亜勧業は富吉公司から湖南営を中心とする約7000晌の買収を完了し, 35年5月以降にこの西側約1万晌の買収も進めた [福留・鈴木 1935, 271-279]【図3-2】。

続く第3次移民の入植地は, 京図線沿線, 樺川県小八虎力などの候補地のなかから [満洲開拓史復刊委員会 1980, 153-155], 1934年8月末, 土龍山事件の影響を避けて綏稜県王栄廟に決定した。前年秋に現地を調査した拓務省中村孝二郎技師と飯塚 [富太郎] 綏稜県参事官が打ち合わせを行い, 1934年12月末に開始される予定だった土地買収は, 資金調達の不備と事務処理方針決定の曲折によって遅れたため [濱江省 1940, 106-107], 買収開始を待たず, 同年10月に本隊が現地に入植した [満洲開拓史復刊委員会 1980, 155]。

第3次移民団の入植地では, 1935年1月14日, 現地に県長を委員長とし,

第3章　移民用地の取得・開発・配分　83

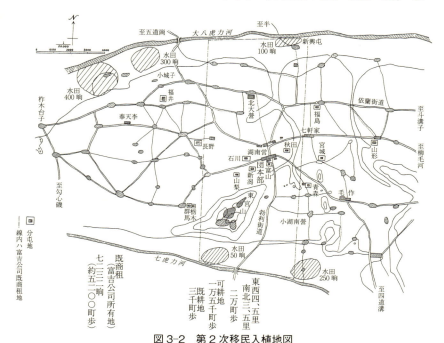

図3-2　第2次移民入植地図
出所：福留・鈴木（1935，310の次の折込地図）より作成。

県の官民，拓務省および東亜勧業の職員を委員とする土地商租委員会が設けられ，4月には民政部［拓政司］事務官国信［常雄］，省公署郭［実森］土地科長が委員に加わった。3月29日，来県した国信によって土地買収実施の方針が示され，4月4日に第1回の商租委員会を開催，地価決定の方法や事務処理について打ち合わせた。すなわち土地の種別と委員の実地検分にもとづく等級にしたがって，地価を決定し，県で地券を収集して，一筆毎に晌あたりの価格を附して東亜勧業に提出する。東亜勧業は地券を点検し，買収契約書類を作成して，県が支払い事務を実施するとした。しかし，広大な面積の実地検分は困難を極め，また地価低廉のため多くの地主が売却を渋ったため，地券の徴収は5月下旬までかかった。さらにその後も，土地の審査に不満をもった地主の主張を受けて再調査を行い，二荒地に格上げして追加支払いするなどの対応をとって，

84　第1部　中央の政策決定と実施

表3-1　日本人移民用地面積一覧表

移民地	所在県	面積（晌）	地価（円）	備考
第1次移民	樺川	983.150	11,778.24	全域入植
第2次移民	依蘭　第1次	7,232.000	119,713.20	全域入植
	第2次	10,029.715	193,804.70	全域入植
第3次移民	綏稜	29,112.654	124,278.86	全域入植
旧吉林省東北部	樺川	155,013.550	461,318.68	一部は第1次移民区
日本人移民用地	勃利	80,327.980	231,590.76	移民未入植
	宝清	269,603.116	675,866.55	移民未入植
	密山，虎林	755,776.1765	2,918,818.11	第4次移民は本地域内城子河及哈達河地区に入植
阿什河地区	阿城	12,489.000	623,000.00	全域入植，地価に買収附帯費を含む
合計		1,320,567.3415	5,360,169.10	

出所：国務院民政部（1936，183-184）より作成。

民政部職員は8月15日に現地を引き揚げ，9月7日に新京から精算終了の報告を受けて，10日に委員会は解散した［濱江省 1940，106-111］。

　以上のように，初期の用地取得は方針が定まらず，場当たり的に進められていた。満拓公社東京支社の喜多一雄は，その要因として，当時は国家（満洲国）が移民用地を整備しうる状態になかったこと，治安不良で土地の実態調査ができなかったこと，土地制度が複雑で土地取得の方途を見出しがたかったことをあげている［喜多 1944，355］。しかしこの過程で，関東軍が主導した強制的な用地取得は，土龍山事件の発生を経て，満洲国民政部が用地取得業務に関与し，東亜勧業が支払いをする形態にかわっていった。現地レベルでも，官民合同の委員会を設置し，その合議によって買収を進める委員会方式がとられるようになった。

　この時期に買収された土地面積は，【表3-1】の通りである。買収時に移民が入植していない地域にも，第4次以降の移民団，開拓団が入植している。

2. 国策会社満拓の用地取得

　1935年12月，勅令145号「満洲拓植株式会社法」が公布され，満拓会社が

第 3 章　移民用地の取得・開発・配分　85

設立された。同社は，資本金 1500 万円の満洲国法人で，移住用土地の取得，
管理および分譲，移住に必要な施設の経営，移住に必要な金融などの事業を営
むことを目的とした[8]。

　これに先立つ 11 月 23 日，同社の創立総会において，総裁坪上貞二と東亜勧
業社長向坊盛一郎が契約書を締結し，東亜勧業が所有する日本人移民用の土地，
造営物，その他の物件および債権が満拓会社に譲渡されることになった。譲渡
価格は実費額概算で国幣 708 万円とされ，うち土地代は東亜勧業負担分が 297
万 372.20 円，満洲国政府負担分が 268 万 2539.16 円の計 565 万 2911.36 円であ
った［南満洲鉄道株式会社経済調査会 1936，186-190］。

　満拓会社は，試験移民に対する助成と東亜勧業から引き継いだ約 100 万町の
土地の管理にあたることになった。しかし，譲渡時にすぐには管理業務の引継
ぎをなしえないとし，当分の間，東亜勧業と満洲国政府に土地管理を依頼して
いる。これによって，阿什河地区は東亜勧業，その他の土地は各県当局が管理
することになった［南満洲鉄道株式会社経済調査会 1936，191-192］。

　1936 年 5 月，関東軍司令部は「満洲農業移民百万戸移住計画案」，「暫行的
甲種移民実施要領案」を決定した。前者
は移民用地の予定地域とその面積を【表
3-2】のように設定し，「日満両政府ハ速
ニ移民用土地ノ留保，取得等ニ関スル具
体案ヲ作成シ之カ実現ニ努ムルモノト
ス」とした［『満洲移民関係要綱，要領集』］。
これを受けて，民政部拓政司は各省に移
民適地地域の報告を命じ，その集計によ
って 1500 万町歩の適地地域の概略が判
明したという［都甲 1938，7］。7 月，関
東軍参謀長「日本人移民用地整備要綱
（案）」が策定された。拓政司と実業部農
務司墾務科は全省に適地調査班を派遣し，

表 3-2　移民用地の取得地帯と取得面積
（単位：万町歩）

地帯名	面積
三江省地帯	300
小興安嶺南麓地帯	100
斉斉哈爾以北松花江上流地帯	200
黒河愛琿地方	50
旧北鉄東部線地帯	20
京図線および拉濱線地帯	80
大鄭地帯	50
遼河下流地帯	50
洮索線地帯	50
三河地帯	50
西遼河上流地帯	50
計	1,000

出所：浅田（1976，46）。

86　第1部　中央の政策決定と実施

同年9月末から翌年7月まで現地調査を実施した。

　以上の3案は1936年11月，満洲国政府に通知され，これと前後して，満洲国は用地取得をめぐる法令を整備した[9]。まず，同年9月，「日本人移民予定地域ニ於ケル土地権利移転等制限ニ関スル件」によって，移民予定地域内の国有地を確保するとともに，私有地の土地権利の設定，移転を制限した[『満洲移民関係要綱，要領集』]。1937年3月には，「浮多地及私墾地取扱」を公布し，原則，既墾浮多地は母地所有権者の所有，未墾浮多地は国有地にするとした[10]。不在地主の土地については，1938年6月に「不在者財産臨時処理要綱」を制定し，特別市長または市長，県長，旗長に不在者財産の管理と処分を認め，5年以内に原所有者の申請がないときは当該財産またはその処分対価は国庫に帰属するとした[満洲拓植公社土地課［1939］，60-66][11]。濱江省では，省令「暫行不在地主土地管理規則」にもとづき，県長が地主にかわって満拓公社と売買契約を締結した事例がある。

　さらに満拓会社の資本金を5000万円に増資し，新会社が設立されることになり，1937年4月以降，日満両国で準備が進められた。同年8月2日，日満両国政府は「満洲拓植公社ノ設立ニ関スル協定」を締結し，日満合弁の満拓公社が設立された。満拓公社は，移住者が必要とする施設およびその経営，移住者が必要とする資金の貸付，移住用土地の取得，管理および分譲，移民事業を目的とする会社または組合に対する出資および金融などを目的とした[満洲拓植公社 1940a，13]。

　満拓公社は，1937年8月31日現在における満拓会社の営業財産の全部を1500万円で買収した[満洲拓植公社 1940a，42]。引継財産のうち，土地は移住用地137万4021.1866晌，施設用地3万1732.50平方メートルの計761万4595.13円，そのほかに土地買収勘定（集団移民および自由移民用土地買収費未決算高）が290万1585.49円であった[満洲拓植公社 1940a，52-53]。1936年末に第6次集団移民用地の取得が開始され，土地買収勘定（未決算高）が高額となっている一方で，引継財産中の移住用地は【表3-1】の面積とほぼ変わらず，満拓会社時期に着手した新規の取得はほとんど完了していないことがわかる。

第3章 移民用地の取得・開発・配分 87

　満拓公社による用地取得は，次のような手順で進められた。まず民政部拓政司が中心となって実施した入植適地調査をもとに，国務院に設置された中央招墾地整備委員会が用地取得の方針を審議，決定する。それに従って，現地で宣撫工作が行われた後，県長を委員長とし，拓政司，省県公署，満拓公社社員，保甲長，地主代表などを委員とする県招墾地整備委員会が組織される。委員会は趣旨を徹底して，取得する地域，地価，地目等級を審議，決定し，布告を発して地券を集める。県公署は地券をもとに地価を算出し，満拓公社が売買契約を締結して地価の支払いをする。

　第6次集団移民の入植地となる三江省湯原県では，1937年2月に県招墾地整備委員会が組織された。2月7日，民政部拓政司，三江省公署，湯原県の官吏は地主代表や保甲長らを招集して買収価格について協議を行い，3月2日には第1次土地買収協定を締結，鉄道沿線3万9679晌の買収が決定した。買収予定地域における地価は一晌水田70～80円，畑地50～60円であったのに対し，買収価格は一等地32円，二等地25円，三等地12円であった。また県公署は宣撫工作班を組織し，一般住民に地価や買収範囲，地租関係，移民入植後の国防や治安，交通の改善などを説明した。しかし地主代表は価格低廉として，県公署や省公署，特務機関にたびたび陳情を行った。これに対し，3月9日，三江省当局は地主代表と折衝し，熟地価格は調査後に再決定，荒地は即時現金払いとすることとし，了解を得ている。当時，軍側は住民の動きについて中国共産党の関与を疑い，重視していた［牡丹江憲兵隊長 1937；在佳木斯大久保主任 1938］。

　他方，拓政司と実業部農務司墾務科は入植適地調査にもとづいて，1937年度から候補地の調査を開始した。同年度には予算25万円で8調査班を編成し，各班150日の現地調査を実施して，農耕適地約40万町歩を選定する予定であった［「農務司事務分担表」1937］。この調査は「国内ニ於ケル集団移民及自由移民ノ入植適地ノ分布，所在，面積及入植可能戸数等ヲ明ニスルト共ニ其ノ開発，利用改善ノ方策ヲ樹立シ以テ移民計画ニ対応スル統制アル移民入植地ノ利用並之ニ関連スル水ノ合理的運用等ニ関スル方策ヲ樹立スルヲ以テ目的」とし，予

88　第1部　中央の政策決定と実施

察と踏査からなった［実業部農務司墾務科 1937］。

　さらに 1938 年 7 月 1 日，満洲国産業部は「三江省移民用地整備実施要領」を公布し，用地取得の方法を示した(12)。要領は「移民用地整備ハ政府直接之ニ当ルモノトス但シ買収当事者ハ満洲拓植公社トシ必要ニ応ジ協力セシム」，「移民用地整備ニ当リテハ国有地，公有地，不明地主ノ土地其ノ他未利用地等ヲ優先的ニ充当シ努メテ先住民ニ悪影響ヲ及ボサザル様考慮シ且ツ用地内現住農民ノ生活ノ維持及其ノ向上ヲ図ルモノトス」，「移民用地整備ノ円滑ナル遂行ヲ図ル為中央，省，県ヲ通ジ諮問機関ヲ設クルモノトス」ることをあらためて確認した。

　取得にあたっては，調査，資料収集によって住民の処置方策を確立し，地主，住民に趣旨を普及させ，処置方針への理解を得る。とくに地方士紳や地主代表に趣旨を徹底させ，一般農民には生活保障方針を示して，移民入植による利益を理解させるとした。また住民の処置として，現耕作者を満拓公社の小作人としてそのまま居住耕作させ，移民入植にともなって移転させる場合には少なくとも 1 農年前に予告し，一定の移転料を支払うこと，満拓公社は小作人に対し小作料，施設，金融等で負担の軽減をはかること，住民の換地（移転地）は用地取得の際に公示すること，自作農には自作農設定に必要な換地を与え，小作人が移転する場合には定着に必要な助成を行うこととした。

　この要領は，地域への配慮を示しているかのようであるが，実際には，これまでの用地取得方法を制度化したにすぎない。すでに白木沢（2014a，52-61）もこの時期の用地取得を整理し，保長を通した地券徴収や地主の不平不満，地権者を満拓公社の小作人にする説得工作などがあったことを指摘している。

　満拓公社は 1937 年度末までに 235 万 2855 陌，1938 年からはさらに「画期的飛躍前進ヲ遂ゲ」，1939 年度末までに 571 万 3199 陌の土地整備を完了した［満洲拓植公社 1940a，203-204］。1935 年以降，1939 年までに渡満した集団・集合移民（開拓民），青年義勇隊はすべて満拓所有地に入植している［喜多 1944，357］。しかし後述するように，1939 年 1 月以降，用地取得は満洲国政府が行い，満拓公社は既着手の整備継続と整理整備(13)，若干の追加整備，家屋など

第3章　移民用地の取得・開発・配分　89

表3-3　満洲拓植公社の年度別土地取得

	～1937	1938	1939	1940	1941	1942	1943
土地面積（陌）	2,352,855	2,623,282	746,966	211,975	728,926	73,035	61,490
土地価格（円）	24,972,842	――	――	3,302,143	22,746,218	5,822,292	4,631,261

出所：満洲拓植公社（1940a, 203），満洲拓植公社（1939；1940b；1941），白木沢（2014a, 41）
　　　より作成。
注：1941年度分には，満鮮拓から譲り受けた土地58万9141陌，1480万2140円が含まれる。

地上物件の補償のみを行うことになったため，同年以降，満拓公社の取得面積
は激減した［満洲拓植公社 1940a, 204-205］【表3-3】。

　なお，1939年12月の「満洲開拓政策基本要綱」で示された満拓公社改組の
方針に従い，1941年6月1日，満拓公社は1500万円を増資し，満鮮拓の事業
および財産の全部を買収して，これを統合した。満鮮拓は，1936年9月14日
に京城の鮮満拓殖株式会社が資本金1500万円を全額出資して設立した満洲国
法人であり，朝鮮人移民に必要な土地の取得，経営，処分，施設の経営，資金
の貸付などを目的としていた[14]。設立時に東亜勧業を買収して同社所有の約
11万町歩の土地の管理を引継ぎ［高見 1941, 65-68］，さらに朝鮮人移民の入植，
朝鮮人小作農の自作農創定などのため新規に土地を買収し，統合までに取得し
た58万9141陌の土地も満拓公社に引き継がれた。したがって1941年6月以
降の満拓公社の用地には，朝鮮人移民用地が含まれている。

　1945年3月現在，満拓公社所有の移民用地は地券総面積で613万2248ヘク
タール，実測で推定1200万ヘクタール，小作管理地は7万2129ヘクタールに
及んだ。この移民用地は移民が入植使用していたが，その所有権は満拓公社に
所属し，分譲されたものはなかった［閉鎖機関整理委員会 1954, 366][15]。

　以上のように，二十カ年百万戸送出計画の開始によって，移民用地取得は新
たな段階へ進んだ。用地取得のために満拓会社・満拓公社が設立され，急速に
取得面積を拡大していった。しかし，国策会社満拓の用地取得が既耕地買収や
現地住民の小作化などの矛盾をはらんでいたことは，すでに多くの研究で指摘
されている。満拓公社土地課山崎晴生は「招墾地整備トハ現住民ノ平和ヲ破リ
之ヲ立退カシメテ其後ニ日本人移民ヲ招来定着セシメ現住民ノ生活ヲ脅威スル

90 第1部 中央の政策決定と実施

モノトノ偏見ハ一掃シテ貰イ度イ」としているが，これこそが当時の用地取得
に対する評価を表現している［満洲拓植公社土地課［1939］，177］。

3. 国営化へ

1939年1月1日，満洲国産業部に開拓総局が設立された。同年12月の「満
洲開拓政策基本要綱」は，「開拓用地ノ整備ニ関シテハ原則トシテ未利用地開
発主義ニ依リ之ヲ国営トス」（基本要領6-1）とし［開拓総局総務処計画科 1940b］，
それまで満拓公社が担当していた移民用地の取得，管理業務が満洲国政府に移
されることになった。

1939年4月，満洲国は「暫行未利用地整備要領」を制定し，政府による用
地取得の方法を決定した。すなわち「国土ノ総合的開発並ニ開拓政策ノ円滑ナ
ル遂行ヲ期スル」ため，「政府ハ未利用地ヲ整備スル」こととし，整備地は
「原則トシテ未利用地トスル」が，「土地開発上必要アル場合ハ既利用地ノ整備
ヲナスコトアリ」とした[16]。

整備にあたっては，中央に開拓委員会第一分科会，省に省未利用地整備委員
会，県・旗に県・旗未利用地整備協議会を設置する。県（旗）長は「県（旗）
内未利用地整備要綱」を作成し，県（旗）長を委員長，県（旗）職員，保，甲
長，大地主ら現地有力者を委員とする県（旗）未利用地整備協議会を設置する。
協議会では，整備の趣旨を十分了解させ，地域，地価，その他の条件を協議し
て「地価協定書」を作成し，県（旗）長はこれにもとづき，地価を決定，公示
し，宣撫工作を展開するとともに，地券の収集・審査，地目等級査定を行って，
地権者と権利移転契約を締結，土地代金を支払うとしている[17]。

また，同年11月，満洲国政府は用地取得の制度をあいついで整えた。まず
限定的に認めていた既利用地の取得については，「土地改良地域整備ニ関スル
件」によって，土地改良の合理的かつ円滑な遂行に必要ある場合は，既利用地
を未利用地と一括整備することをあらためて認めた[18]。また「内国民開拓助
成事業要綱」によって，内国開拓民の移住定着に対する助成を定めた[19]。政
府整備地の管理については，「暫行開拓財産管理要綱」を制定し，1940年度以

第3章　移民用地の取得・開発・配分　91

降，原則として未利用地は開拓民入植まで現状のまま確保，現耕地は現耕作者に貸付けて荒廃を防止することとした[20]。

　これらの要綱に従って，満洲国政府は開拓用地の整備を進め，1941年4月末には，満拓公社整備地を含めて，第1期5カ年計画の整備計画2000万陌の整備着手目標を達成した【表3-4】。しかし「預金其他資金の関係上」，地価支払い済面積はその約50パーセントの1080万930陌にとどまっていた[21]。さらに，北満のまとまった未利用地は1941年度までにほとんど整備を完了し，1942年度には通化省を中心とする東満，錦州省北部，全国に散在する小規模の土地の整備を残すのみとなっていた。取得可能な土地はなくなり，興安各省の蒙地を整理してこれを補塡することも検討されはじめていた［満洲国通信社 1942b，83][22]。

表3-4　開拓用地整備面積（満洲国政府1941年4月，満拓公社同年3月現在）

（単位：陌）

区分 整備主体	整備着手面積	地価支払面積	地価未払面積
満洲国政府	8,306,000	4,875,754	3,430,246
満洲拓植公社	11,720,000	5,925,176	5,794,824
合計	20,026,000	10,800,930	9,225,070

出所：喜多（1944，364）。
注：合計は再計算して，原資料の数値の誤りを修正した。

　各地の状況をみると，1939年4月，吉林省樺甸県では第7次八道河子開拓団が県整備委員会の決定を無視して家屋を買収し，県当局および委員会に買収中止を命じられた。同年11月，吉林省扶余県珠山村では，熟地不買の政府方針に反するとして一部の地主が買収に反対したが，県側は当地の買収が政府方針決定前に実施されたため，如何ともしがたいと回答し，地主らは中央への陳情を行った。1940年5月，興安東省布特哈旗では，開放未利用地全部を買収するとし，旗土地整備協議会で価格を決定したが，地主の反対によって買収価格の一部が引き上げられた［満州国最高検察庁 1941，454-455，460-462］。

　続く第2期5カ年計画ではさらに650万陌の土地を整備するとされたが［興農部開拓総局 1944，89-90］，すでに「大団未利用地ハ其ノ直使ノ可非ヲ問ハス

92　第1部　中央の政策決定と実施

凡有未利用地整備主義ノ下ニ第一期五ヶ年計画及第二期五ヶ年計画初年度ニ於テ略整備ヲ完了」していたため，1943年度は「入植ノ確保ト増産ノ完遂ヲ用途トシ」，北満における用地整備は同年度入植地区にとどめ，南満を重点的に整備するとした。さらに未整備既入植地について，整備は民有地に限り，「官公有地ハ予算ノ国家経済上将来協議取得スル」とし，第1期5カ年計画の継続地区についても，同年度入植地域のみを整備し，そのほかはできるだけ支払繰越の方針をとるとした［開拓総局 1943，61-62］。

1944年度には「戦時下緊急増産対策ノ要請ニ即応」し，「最重点主義ヲ採リ之ガ早急ナル整備ノ完遂ヲ期」するとしたが，整備計画面積は大幅に縮小されて61万3784陌，うち約60パーセントを占める36万3089陌が土地改良地区の整備であった。また「従来ヨリノ着手中地区ニシテ諸種ノ事情ニヨル支払未済分或ハ既入植地ニシテ追加整備ヲ要スル地区ノ優先的整備ヲ原則トシ官公有地ハ予算ノ国家経済上将来ニ於テ協議取得シ且可及的地価支払繰越ノ方針ヲ採ル」として，地価の支払いを先延ばしした。さらに第2期5カ年計画における650万陌の整備は「容易ナラズ」としつつも，「開拓用地ノ確保ハ開拓政策達成上ノ基盤」であり，「大小面積ニ不拘開拓用地予定面積ハ絶対的ニ整備ヲ期スル」とした［興農部開拓総局 1944，89-90］。

以上のように，1939年以降，移民用地の取得は原則国営化され，その制度が整えられていった。開拓総局は「未利用地開発主義」の下に国内で取得可能な用地を根こそぎ取得していった。しかし，資金も土地の余剰も限界に達していた。【表3-5】は1944年1月現在の開拓用地整備面積である。1941年春の【表3-4】以降，整備面積はわずかに約130万陌増えたのみであった。

移民用地の取得は政策の展開と取得面積の拡大にともなって制度化されていった。また取得価格もその主体が満拓会社から満拓公社，満洲国へと移行するに従って徐々に上がっている【表3-6】。他方で，地価の支払いや目標面積の達成は次第に困難になっていた。

第3章　移民用地の取得・開発・配分　93

表3-5　開拓用地整備面積（満洲国政府1944年1月，満拓公社1943年3月現在）

		面積（陌）	地価（円）
満洲国政府	熟地	1,398,767	141,494,485.39
	荒地	4,603,043	29,998,302.69
	小計	6,001,810	171,492,788.08
満洲拓植公社	熟地	1,069,411	79,032,519.03
	荒地	5,026,016	24,420,243.82
	小計	6,095,427	103,452,762.85
合計		12,097,237	274,945,550.93

出所：興農部開拓総局（1944，90-91）。

表3-6　開拓用地整備主体別土地原価表

区分	期間	整備面積（陌）	単価（円）
東亜勧業株式会社 満洲拓植株式会社	1934年1月～1937年8月	1,007,951.78	5.64
満洲拓植公社	1937年9月～1941年3月	4,909,742.91	16.35
満洲国政府	1939年1月～1940年12月	4,753,072.00	21.11

出所：喜多（1944，377）。

II　満洲国の「未利用地開発」

1.「未利用地開発」と土地改良事業

　前節でみたように，国営化以降，移民用地は原則として未利用地を取得する
とされた。こうして取得された土地には，アルカリ地や湿地など農地として利
用できない土地が多く含まれていた。満洲国は用地の取得と並行して，その開
発にも取り組むことになる。

　1938年12月12日，満洲国国務院は「未利用地開発要綱」を通過させた。
同要綱は，「未開発地域に於ける未利用地を積極的に開発し日本内地人移民の
促進，満洲原住小作農民の営農向上，移住鮮農の定着安定を図ると共に農，林，
畜各産業の総合的開発に資す」（要領1），「私有未利用地の収用は原則として政
府又は地方団体之に当り関係機関をして協力せしむるものとす」（要領7），「集

94 第1部 中央の政策決定と実施

団移民の目的を以てする一般私有既墾地の買収は之を為さざるものとす」（要領9），「収用未利用地内に散在する私有既墾地に付ては原則として之を買収せず」（要領10）としていた［産業部 1939, 3-5］。以後，この方針に従って「未利用地開発」が実施された。

（1） 調査

「未利用地開発」の基礎となる各種の土地調査は，1935年に開始された。1934年12月に設立された実業部外局の臨時産業調査局は土地利用調査班を設け，1935年から1937年7月まで国内10水系で土地利用および農業水利の調査を実施した。また国務院外局の国道局も国内16地区で利水調査を実施した［満洲国通信社 1941b, 64］。1937年7月，臨時産業調査局および国道局が廃止され，調査は産業部建設司に引き継がれた。建設司は1937年秋から1938年にかけて湿地開拓調査を実施した。さらに産業部はこれと並行して，1938年10月上旬から11月下旬までアルカリ地帯調査を実施した。調査には，産業部のほか，大陸科学院や農事試験場，満拓公社，満鉄などの各関係機関から50人が参加し，総務班と調査班第1班（奉天省西部および錦州省），第2班（濱江省西部），第3班（龍江省中西部），第4班（興安南省北部および白城県）に分かれて満洲国

表3-7　土地改良に関する各種調査報告書

	No	タイトル	著者（調査者）	発行年
産調資料（臨時産業調査局，水系土地改良地区調査）	15	倭肯河水系第一号土地改良地区（三江省依蘭県第四区泃心磯）調査書	山地誠士，城出睗夫，田中善喜	1936
	16	牡丹江水系烏斯渾河流域第一号土地改良地区（三江省勃利県第六区龍爪溝）調査書	山地誠士，城出睗夫，佐藤芳太	1936
	17	牡丹江水系烏斯渾河流域第二号土地改良地区（三江省勃利県林口）調査書	山地誠士，城出睗夫，佐藤芳太	1935
	18	東遼河水系第一号土地改良地区（奉天省双山県遼源県）調査書	片山廣吉，三木恒隆，田中善喜	1936
	19	大凌河水系第一号土地改良地区（錦州省錦県盤山県北鎮県大凌河左岸地方）調査書	兵藤由秋	1936
	20	小凌河水系第一号土地改良地区（錦州省錦県小凌河左岸地方）調査書	兵藤由秋	1936

第3章 移民用地の取得・開発・配分 95

	21	穆稜河水系第一号土地改良地区（濱江省密山県第四区城子河）調査書	片山廣吉，三木恒隆，田中善喜	1936
	22	穆稜河水系第二号土地改良地区（濱江省密山県第六区平陽）調査書	片山廣吉，三木恒隆，田中善喜	1936
	23	穆稜河水系第三号土地改良地区（濱江省密山県第四区鍋盔保）調査書	福井文吉，任田新治，千葉胤雄	1936
	24	穆稜河水系第四号土地改良地区（濱江省密山県第七区朝陽屯）調査書	福井文吉，任田新治，千葉胤雄	1936
	25	穆稜河水系第五号土地改良地区（濱江省密山県第七区王家燒鍋保）調査書	福井文吉，任田新治，千葉胤雄	1936
	26	穆稜河水系第六号土地改良地区（濱江省密山県第七区莫和山）調査書	福井文吉，任田新治，千葉胤雄	1936
	27	穆稜河水系第七号土地改良地区（濱江省密山県第七区連珠山）調査書	福井文吉，任田新治，千葉胤雄	1936
遼河水系資料	1	気象篇	交通部航務局遼河治水調査処	1938
	2	水位篇	交通部航務局遼河治水調査処	1939
	3	流泥篇	交通部航務局遼河治水調査処	1939
	4	結氷篇	交通部航務局遼河治水調査処	1939
産業部資料	41	亜爾加里地帯調査団顧問報告座談会速記録 亜爾加里地帯調査資料其の1	産業部農務司	1938
	41	亜爾加里地帯調査予報 亜爾加里地帯調査資料其の2	産業部農務司	1939
	41	其の3（未見）	産業部農務司	1939
	41	洪牙利国に於けるアルカリ土壌の改良 亜爾加里地帯調査資料其の4	産業部農務司	1939
	41	亜爾加里地帯概査団顧問班報告 第1報 亜爾加里地帯調査資料其の5	産業部農務司	1939
	41	亜爾加里地帯調査概要報告 亜爾加里地帯調査資料其の6	産業部農務司	1939
	41	亜爾加里地帯概査団顧問班報告 第2報 亜爾加里地帯調査資料其の7	産業部農務司	1939
	53	満洲国亜爾加里地帯調査報告	産業部農務司	1940

出所：各資料より作成。

96　第1部　中央の政策決定と実施

西部の約1200万陌のアルカリ地帯の概査を行った［満洲国産業部農務司 1940，1-3］。以上の調査はそれぞれ報告書にまとめられている【表3-7】。

　これらの調査によって，可耕未利用地は全国で1800万町歩以上あると推定された。産業部は1939年から10年間で国内1500万町歩の湿地，アルカリ地などで土地改良事業を実施するとし，1939年に三江省太平鎮，奉天省双陽河，龍江省甘南南方，龍江省綽爾河，東安省黒河，錦州省盤山，奉天省昌図の7地区，1940年に安東省安東，安東省穆稜，三江省富錦，龍江省呼裕爾河，龍江省甘南北方，濱江省呼蘭河，東安省楊木崗，吉林省飲馬河，濱江省安達，牡丹江省大海浪，奉天省康平の11地区で詳細調査を実施した［満洲国通信社 1941b，66-67］。

　(2)　工事

　産業部では新設の開拓総局拓地処が土地改良事業の調査，計画，実施を担当した。すでにみたように，李叔平処長のほか，日本から農林技師山北濱之助ら数名の技術者が転入した。

　1939年4月20日，満洲国は勅令第81号「満洲土地開発株式会社法」を公布し，同年6月1日，満洲土地開発株式会社が設立された[23]。満洲土地開発株式会社は資本金2000万円の満洲国法人で，理事長には梅野実が就任した。その主要業務は政府や満拓公社，満鮮拓が取得した未利用地の開発工事請負であった。同社は，第1期事業として，20年でおおむね13億3000万円を投じ，国内未利用地に対し，排水路および灌漑用水路の新設，貯水池の築造，河川改修灌漑によるアルカリ地帯の土地改良などを実施し，水田75万町歩，畑675万町歩，計750万町歩の農耕地を造成するとした。3年内外で1地区の工事を完成させるとし［満洲土地開発株式会社 1941，2-4］，1940年に三江省鶴立などの3地区，1941年に東安省黒台などの5地区で土地改良に着手している[24]。1941年1月現在，満洲土地開発株式会社は満洲国内18地区で土地改良工事を施行または計画していた【表3-8】。

　また一部の工事は満拓公社に委託された。比較的規模の大きな事業として，

第 3 章　移民用地の取得・開発・配分　97

表 3-8　土地改良事業の実施状況（1941 年 1 月現在）

（単位：町歩）

地区名	総面積	地質	完成後			完成年度	
			水田	畑	その他		
三江省鶴立崗地区	37,103	湿地	6,725	23,775	6,603	1942 年末	工事施行中
三江省蓮江口地区	41,460	湿地	5,355	27,308	8,797	1942 年末	工事施行中
吉林省新開河地区	19,109	湿地	13,000	4,199	1,910	1942 年末	工事施行中
奉天省昌図地区	4,530	湿地	1,500	2,720	310	1941 年 5 月	工事施工中
奉天省康平地区	13,568	湿地アルカリ地	2,200	9,477	1,891	1942 年末（南地区），1943 年末（西地区）	一部工事着手
東安省黒台地区	24,670	腐植壌土	6,000	13,220	5,450	1943 年末	一部工事着手
三江省阿陵達地区	16,600	腐植壌土	4,000	10,762	1,838	1942 年末	測量調査完了，実施設計作成中
三江省太平鎮地区	21,718	腐植壌土	1,500	16,328	3,890	1943 年末	測量調査完了，実施設計作成中
龍江省龍江地区	115,236	湿地アルカリ地	8,000	96,978	10,258	1944 年末	測量調査完了，実施設計作成中
奉天省盤山地区	90,136	湿地アルカリ地	20,000	52,700	17,436	第 1 期　1943 年末　第 2 期　未定	測量調査完了，実施設計作成中
東安省密山地区	16,800	腐植壌土	2,500	12,500	1,800	1943 年末	測量調査完了，実施設計作成中
龍江省双陽河地区	82,000	湿地アルカリ地	7,000	64,000	11,000	——	測量調査完了，実施設計作成中
龍江省甘南地区	500,000	湿地アルカリ地	——	——	——	——	測量予定
三江省富錦地区	147,000	湿地	——	——	——	——	測量予定

北安省呼裕爾河地区	80,000	湿地	──	──	──	──	測量，一部工事着手
三江省通河地区	45,000	湿地	──	──	──	──	測量予定
牡丹江省大海浪地区	66,500	湿地，二荒地	──	──	──	──	測量予定
奉天省双遼地区	8,000	湿地，二荒地	──	──	──	──	測量予定

出所：満洲土地開発株式会社（1941）より作成。
注：三江省鶴立崗地区，蓮江口地区については，［『三江省鶴立県鶴立崗地区湿地開拓事業計画概要』］［『三江省鶴立県蓮江口地区湿地開拓事業計画概要』］がある。

錦州省盤山地区では，第1期計画のうち，排水施設工事と5000町歩分の排水施設および道路，防潮堤の工事などが満拓公社に委託された［「盤山土地造成事業の概貌」1941］。また龍江省甘南地区では，第9次開拓団10カ団の入植地7000町歩の水田造成と，隣接する1万8000町歩の工事のうち，頭首工（取水堰）・幹線水路工事の一部を満拓公社が担当した［満洲拓植公社 1943, 216-217；「甘南土地改良事業の概要」1942］。

　このほか国内の「未利用地開発」には，地方が実施した中小規模の事業があった。松花江などの河川の氾濫に悩まされていた濱江省では，省独自に農地開発計画を作成し，委員会を組織して，1939年から省内の未墾可耕地20万晌の防水開発事業に着手した［濱江省開拓庁 1939, 243-262］[25]。また1941年5月には，「地方委託土地開発事業施行基準要綱」が公布され，所要資金や資材，労力が少なく，簡易な土地開発事業の一部が省・県に委託実施されることになった。事業は一件につきおおむね3000晌を限度とし，省・県が開拓総局と委託契約を締結して，請負金の支払いを受けて実施するとした[26]。これを受けて，吉林省と牡丹江省で計画がたてられた［満洲国史編纂刊行会 1971, 808］。

（3）　実績

　以上の事業によって，1940年度から1942年度末までに，水田約1万4000晌，畑地約1万1000晌，合計約2万5000晌の造成工事が完了した。これは同年末までの造成計画面積16万5000晌の約15パーセントにあたる。この間，

第3章　移民用地の取得・開発・配分　99

満洲土地開発株式会社の事業投入資金は約3630万円であり，さらに1943年度には約4760万円の予算が計上された。これによって，1943年6月末現在，同年度末までの農地開発面積は約19万陌と見込まれたが，これが達成されても，造成計画面積約614万陌のわずか3パーセント強を占めるにすぎなかった【表3-9】［南満洲鉄道株式会社奉天調査室 1943, 33-35］。

表3-9　土地改良事業の進行状況（1943年6月現在）

（単位：陌）

項目別 造成別	1942年度末までの工事完了および1943年度工事継続中	1943年度以降着工	開発計画総面積（農地造成）
水田	76,144	1,252,559	1,328,703
畑地	111,652	4,695,678	4,807,330
合計	187,796	5,948,237	6,136,033

出所：南満洲鉄道株式会社奉天調査室（1943, 34）より作成。

満洲国は「未利用地開発主義」にもとづき，全国で土地改良事業を計画し，その実施体制を整えていった。形式的ではあれ，既利用地の取得を避けるために，「未利用地開発主義」が採用され，その中核であった土地改良事業は用地確保の重要な手段に位置づけられた。移民用地整備着手面積の約30パーセント，整備面積の50パーセント強に相当する614万陌の地区で事業が計画されている。しかし，工事の進行は捗々しくなく，また事業が既利用地の取得をどの程度食い止めたのかを定量的に把握することも，実際には困難である[27]。

2.「緊急農地造成計画」

「開拓増産」への政策転換にともない，1944年4月13日，満洲国は「緊急農地造成計画」を決定した。この計画は「現下の逼迫せる食糧需給事情に鑑み日満を通ずる食糧の自給体制を確立強化するの目的を以て満洲国に於て緊急的に農地造成計画を樹立し以て日満相協力之が達成を期せんとす」ることを方針とし［興農部大臣官房 1944, 233］，従来の土地改良事業から重点的な農地造成への転換をはかっていた。

満洲国はすでに1943年半ばにはこの方針を具体化していた。同年9月，関

100　第1部　中央の政策決定と実施

東軍総参謀長通牒「戦時緊急開拓政策実行方策に関する件」は，「土地改良事業は益々これを積極化するも現下の資材労力難等の事情に鑑み最も効率的にして緊急的に改良造成をなし得べき地区に集中実施し急速なる増産を図ること」とし，次の方針を示した。第1に，既着手地区は1945年から作付け可能となるよう工事の完成を急ぎ，これが困難な地区は計画の縮小または繰延を行うこと，第2に，第二松花江地区の改良工事を日本政府の協力の下に2年計画で完成しうる範囲で実施すること，第3に，遼河水系の治水および土地改良計画は緊急増産の見地からさらに検討の上実施すること，第4に，その他新規の土地改良工事は簡易即効的なものに集中実施することである［満洲開拓史復刊委員会 1980，450-451］。すでに総合的な土地開発を実施する資材や労働力はなく，短期的かつ即効的に増産を見込むことができる地区が選ばれた。

　これを受けて，計画の原案となる「満洲国緊急農地造成計画要綱（案）」が策定された［興農部開拓総局 1944，107-108］。【表3-10】は同要綱案に添付された「緊急造成地区概況」である。日本政府は1943年11月22日，「満洲国緊急農地造成計画に対する協力援助に関する件」において，資金・技術面で全面的にこれを支援するとし，大東亜省に「緊急農地造成援助特別委員会」を設置して，助成費支給や朝鮮総督府・農林省の技師派遣を行うとした。

　1944年4月13日の参議府会議で原案通り決定した「満洲国緊急農地造成計画要綱」は，要領を次のように規定した。まず緊急農地造成計画地区の面積は第二松花江地区，東遼河地区ならびに既着手計画中繰上げ実施が適当な地区の合計約18万陌とし(28)，実施期間は1944年から1945年の2年間とする。本計画完成後の生産物は生産者の自家消費を除き全部を対日供給量に追加するものとし，計画に必要な資材，資金，技術は日本側が協力援助する。また事業は満洲農地開発公社に実施させるものとし，日本側の補助金は同公社に交付する［興農部大臣官房 1944，233-234］。

　満洲農地開発公社は，1944年3月1日に満洲土地開発株式会社を改組・拡充して設立された満洲国法人であり，「農地ノ開発ノ中心的実施機関」とされた。資本金を5000万円とし，農地の造成・改良，その農地の管理経営および

第3章　移民用地の取得・開発・配分　101

表 3-10　緊急造成地区概況

(単位：陌)

	地区名	造成面積		内訳				摘要
				1944年度		1945年度		
		水田	畑	水田	畑	水田	畑	
1	鶴立崗	1,100	6,000	550	3,000	550	3,000	三江省鶴立崗県松花江左岸地域／自然流入（鶴立河，阿凌達河）
2	蓮江口	900	7,058	500	4,000	400	3,038	三江省鶴立崗県松花江左岸地域／自然流入（格節河，哈爾市河）
3	太平鎮	4,869	705	2,000	500	2,869	205	三江省樺川県松花江右岸地域／揚水機（松花江）
*4	新開河	——	2,748	——	2,748	——	——	吉林省長春，農安，長嶺県新開河左岸地域／貯水池（新開河支流翁克河）
*5	康平	735	11,095	400	10,800	335	295	奉天省康平県遼河右岸地域／貯水池（二台子，西地区貯水池）揚水機（遼河）
*6	飲馬河	485	450	485	450	——	——	吉林省九台，徳恵県飲馬河左岸地域／自然流入（飲馬河）
*7	呼裕爾河	——	9,400	——	7,400	——	2,000	北安省北安，克東，克山，依安県，龍江省依安克明安旗呼裕爾河沿岸地域／貯水池（呼裕爾河）
8	黒台	3,850	4,000	2,610	1,985	1,240	2,015	東安省密山県穆稜河左岸地域／自然流入（穆稜河）
9	盤山	4,046	6,652	1,550	3,100	2,496	3,552	錦州省盤山県遼河最下流右岸地域／揚水機（遼河，双台子河）
*10	盆路口	3,000	——	3,000	——	——	——	吉林省徳恵，楡樹，扶余，農安県第二松花江左岸地域／揚水機（第二松花江）
11	綏化	2,000	——	2,000	——	——	——	北安省綏化県呼蘭河左岸地域／自然流入（呼蘭河）
12	甘南1期	9,740	6,771			9,740	6,771	龍江省甘南県南10ヵ団地域並びにこれに南接する地域／自然流入（諾敏河），貯水池（黄蕎溝）
	小規模	17,200	39,800	8,600	19,900	8,600	19,900	
13	防水開発	13,422	20,380	5,380	11,480	8,042	8,900	濱江省一円松花江本支流沿岸／自然流入，揚水機，貯水池
	小計	61,347	115,059	27,075	65,363	34,272	49,676	
*14	第二松花江	50,000	——	20,000	——	30,000	——	吉林省郭爾羅斯前旗乾安県第二松花江左岸地域／揚水機（第二松花江）
*15	東遼河	20,000	——			20,000	——	四平省梨樹県，吉林省の一部にまたがる東遼河左岸地域／貯水池（東遼河）
	小計	70,000	——	20,000	——	50,000	——	
	総計	131,347	115,059	47,075	65,363	84,272	49,676	

出所：興農部開拓総局（1944，111-112）より作成。

注：鶴立崗1945年度水田500は550，蓮江口1944年度水田400は500の誤りと考えられる。それぞれ修正した。＊は開放蒙地。

102　第1部　中央の政策決定と実施

水利施設の維持管理に関する事業などを実施するとされた［興農部大臣官房 1944, 231-232］。重点地区とされた第二松花江地区と東遼河地区にはそれぞれ開発本部が設置され，朝鮮総督府や農林省の技師が派遣された［満洲国通信社 1944, 50, 55］[29]。

　この計画のうち，もっとも規模の大きかった第二松花江地区の事業は，郭爾羅斯前旗から西および西南の第二松花江左岸に揚水場を建設し，2年間で5万ヘクタールの水田を開発する計画であった［二星 1965, 488］。事業全体の計画・指導は吉林省公署に設置された第二松花江地区緊急開発委員会，工事は第二松花江開発本部が担当した。1944年に2万陌，1945年に3万陌を造成し，日本人移民1万7000戸を入植させるとした。工事実施のため，勤労奉公隊や一般労働者が動員された。

　この計画では短期間で即効性のある農地を造成するために，新規に大量の既利用地が取得された[30]。この段階で満洲国の「未利用地開発主義」は完全に放棄されたといってよい。形式上，「緊急農地造成計画」は土地改良事業を継承したものであったが，既利用地取得を回避し，「未利用地開発」によって開拓用地を取得するという事業当初の目的は後景に退き，農地を効率的に確保し，食糧増産を達成することに重点が置かれるようになっていた。

　第2章でみたように，日本の戦況悪化にともなう円ブロック内の食糧需給の逼迫は，満洲国にさらなる食糧増産をうながした。この過程で，移民用地確保のために始まった土地改良事業は，食糧増産のための「緊急農地造成計画」に転換していった。

Ⅲ　用地配分の制度化

1.　土地所有権の整理

　1930年代半ば以降，移民政策の展開にともなって，移民用地の権利関係も整理された。以下，君島（1976, 202-203）も踏まえて整理する。

第3章　移民用地の取得・開発・配分　103

　上述のように，満拓公社の所有地には満拓公社が直接取得した土地と東亜勧業，満拓会社，満鮮拓から引き継いだ土地があったが，それらの土地の権利には所有権と商租権とが含まれていた［満洲拓植公社 1943, 154］。

　1936 年 7 月，第 1 次治外法権撤廃にともなって，満洲国に居住する日本人は土地の所有権など土地に関する一切の権利を取得できることになった。これ以前に設定された日本人の土地権利はすべて商租権とされ，7 月 1 日以降は新規の商租権の設定が禁止された。1936 年 9 月，「商租権整理法」が公布され，商租権は所有権やその他の権利に転換された［秋山 2014, 98-100］。

　満洲国が満拓会社，満拓公社，満鮮拓から継承した土地権利はほとんどが所有権であったが，個人から譲渡された商租権も含まれていた。これらは「商租権整理法」で定められた手続きに従って，権利の審定が進められた[31]。他方，東亜勧業時代に取得された約 100 万町歩の土地権利はすべてが商租権であったが，同法の適用については「特別ノ寛大ナル取扱ヲ為ス方針ヲ定メ特ニ実地検証ヲ省キ書面審理ノミニ依リ審決ヲナシ凡テ之ヲ所有権ニ転換」した［満洲拓植公社 1940a, 209］。

　また 1936 年 3 月には「土地審定法」が公布され，全国で地籍整理が始まったが，移民用地の地籍整理は，原則として，「一般地籍整理事業ト切離シ別個ニ処理」する方針がとられた。ただし，移民用地の一部または全部がその事業地域に含まれる場合は，これを除外せずに実施するとし，これに従って，1939 年度までに審決確定し，登録を完了した満拓公社所有地は 9984 陌であった［満洲拓植公社 1940a, 209］。

　移民用地の地籍整理が一般の地籍整理と切り離された背景には，移民用地の登録に「現行不動産登録法ハ其ノ儘適用シ難」いことがあった。これは次項でみるように，日本人の移民用地の所有権が未確定であったためである。これについては「特別ノ取扱方ニ関シ目下関係機関ニ於テ考究中」であるとされ，移民用地の地籍整理は将来行われるべきものとして先送りされた［満洲拓植公社 1940a, 209］。

　他方，配分については，1936 年 10 月に拓務省東亜課が作成した「北満に於

104　第1部　中央の政策決定と実施

ける集団農業移民の経営標準案」で，一戸当たり耕地10町歩（水田1町歩，畑地9町歩）を分譲すると規定していた［満洲開拓史復刊委員会 1980, 184］。また，「満洲開拓政策基本要綱」は「（開拓用地の配分は）必要ニ応ジ国家ニ収用シ措置スルモノトス」と規定し[32]，満拓公社・満鮮拓の所有地は国家に移譲されることを原則としていた。しかし，収用後の土地配分の方法については満洲国政府当局が「鋭意研究中」であり［満洲拓植公社 1940a, 212］，その実施は地籍整理と同様，「開拓農場法」の制定を待たなければならなかった。

2.　配分の進展

これに対し，「開拓民側ノ熱烈ナル要望」［満洲拓植公社 1940a, 212］もあり，その制度化に先立って，いくつかの団で土地配分が実施された。

既述のように，第1次移民は入植地のうち約700町歩を現地における当事者間の協定によって買収していたため，この土地の配分は比較的容易であった。すでに1933年4月の入植完了直後に，出身県毎に小隊を組織し，協定地域内の各部落に分かれて入植していた。しかし翌年以降，「耕地不足並警備の関係」を理由として，秋田，北大営，山形の3小隊は協定地域外に移転した［木原・内田 1935, 98-100]【図3-1】。

1936年10月には，「永豊鎮移民団弥栄村独立宣言実施要領」によって，「指導員を中心とした共同経営，協同経済を解」き，「独立」を宣言，個人経営に移行した［弥栄村開拓協同組合 1942, 215-220]。このとき地権の確定，土地配分について，満拓会社など関係各機関と折衝し，次のように決定した。（1）協定地域は当初の計画通り弥栄村用地として利用し，協定後に進出した秋田，北大営，山形3小隊の土地は満拓会社から買収する[33]。（2）20町歩の分割は当分困難のため，第1期は10町歩を分割する。（3）区画した土地の分配は各部落に一任し，個人所有者決定の上は地積原簿を作成し，登録する[34]。

なお「永豊鎮移民団弥栄村独立宣言実施要領」は個人の土地売買や抵当負債，経営放棄を禁じるとともに，土地転貸や苦力の使用を行わないことを義務としていた。実際，入植時には地域内に居住する中国人をすべて地域外に移転させ

第 3 章　移民用地の取得・開発・配分　105

ている。しかし，「開拓民の営農面積拡大につれて雇傭満農の入村が増加し」，
「何れの部落も日満系混在」の状態になっていった［弥栄村開拓協同組合 1942,
240］。他方，地権の確定については，「将来満洲国土地制度制定後ハ国ノ法規
ニ遵フ義務ヲ負フモノトス」とされ[35]，ここでも棚上げされた。この点につ
いて満拓公社参事喜多一雄は「開拓指導機関の怠慢であり，開拓民の安定阻害
原因でもある」と指摘している［喜多 1944, 126］。

　1939 年以降，満拓公社も本格的な土地配分の検討に着手した。まず，1940
年に，「当時土地配分の要望もっとも熾烈」だった東安省密山県第 5 次朝陽屯，
黒台の 2 カ団で実地試行した。しかし，この配分では各農家の配分地が数カ所
に分散し，一筆の農地が細分化されるなどの不備があったという［満洲拓植公
社 1944, 9］。

　個人経営の 2 年目となる 1941 年夏に黒台信濃村を調査した北海道大学の荒
又操らは，「土地に関する占有も未だ決定でな」く，「［土地分配は］実際の所未
だ確定されてゐないのであつて暫定的に一応割当ててあるもの、の如く従つて
必しも土地も住居に近く存してゐると限つたものでもなかつた」と指摘し，
「満拓では確定的な土地割当の為に技術員二人を当時派遣して実地測量中」で
あったとしている。この配分では「約七町内外で割当て」された［荒又ほ
か 1943, 92, 95］。

　さらに満拓公社は 1941 年 2 月，本社および地方事務所員から適任者 20 人あ
まりを集めて，第 1 回農地配分技術員講習会を開催し，従事者の養成を進めた。
同年中に牡丹江省 3 カ団，東安省 3 カ団，佳木斯 1 カ団，本社 2 カ団で土地配
分を試験施行したが，当時は配分すべき面積が確定しておらず，仮配分とされ
た［満洲拓植公社 1944, 9-10］。

　また満拓公社は土地分譲の根本政策決定ないしは正式分譲までの暫定的措置
として，1941 年度に政府の承認を得て，「暫行開拓用地管理移譲処理要領」を
決定した。これによって 1942 年度までに 14 の省市で 59 万 5266 晌の用地が移
民に仮配分された。この段階では，暫定的に土地の権利を明確にしないまま，
「管理移譲」という形態によって実質的な配分が進められた［満洲拓植公社 1943,

106　第1部　中央の政策決定と実施

159-160]。

　他方，満鮮拓は朝鮮人に対してすでに実質的な土地配分を行っていた。朝鮮人の移民用地では，原則として，自作農創定の方針が採られ，割当面積に応じた建設費総額を20年以内に年賦償還するものとし，利率は「年利一割以内」とされた。譲渡契約の当事者は移民各個人であったが，年賦償還は部落毎の連帯保証とし，農務稧[36]連合会または農務稧の監督を受けた。償還完了と同時に所有権が譲渡されることとした［高見 1941，160-162］。

　この自作農創定は1937年に開始された。当初は満鮮拓が朝鮮人小作農にかわって地主から土地を買収し，年賦償還によってその所有権を譲渡するものであった［金永哲 2012，187-188］。1937～1941年度の4年間で4万1579町歩の土地が買収され，9224戸に対して，613万8210円が貸し付けられた。また安全農村[37]でも1937年以降，年賦償還による自作農創定が始まった［高見 1941，87-88］。

　そのなかで，栄興安全農村では，1937年3月末までは設定費を除いた経営費，年賦償還が始まった同年4月以降は年賦金，村公費を含めた農家の負担率は収穫高の30～40パーセント前後に達していた［高見 1941，206-208］。償還完了後に所有権が譲渡される措置ではあったが，浅田（1989，241）は，この負担率が朝鮮人農民にとって高額高率小作料の収取と同一の重い負担であったと指摘している。

　1941年6月の満拓公社・満鮮拓の統合後，朝鮮人移民は既入植，今後入植を問わず，原則として日本人移民と同一に取り扱われることになったが［高見 1941，186-187］，上述のように，すでに土地権利に対する対応では両者に差異があった。

3.　団地計画と農地配分

　日本人移民の土地権利が定まらず，土地配分が進められなかったのは，「満洲開拓政策基本要綱」の次の条文による。要綱は「開拓用地ノ配分ニ付テハ其ノ利用区分ヲ適正ナラシムルト共ニ団又ハ開拓農家ニ配分セル土地ニ対シテハ

自由ナル私有権制度ニ拠ルノ適当ナラザルニ鑑ミ適切ナル規制ヲ設ケ営農ノ根拠ヲ確固ニシ以テ開拓目的ニ即応スル理想的農村ノ建設ヲ庶幾ス」（基本要領6 -3）とし，また「開拓用地ノ管理配分ニ付テハ国家，団及開拓農家間ノ移行関係等ヲ適切ニ規制シ農民ノ特性ニ鑑ミ土地ノ永代世襲的確保ヲ図ル」（基本要領 8-1）としていた［開拓総局総務処計画科 1940b］。こうした要領の制度化に時間を要したのである。

1941 年 11 月 13 日，満洲国は勅令第 280 号「開拓農場法」を公布し[38]，「従来問題となつてゐた土地所有，継承，分譲，農業経営の根本方針」はようやく確立をみた。その特徴は，家族主義・共同主義の確立，家産の永代世襲制，勤労開拓主義の採用にあった［満洲国法制研究会 1942, 7-8］。

具体的には，第 1 に，「開拓農家」の「開拓農場」を世襲家産制とした。「開拓農家」は，「開拓団又ハ開拓協同組合ノ区域内ニ於テ農場ヲ所有シ其ノ経営ニ依リ独立ノ生計ヲ営ム日本内地人開拓民ノ親族団体」をいい，同法の適用は日本人に限定された。また，「開拓農場」は「農家所有ノ開拓農地及其ノ上ニ存スル農家所有ノ家屋其ノ他ノ工作物」によって組成され，金銭債権にもとづく強制執行，第三者への譲渡などが禁じられた。第 2 に，国・団・農家間における用地の管理・配分を定めた。すなわち，国は開拓農地造成のために必要な土地を開拓団または開拓協同組合に譲渡し，開拓団または開拓協同組合は共同利用地を除き，それ以外の土地を開拓農家に譲渡する。その面積は「当該地方ニ於ケル適正ナル農業経営ニ依リ農家生活ヲ向上安定セシムルニ足ル」ことを要し[39]，開拓団または開拓協同組合はあらかじめ農地配分計画を定めるとした。第 3 に，開拓農家は自らその農場を経営耕作しなければならないとし，原則として日本人の地主化を禁じた[40]。

1942 年 4 月 1 日，「開拓農場法」の施行にあわせて，興農部令第 16 号・司法部令第 4 号「開拓農場法施行細則」が制定され，農場法が規定する諸手続きの方法が示された[41]。また同日，興農部令第 18 号・司法部令第 6 号「農家台帳規則」も制定された[42]。

さらに「開拓農場法」の施行に先立って，移民用地の地籍整理が本格的に開

108　第1部　中央の政策決定と実施

始された。すでにみたように，移民用地の地籍整理は一般の地籍整理とは別に処理するとされ，検討が進められていた。1942年3月20日，関係省長に「開拓用地ノ整理ニ関スル件」が通達され，これに添付された「開拓用地整理要綱」は「既ニ整備セラレタル開拓用地ヲ整理シ地籍ヲ明確ナラシメ財産ノ確保ヲ図ルト共ニ農地計画確立ニ資シ以テ開拓政策及地籍整理ノ完遂ヲ期セントス」ることを方針とし，その要領を次のように定めた[43]。開拓用地の整理は市，県，旗長が行うものとし，対象は境界設定の完了した地域[44]，期間は1942年度から2年間とする。原則として屯またはこれに準じる地域，開拓民入植地では1開拓団地を整理単位区画とし，地目別に一筆地を決定して開拓用地整理図簿を作成し，土地通知書とともに開拓総局長に提出する。また満拓公社所有の開拓用地の整理もこれに準じて実施するとしたが[45]，所要経費は満拓公社が負担して，業務は「一括開拓総局ニ委嘱」されることになった。こうして開拓用地の地籍整理は「用地整理」と名付けられ，「土地審定法」の適用から除外され，一般の地籍整理とは別に，開拓機関が実施することになった。

　境界設定は1942年度までに龍江，濱江，間島，三江，北安，牡丹江，錦州，吉林，興安東の9省46県で実施され，1943年度には一部地域を残すのみとなっていた。用地整理は1942年度に龍江，濱江，吉林，奉天の4省18県の約2万2000平方キロメートルで実施され，さらに1943年度に8万6000平方キロメートル［開拓総局 1943，62-63］，1944年度に38万5000平方キロメートルで実施の予定であったが［興農部開拓総局 1944，96-97］，その実績は今のところ確認できない。

　さらに「開拓農場法」制定にともなって，土地の配分も実施に移されることになった。まず入植にあたって開拓団長は土地利用計画を中心とする「開拓団建設計画書」を作成して興農部大臣に提出し，その認可を受ける[46]。これによって土地利用が開始されるが，政府は入植後3年以内に「『村造り』の基本計画」［満洲拓植公社 1944，6］となる「団地計画」を団毎に策定し[47]，この計画にもとづいて「農地配分」，すなわち各農家への土地の決定分与が行われる［喜多 1944，386-389］。農地配分は開拓団が自ら行うことを原則としたが，団地

第3章　移民用地の取得・開発・配分　109

計画とともに「公社は一元的に其の委託を受けて業務の代行」を行っていた
［満洲拓植公社 1944, 11］[(48)]。

　満拓公社『団地計画と農地配分の指針』（1944）は，この業務に従事する職
員のための参考資料である。それによると業務は「団地計画業務要領」に沿っ
て，おおむね以下の手順で進められた。まず実地に準備調査を行い，航空写真
あるいは地上での基本測量，地目などの現況調査を実施した後，土地利用区分
や部落，共用地の配置，区画設定を決定する。次に土地等級調査を行って配分
土地を評定し，各戸配分を決定するとともに，現地で計画線を設定し，図簿を
調製する。

　なお，すでに浅田（1989, 247）も指摘しているように，「悪意者に対しては
投機を助長する弊害あり，善意者に対しても尚自己財産たるの尊重感を希薄な
らしむる」ため［喜多 1944, 392］，この分譲は有償制とされた。分譲価格は取
得地価（土地原価，補償費，附帯費の総額）に金利を含む額とし，うち土地原価
は省単位で平均価格を設定する。取得価格は民有地（熟地）80 円，民有地（荒
地）8 円，国有地 4.95 円の土地原価に 22 パーセント程度の補償費，附帯費を
含め，さらに取得から分譲までにかかった金利を加算した額となる。土地購入
費は開拓民が融資を受ける満拓公社の低利貸付金に含め，5 年据置，25 年の年
賦償還によって回収する見込みであった［喜多 1944, 392-393］。

　団地計画は入植年次の古いもの，1 地域に数カ団が隣接して入植しているも
の，地区狭小のものなどから実施され，1942〜1943 年度実績は【表3-11】の通
りである。1943 年度開拓団地計画の実績は 2 万 3000 戸で，年度当初に計画し
た 2 万 7430 戸に対し約 90 パーセントの達成率であった［興農部開拓総局 1944,
93］。

表 3-11　開拓団地計画実績

	航空写真		地上測量		合計	
	団数	戸数	団数	戸数	団数	戸数
1942 年度実績	——	——	51	11,463	51	11,463
1943 年度実績	50	10,000	60	13,020	110	23,020

出所：満洲国通信社（1944, 150-152）より作成。

110　第1部　中央の政策決定と実施

　以上のように，日本人移民への土地の配分は1941年の「開拓農場法」制定後に正式に実施された[49]。これを推し進めたのは移民からの強い要望であったが，一方では有償分譲に経済的利益を見込んだ満洲国や満拓公社の経営上の判断が影響したとも考えられる。これによって，満洲国における移民用地の権利が確定し，日本人移民は朝鮮人移民などと同様に有償で土地権利を獲得することになった。そこには永代世襲制の導入，地主化の制限といった日本人移民独自の対応も盛り込まれた。

む　す　び

　移民用地の取得は，満洲国の移民政策の拡大にともなって徐々に制度化されていった。初期の用地取得は関東軍が主導し，場当たり的に実施された。しかし，政策の拡大にともなって，用地取得のための国策会社である満拓会社，後に満拓公社が設立され，最終的には国の事業へ展開した。この過程で，用地取得に対する地域の同意を得るため委員会方式が採用された。

　開拓用地の取得が国による事業とされると，地域との関係性のなかで「未利用地開発主義」が採用され，全国で土地改良事業が実施された。劉含発（2003，33）は，「未利用地開発主義」によってどのくらいの原野を開墾したのか，はっきりした数字は把握できず，資料に散在する実績も粉飾した統計であると思われるとしている。しかし，国策会社満拓による用地取得が地域からさまざまな反発を生むなかで，実際に用地取得の交渉にあたっていた満洲国は「未利用地開発主義」を採用せざるをえなかった。地域社会の反応がこうした政策を引き出したともいえる。他方で，日本の戦況が悪化していくに従って，「未利用地開発」のための土地改良事業は食糧増産のための「緊急農地造成計画」に変質し，「未利用地開発」の原則は放棄された。

　こうして取得，あるいは開発された用地は開拓民の入植地に充当された。1942年，満洲国は団地計画と農地配分，すなわち日本人移民への用地有償分譲の制度を整えた。また移民用地国営化にともなって取得業務から撤退した満

第 3 章　移民用地の取得・開発・配分　111

拓公社は，団地計画と農地配分の業務で中心的役割を担っていくことになる。

注

（1）　試験移民の政策過程については，浅田（1976, 6-43）を参照のこと。

（2）　議定書の全文は木原・内田（1935, 154-155）を参照のこと。

（3）　一方地，荒地は吉洋 225 元，熟地はその 3 倍とされた。吉洋は吉林永衡官銀号の大洋票。

（4）　1935 年 3 月現在，一戸あたり 2 町歩となる。

（5）　「日本人移民実行機関の設立に至る期間の暫行方策案」は関東軍特務部「日本人移民実施要綱案」（1933 年 4 月 8 日）などとともに，1933 年 5 月 25 日からの「五省会議」に提出されたが，時期尚早との理由で実現しなかった。しかし，関東軍はこの案の決定後すぐにこれに従って土地買収に着手した［君島 1976, 125 -127］。

（6）　左岸は北斜面で湿地も多かったが，右岸は人家が多かったため，その北の丘陵地のさらに北の松花江南岸の土地を買収した［満洲開拓史復刊委員会 1980, 148］。

（7）　特務部第五委員会「特許日本移民事業の為過大地主又は不在地主の土地譲渡等の応急方法に関する件」（1934 年 1 月 18 日）［南満洲鉄道株式会社経済調査会 1935d, 151-154］。

（8）　勅令 145 号「満洲拓植株式会社法」『政府公報』第 528 号，康徳 2（1935）年 12 月 12 日，95。同社の設立過程については，君島（1976, 147-153）を参照のこと。

（9）　以下に述べるもののほか，「日本人移民用地取得方針」，「民有招墾地取得方針」，「民有招墾地取得事務処理方針」，「大量移民用地整備要領案」が立案されている［『満洲移民関係要綱，要領集』］。

（10）　地籍整理局訓令第 35 号「浮多地及私墾地取扱ニ関スル件」（1937 年 3 月 9 日）［『満洲移民関係要綱，要領集』；満洲拓植公社土地課［1939］，101-104］。浮多地とは，執照または公簿に記載された各筆地の四至内の公称面積以外に相当する部分を指す［満洲帝国協和会地籍整理局分会 1939, 578］。

（11）　実際には，「不在地主ノ大部分ハ該土地ノ使用収益ヲ以テ生活ノ用ニ供スル者極メテ少シ依テ之ガ買収ニ当リテハ該地区ノ招墾地整備委員会ニ於テ決定セル最

112　第1部　中央の政策決定と実施

　　　低地価ヲ以テ買収スル現況」であった［満洲拓植公社土地課［1939］，61］。

（12）　産業部訓令第171号「三江省移民用地整備実施ニ関スル件」『政府公報』第
　　　1275号，康徳5（1938）年7月9日，225-228。同要領は，「移民用地（民有地）
　　　整備要領」（総務庁，1938年4月14日）が産業部訓令として発表されたもので
　　　ある［『満洲国経済建設ニ関スル資料』］。産業部は，同要領が三江省だけではな
　　　く「他省全般の基準となるもの」であると説明している［産業部拓政司 1938a，
　　　16］。

（13）　整備予定地区内に残る未整備土地の整備を指す［満洲拓植公社 1940a，205-
　　　206］。

（14）　設立時は満鮮拓植股份有限公司（勅令第97号「満鮮拓植股份有限公司法」『政
　　　府公報』第680号，康徳3（1936）年6月26日，369-371）といい，1938年7月，
　　　満鮮拓植株式会社に改称した。同社については，浅田（1989，236-244），金永哲
　　　（2012，171-176）を参照のこと。

（15）　移民が土地購入費に充てた満拓公社の貸付金の年賦償還を終えていなかったた
　　　めである。

（16）　産業部訓令第172号「暫行未利用地整備要領ニ関スル件」『政府公報』第1510
　　　号，康徳6（1939）年4月28日，640-642。

（17）　以上，用地取得方法については，前掲注12および喜多（1944，361-363）によ
　　　る。

（18）　産業部訓令第500号「土地改良地域整備ニ関スル件」『政府公報』第1686号，
　　　康徳6（1939）年11月27日，629-630。

（19）　産業部訓令第472号「内国民開拓助成事業ニ関スル件」『政府公報』第1672号，
　　　康徳6（1939）年11月10日，248-249。内国開拓民については，劉含発（2003）
　　　を参照のこと。

（20）　産業部訓令第501号「開拓用整備地ノ管理ニ関スル件」『政府公報』第1692号，
　　　康徳6（1939）年12月4日，55-62。

（21）　地価未払い面積のうち，約70パーセントにあたる643万6000陌あまりが官公
　　　有地で，民有地の未払い面積は278万8000陌であったという［喜多 1944，364］。
　　　喜多は第2期5カ年計画中にこの支払いを完了する予定であるとし，満洲開拓史
　　　復刊委員会（1980，395）は完了したとしているが，これは確認できない。

（22）　1942年8月，「蒙地管理要綱」が公布され，興安省内の「開放地」でも未利用

第 3 章　移民用地の取得・開発・配分　113

地の利用に道が開かれたが，全体の 90 パーセントを占める「非開放蒙地」の整理は実現しなかった［広川 2005，第 7 章］。

(23)　勅令第 81 号「満洲土地開発株式会社法」『政府公報』第 1504 号，康徳 6（1939）年 4 月 20 日，502-504。

(24)　「満洲農地開発事業進行状況一覧表」（満洲土地開発株式会社調べによる）［南満洲鉄道株式会社奉天調査室 1943］。

(25)　濱江省防水開発事業については，濱江省長官房（[1939]）を参照のこと。

(26)　興農部訓令第 204 号「地方委託土地開発事業施工ニ関スル件」『政府公報』第 2115 号，康徳 8（1941）年 5 月 23 日，370-371。

(27)　劉含発（2003）は国策移民期にも用地が強制的に買収された事例を紹介している。

(28)　造成面積は【表 3-10】からさらに縮小されている。

(29)　第二松花江開発本部長には木村嘉徳，東遼河開発本部長には農林省から派遣された川村長作が就任した［川村 1965，484］。

(30)　龍江省甘南県では全県買収が計画されたという［古海 1954，160］。また東遼河地区の用地取得については，王・崔ほか（1954）を参照。

(31)　民政部訓令第 379 号・財政部訓令第 140 号・司法部訓令第 682 号・蒙政部訓令第 385 号「康徳三年七月一日以降ニ於ケル日本人ノ土地権利取得手続ニ関スル件」（1936 年 9 月 5 日）［満洲拓植公社土地課 [1939]，126-131］。

(32)　「現ニ満拓及満鮮拓ノ所有ニ属スル土地ヲ開拓団又ハ開拓民ニ配分スル場合ハ必要ニ応ジ国家ニ収用シ措置スルモノトス」「満洲開拓政策基本要綱」附属書 2「開拓農地制度ニ関スル件」［開拓総局総務処計画科 1940b，25］。

(33)　満拓会社からの申入れでは，協定外地域の総面積は 3000 町歩，概算評価額は 4 万 7838 円であった［弥栄村開拓協同組合 1942，222-223］。

(34)　「弥栄村土地ニ関スル議定書」（1937 年 9 月）［弥栄村開拓協同組合 1942，226-227］。

(35)　前掲「弥栄村土地ニ関スル議定書」。

(36)　農務稧は朝鮮人農民の協同組合的な組織である。

(37)　安全農村については，第 6 章を参照のこと。

(38)　勅令第 280 号「開拓農場法」『政府公報』第 2255 号，康徳 8（1941）年 11 月 13 日，211-216。

114　第 1 部　中央の政策決定と実施

(39)　このため，適正規模調査委員会が設置され，地方別に適正規模面積を検討した
　　　[喜多 1944, 385]。委員会は 1942 年 12 月，全国を 7 地帯に分けて農耕地の標準
　　　をおおよそ以下のように決定した。南満地帯 8 陌，中満東部地帯 10 陌，北満松
　　　花江地帯 11 陌，中満西部地帯 12 陌，興安嶺東部地帯 13 陌，興安嶺西部地帯 20
　　　陌，興安嶺南部地帯（記載なし）[満洲拓植公社 1944, 24-25]。

(40)　ただし「農家ハ自家労力ヲ以テ一時農場ノ経営耕作ヲ為スコト能ハザルトキ其
　　　ノ他正当ノ事由アルトキハ団又ハ組合ノ許可ヲ得テ農業労働者ヲ使用シ又ハ其ノ
　　　管理ヲ団又ハ組合ニ申出ヅルコトヲ得」（第 38 条）とし，条件付きで雇用労働力
　　　の使用を認めていた。

(41)　興農部令第 16 号・司法部令第 4 号「開拓農場法施行細則」『政府公報』第
　　　2364 号，康徳 9（1942）年 4 月 1 日，2-4。

(42)　興農部令第 18 号・司法部令第 6 号「農家台帳規則」『政府公報』第 2364 号，
　　　康徳 9（1942）年 4 月 1 日，5-20。農家台帳には各戸の農家，農場に関する事項
　　　が記載され，開拓団または開拓協同組合で保管する。

(43)　興農部訓令第 131 号・地政総局訓令第 9 号「開拓用地ノ整理ニ関スル件」『政
　　　府公報』第 2369 号，康徳 9（1942）年 4 月 7 日，89-90。

(44)　開拓用地の境界設定は「国有開拓用地境界設定処理要綱」によって定められた。
　　　開拓用地の境界設定事務は，興農部大臣および省長の指揮監督を受けて，市，県，
　　　旗長がこれにあたる。「隣接ノ地主及利害関係人ノ立会ヲ求メ」，標識を立て，境
　　　界図，境界認証覚書を作成する。1940 年度に着手し，1943 年度に完了するとし
　　　た（興農部訓令第 208 号「国有開拓用地ノ境界設定ニ関スル件」『政府公報』第
　　　2120 号，康徳 8（1941）年 5 月 29 日，462-464）。

(45)　興農部訓令第 127 号・地政総局訓令第 4 号「満洲拓植公社有開拓用地ノ整理ニ
　　　関スル件」『政府公報』第 2635 号，康徳 10（1943）年 3 月 13 日，355。

(46)　「開拓団建設計画認可申請書様式」[開拓総局招墾処 1942, 155-176]。

(47)　「団地計画」は「開拓団地計画要綱」にもとづいて 1942 年 5 月から実施される
　　　ものとし，実務は開拓総局調査科が担当した[満洲国通信社 1944, 149-150]。

(48)　開拓団または開拓協同組合は「農地配分委託申請書」を提出して業務を委託す
　　　る。所要経費は団または組合の自己資金によるものとし，やむを得ない場合は満
　　　拓公社の融資金による[満洲拓植公社 1944, 11-13]。

(49)　なお移民用地として配分されなかったものには，以下のものがある。第 1 に，

勘領，買戻である。これは地権者に移転地を分譲する制度である（第5章参照）。内国開拓民入植地は移民用地に含まれている。第2に，満拓公社の小作管理地である。土地管理収入は同社の事業収入の大きな部分を占め，また荒廃を防止するねらいもあった［君島 1976, 202-209]。

第4章　満洲国立開拓研究所の調査と研究

は じ め に

「満洲開拓政策基本要綱」で示された方針に従って，1940年6月，開拓総局の下に開拓研究所が設立された。本章では，これまで本格的に取り上げられることのなかった開拓研究所の組織と調査研究活動を明らかにする[1]。

　近年，末廣（2006）をはじめとして，日本が戦前に海外，とくにアジアで行った調査研究があらためて見直されている。すでに，満鉄調査部に関しては多くの研究があり，中国でも韓ほか（2006）や梁（2006）など，戦前に中国国内にあった日本の研究機関を総合的にとらえようとする試みがなされている。

　開拓研究所は，「開拓地に於ける農業経済，農村建設，土地の利用開発，生産技術，農民生活，農村文化其の他の諸般の事項に関する総合的且実践的研究を掌る」とされ[[満洲国立開拓研究所]1944, 3]，その成果は，小林（1976），今井（2001 : 2003），田中・今井（2006）など，戦後の満洲移民研究でしばしば資料として利用されてきたが，調査の背景や経緯は考慮されてこなかった。

　こうした研究状況をふまえ，本章では，まず開拓研究所設立の経緯を確認し，その調査研究の性格，とくに活動の中心となった現地調査について検討する。開拓研究所は，叢書や定期刊行物など多くの刊行物を残しており，ここではこれらの刊行物について検討を加える。また必要に応じて，満洲国のその他の部局の刊行物や開拓研究所に深い関わりをもつ京都大学農学部の刊行物，関係者の回想録などを用いる。

I 設立の経緯

1.「満洲開拓政策基本要綱」と開拓研究所の設立

　満洲開拓に関する研究機関の設立は，「満洲開拓政策基本要綱」の策定過程で具体化された。

　研究機関については，すでに要綱策定の骨子が示された「移民根本国策決定ノ為ノ重要検討事項（案）」（関東軍司令部，1938年12月1日）のなかで，「日満協力調整」すべき事項のひとつとして「移植民総合科学審議機関ノ設置」が掲げられ，「特ニ科学審議機関ノ総合化日満衆智及実践効果ノ利用ニ付着意ス」るとされた［関東軍司令部 1938a, 12］。

　これを受けて，関東軍は「素案概成実施要領」にもとづく分科会方式により，要綱の素案となる「移民根本国策基本要綱」と部門別要綱案を策定し，1939年1月7〜8日に新京で開催された日鮮満移民各関係機関懇談会に提出，審議した［浅田 1976, 57-66］。研究機関については，部門別要綱案の第7「移民事業処理機関」に「移植民総合科学研究機関設置要綱案」が示されている。その方針は，「移植民ニ依ル東亜共同体具現ノ理想ニ鑑ミ開拓農業ノ適実且合理的ナル発展ヲ図リ以テ民族協和ヲ基底トスル満洲農村ノ建設確立ニ資スル為移植民総合科学研究機関ヲ設置セムトス」とされ，新機関を「開拓科学」と仮称する「農業経営及農村生活ノ適実且合理的ナル方法及様式」の「実践的研究ノ中枢タリ且之カ指導ノ源泉タルモノ」とするとした。また研究すべき事項に，農業経営，農法および農業機具，農村工業，農村労働科学，農村衛生，農村住宅，農村衣食をあげ，機構については別に定めるとした［満鉄調査部 1939a, 94-95］。

　懇談会終了後の同年4月，まず満鉄開拓科学研究所が設立された。経費は満鉄が負担し，牡丹江省横道河子の満鉄病院の一棟が提供された。運営は当時，労働科学研究所（以下，労研）所長だった暉峻義等に一任され，労研の職員10人あまりが現地に駐在した。満鉄開拓科学研究所は1941年8月に閉鎖される

118 第1部　中央の政策決定と実施

までの約2年間，白系ロシア人や中国人の生活や栄養などに関する調査を行った［暉峻 1942；大出 2014，187-205］[2]。

　暉峻は研究所設立の経緯を「政府がやるに越したことはない。併し政府がやるには，やれ予算だの制度だの，組織だのと種々な面倒な手続が必要である。其の内に2，3年は経つて了ふだらう。何れは政府事業にするにしても調査研究の着手は遷延を許さない，早い程よい，それには先づ民間事業として発足せしめ自由に而も強力に研究を進捗せしめるのがよいと謂ふのが関東軍の開拓主務者や官民有志の間に期せずして一致した見解であつた」としている［暉峻 1942，55］。事後の説明ではあるが，満鉄開拓科学研究所は後に満洲国の研究機関が設立されるまでの措置として位置づけられたと理解できる。

　日鮮満移民各関係機関懇談会で出た意見をふまえて，1939年1月10日，関東軍司令部は「満洲開拓根本政策基本要綱」と各部門別要綱案（以下，現地案）を作成した。

　部門別要綱案のうち「移植民総合科学研究機関設置要綱案」については，本案こそ「乾天ニ雨露ノ恵福ヲ齎スモノ」と評価され［満洲拓植公社東京支社 1939，52］，日本側からも支持を得た。現地案に若干の修正が加えられ，準備委員会案では附属書「十．開拓関係行政機構ノ拡充ニ関スル件」で，「開拓ニ関スル科学的研究ヲ促進シ之ガ実用ヲ図ル為総合科学研究機関ヲ設置スルモノトシ之ガ構成ニ関シテハ日満衆智ノ糾合ニ努メ特ニ実践的効果ヲ挙グルモノトス」とされ［満洲拓植公社東京支社 1939，附録 168-169］，この条項は 1939年 12月に日満両国政府が発表した「満洲開拓政策基本要綱」にも引き継がれた［開拓総局総務処計画科 1940b］。ただし現地案に添付されていた「開拓総合科学研究機関設置要綱案」[3]［満洲拓植公社東京支社 1939，附録 60］は，準備委員会案には添付されていない。

　さらに 1939年 11月 11日には「開拓総合研究機構整備要綱（案）」が作成され，「開拓総合科学研究機関設置要綱案」にはなかった新機関の機構，研究項目，人員が具体的に示された。「開拓総合研究機構整備要綱（案）」は「開拓目的ニ即応スル土地利用開発，合理的営農法ノ確立，農民生活ノ向上並ニ合理的

第 4 章　満洲国立開拓研究所の調査と研究　119

農村ノ建設等ニ資スル為開拓ニ関スル総合的研究機構ヲ整備シ開拓ニ関スル実践的研究ノ積極的達成ト開拓政策遂行ノ完璧ヲ期ス」とし，その要領を次のように定めている。第 1 に，開拓に関する総合的研究の中枢機関として，中央，地方に開拓研究所を設置する。第 2 に，開拓研究所は産業部大臣の管理に属する。第 3 に，中央開拓研究所に第一研究室（土地の利用開発），第二研究室（農業技術），第三研究室（畜産経営），第四研究室（農業経営），第五研究室（農民生活），第六研究室（農村建設），庶務科を置き，地方開拓研究所を黒河，北安，海拉爾，佳木斯，東安，訥河，洮安に設ける。第 4 に，研究事項については可及的に既設機関の成果を活用し，相互の連携を緊密にするとともに，所要職員についても兼務制を考慮する。連携する既設機関には，開拓総局を含む産業部各部局のほか，農事試験場，大陸科学院，満洲医科大学，満鉄開拓科学研究所が想定されている［「開拓総合研究機構整備要綱（案）」1939］。ここでは産業部大臣の管轄する国立の研究所が構想されていた。

　以上のように，開拓研究所は「満洲開拓政策基本要綱」に沿って具体化された。そこでは特定の領域に特化する民間の研究機関ではなく，土地利用開発や営農法の確立，農村生活の向上などに資する政府の総合的な研究機関が構想されている。

2. 橋本傳左衛門と京都帝国大学農学部

　次に，開拓研究所の性格を規定するものとして，初代所長となる橋本傳左衛門と彼が所属した京都帝国大学（以下，京大。ほかの帝大も同じ）農学部についてみる。

　橋本傳左衛門は，戦前，戦後を通じて日本の農政に影響を与えた農業経済学者である。1887 年埼玉県に生まれ，1910 年に東大農科大学を卒業，日本勧業銀行に勤めた後，欧米留学を経て，1924 年，京大農学部で農林経済学科の教授に就任した［橋本先生追想集編集委員会 1987, 323-326］。

　京大は 1923 年 11 月，国内の帝国大学では 4 番目に農学部を設置した。1926 年までに農作園芸学，林学，農林化学，農林生物学，農林工学，農林経済学の

120　第1部　中央の政策決定と実施

6学科29講座が設けられ，附属農場，附属演習林も整備された［京都大学農学部創立70周年記念事業会　1993，3-4：田中・今井　2006，106］。橋本は農学部長，次いで附属農場長を兼任し，学部および主任をつとめた農林経済学科の創設期の基盤整備に力を尽した［橋本　1973，序7-8］。

　第一次世界大戦後，国内では小作争議が増加したため，政府は小作問題を審議する調査会を設置した。調査会で事務当局の中枢にあったのは，後に農林次官となる石黒忠篤である。橋本は勧業銀行時代から農商務省に出入りして石黒と知り合い，同省の小作問題調査にも参加した。小作問題に対応するなかで，石黒は1921年から全国で簿記記入による農家経済調査を実施させたが，橋本もその実施を働きかけた一人であったという［橋本　1973，242-250，260-268，415-429］。

　その後，世界恐慌によって日本農村の疲弊がさらに深刻化すると，1932年，農林省は農村の自力更生をはかる農村経済更生運動を開始した。この運動を推進したのは，石黒のほか，東大農科大学で橋本と同期だった農林省農務局長小平権一らであった［橋本　1973，8-9，357-364］。橋本も経済更生中央委員会でその審議に関わったが，「数年来の農村不況の主たる原因が農村の人口過剰と土地の供給不足にあると考え」［橋本　1973，357-358］，その解決の糸口を大陸に見出していった。

　満洲国建国をひかえて，1932年1月，関東軍統治部は「満蒙の法制，関税及び税制，幣制及び金融，産業政策」に関して「満蒙政策諮問会議」を開催し，橋本は東大農学部教授那須皓らとともに産業の部の委員として招聘された。会議のなかで，那須，橋本は満蒙移民可能論とその即時実行を主張した［満洲開拓史復刊委員会　1980，45-50：橋本　1944；1945］。以後も橋本は関東軍に求められ，自らの移民経営論を展開している[4]。

　1930年代，橋本は那須や国民高等学校校長加藤完治らとともに，関東軍や拓務省が主催する移民会議に出席し，移民推進派の中心人物となった。彼らが主張した自給自足，自作農は，農牧混同，共同経営とともに，4大営農方針として関東軍や拓務省の移民政策に取り入れられていった［浅田　1976］。

第 4 章　満洲国立開拓研究所の調査と研究　121

　1934 年 4 月，橋本と京大農学部農林経済学教室が中心となって創刊した雑誌『農業と経済』には，満洲開拓に関する研究や論説が数多く掲載されている[5]。橋本はその創刊号に「満洲移民の根本国策樹立の必要」を寄せ，「満蒙各地に邦人農村の碁布点在すること」は「所謂生命線を安泰ならし」め，「日本内地の人口問題，農村問題の解決に資する」とともに，「満洲土着民の農業の進歩，経済の発達に寄与する」にも関わらず，「今に至つて尚且満洲移民に関する国策決定せ」ざることは「歯痒ゆき極みである」としている[橋本 1934，48-50]。

　また那須と橋本は「満洲開拓政策基本要綱」の審議でも，満洲移民に対する持論を展開する。那須は 1939 年 7 月の日満懇談会で，「民度，風俗，経済度等ノ違フ者ガ，当初ヨリ直チニ混然雑然ト入植混住スルコトハ不自然デアリ，不可能デアリ，強イテ之ヲ強制スルコトハ却ツテ弊害ヲ齎ス」とし，「民族協和ノ精神」を一蹴した[満洲拓植公社東京支社 1939，140]。さらに，橋本は 8 月の臨時満洲開拓民審議会で，要綱案の「大陸新農法ノ積極的創成」という表現を「或ハ営利主義的大農場経営ニデモ転化スルノデハナイカ」と批判し，「従来ノ鉄則タル自家労力ニ依ル自給主義農業経営方針」に則った修正案を提出している[満洲拓植公社東京支社 1939，175]。彼らの主張は退けられるが，その基調は後の開拓研究所の研究にも影響を与える。

　また，橋本は 1926 年京大農学部農林経済学科に農業計算学講座を創設した。同講座の大槻正男が考案した「京大式農家経済簿」は「記帳者自身が最後の決算までもなし得る形式」になっていた[橋本 1973，269-275]。農林経済学科は 1927 年から農家経済調査を行い，その成果は「農村調査報告書」として刊行された。報告書は農村経済更生運動や分村移民計画の基礎資料となった[[作道] 1985，151-153；京都大学農学部創立 70 周年記念事業会 1993，351-352]。

　橋本は，農商務省の小作問題調査に参加するなかで農村の深刻な疲弊に直面し，京大に農業経済学の基礎を築いた後，そこに簿記記入による農家経済調査を取り入れた。また農村不況の要因を過剰人口に求め，那須らとともに満洲移民に傾注していった。彼らは移民の自給自足，自作農主義を掲げる一方で，

122 第1部 中央の政策決定と実施

「民族協和」は不可能であるという立場をとった。

II 組織と活動

1. 組織

「満洲開拓政策基本要綱」附属書の規定にもとづき，1940年2月，開拓総局に開拓研究所準備委員会が設置され，設立のための事務に着手した。同年6月20日，勅令第176号「開拓研究所官制」が公布され，正式に満洲国立開拓研究所が設立された。当初，研究所は新京市至聖大路にあった開拓総局に置かれた[6]。

その官制によれば，開拓研究所は興農部大臣が管轄し，開拓地における農業経済，農村建設，土地の利用開発，生産技術，農民生活，農村文化その他の諸般の事項に関する総合的かつ実践的研究を掌る。所長は特任または簡任とし，以下，研究系の所員として研究官8人，副研究官16人（以上は薦任），研究士24人（委任），行政系の所員として理事官・事務官各1人（以上は薦任），属官8人（委任）を置く。あわせて必要と認められる地域に，研究所の事務を分掌する分所，研究所または分所の事務を分掌する支所を設けることができるとされた[7]。

所長には，橋本傳左衛門が京大在職のまま，特任で就任した。ある所員は，橋本が「一年に何回となく，内地と大陸の間を往復」し，「満州滞在中は，不便なホテル住いをされ，寸暇をさいては，所員と話しあわれ，あるいは現地を回られて，研究所の方向を適切に指導され，内地に帰られてからも，所員の採用交渉等に当られるという忙しさであった」としている［小西 1965, 761］。そして副所長には，満洲在住の藤原綱太郎が就任した。藤原は橋本の東大時代の同級生で，滋賀県，愛知県の農事試験場長をつとめた後，1939年に渡満し，開拓総局や興農部などに勤務した［橋本 1973, 401］。

開拓研究所は設立後，徐々に組織を拡大し，研究官や理事官，事務官など

第4章　満洲国立開拓研究所の調査と研究　123

100人以上の所員を擁するようになった［坂本 1965, 758］。満洲国の開拓事業予算約1億2000万円のうち，1942年度には78万8000円が開拓研究所予算であった［満洲国通信社 1942b, 43-44］。

【表4-1】は1942年11月に在籍していた所員とその経歴，業績である。ここから以下の3点が確認できる。

第1に，開拓総局や公主嶺農事試験場の技正・技佐，奉天農業大学，哈爾濱工業大学，哈爾濱医科大学などの教授が研究所の研究官，副研究官を兼任している。これはすでにみたように，「開拓総合研究機構整備要綱（案）」（1939年11月）で，「開拓研究事項に関しては可及的既設機関の成果を活用し（中略）所要職員に付ても兼務制を考慮し」たことによる。なかでも開拓総局土地処調査科長，拓地処拓地科長に研究所の研究官を兼任させ，政策との連携をはかっている。また公主嶺農事試験場農産部長の田中定夫を研究官として招き，満洲で先行蓄積のある試験場の研究成果を取り入れる配慮がなされた。

第2に，経歴が確認できるのは副研究官，事務官以上の所員であるが，これを大別すると，満鉄，満洲国各部局などからの異動を含めて現地で採用された者と，日本で採用された者になる。前者には，第1でみた兼任の所員のほか，中国人とみられる研究士が複数いる。次項でみるように，彼らは現地住民調査で中心的な役割をはたすことになる。他方，後者には，所長橋本の勤める京大農学部出身の若い研究者が多かった。彼らは哈爾濱分所に所属したが，「研究の主力はハルピン分所にあった」という［坂本 1965, 758］。

第3に，橋本の専門領域である農業経済学だけではなく，医学や建築学など幅広い分野の研究者を擁した。これは研究所が開拓地における「総合的且実践的研究」を志向していたことを反映している。

研究所は庶務科，所長研究室，資料室，第一部から第五部の研究室からなった。第一部は日本人開拓民・現地住民の農家経済調査，農業経営に関する研究を担当した。部長の永友繁雄は，京大農学部農林経済学科卒であり，哈爾濱分所長を兼任した。同じく京大農経出身の坂本四郎，田口正信なども第一部に所属し，また中国人とみられる研究士2人がいた。第二部は開拓地における農村

124　第1部　中央の政策決定と実施

表 4-1　開拓研究所所員およびその経歴（1942 年 11 月現在）

肩書		名前	経歴	所属
嘱託	所長（特任官待遇）	橋本傳左衛門	農学博士，京大農学部教授 1887 年生，1910 年東大農科卒，勧銀入行，東大農科・早大各講師を経て，24 年京大農学部教授，学部長 2 回。独仏英米に留学。39 年 8 月満洲国企画委員会特別委員，40 年開拓研究所長（特任官待遇）嘱託。	——
研究官	（兼）開拓総局技正（招墾処）	内藤晋	1887 年生，1913 年東大農科卒，沖縄県農事試験場長を経て，41 年 2 月開拓研究所研究官。 住所：新京市	新京
	副所長	藤原綱太郎	1883 年生，1910 年東大農科卒，地方農林技師滋賀・愛知各県農事試験場長，39 年 6 月開拓総局総務処技正，産業部農務司技正中央農事訓練所長，興農部農務司技正を経て開拓研究所副所長。 住所：新京市	新京
	（兼）農事試験場技正，農産部長	田中定夫	1892 年生，1919 年東大農学部卒，熊本県農事試験場技師，栃木県主要食糧主任技師，高知県農務課長，千葉・山形各県農事試験場長などを歴任。40 年 6 月開拓研究所研究官。 住所：公主嶺市	——
	（兼）開拓総局技正（拓地処）	千種虎正	1897 年生，1924 年東大［農学部］農学科卒，三重高農教授，39 年 7 月開拓総局技正，拓地処事業科長，40 年 8 月開拓研究所研究官。 住所：新京市	新京 第三部部長
	（兼）哈爾濱医科大学教授	村上賢三	陸軍軍医中尉，医学博士 1896 年生，1921 年金沢医専卒，金沢医大助教授，教授を経て，40 年 9 月哈爾濱医科大学教授，43 年 4 月現在民生部厚生司技正兼新京医科大学教授，総務庁企画処技正，開拓保健団理事。	哈爾濱 第五部
	（兼）奉天農業大学教授	久保健次	1900 年生，1925 年東大農学部卒，41 年 4 月開拓研究所研究官。	——
		津田守誠	1898 年生，1925 年北大農学部卒，地方農林技師大分農林試験場勤務などを経て，満鉄農事試験場種芸科長，38 年 4 月，公主嶺農事試験場技正，産業部技正，興農部理事官など。43 年 9 月より興農部技正，農産司繊維作物科長兼総務庁企画処技正。 住所：新京市	新京

第 4 章　満洲国立開拓研究所の調査と研究　125

理事官	庶務科長	作田一	1907 年生，31 年慶大経済学部卒，関東庁属，33 年 2 月民政部属官，次いで新京特別市総務庁兼東安省兼密山県各事務官，40 年 2 月開拓総局総務処理事官，同年 7 月開拓研究所理事官，43 年 9 月斉斉哈爾営林局理事官。住所：新京市	新京
研究官	（兼）民政部保健司技正	田中文侑	医学博士 1902 年生，28 年慶大医学部卒，同助手を経て，29 年 7 月満鉄入社，衛生研究所勤務，36 年 9 月副参事，その後地方部衛生課，鉄道総局保健課衛生試験室主任，満鉄人事課保健係長などを歴任。41 年 12 月満洲国に転じる。34 年 11 月慶大提出の学位論文「満洲ニ於ケル家屋気候ノ研究」により学位取得。住所：新京市	新京 第五部部長
	（兼）開拓総局技正（土地処調査科長）	佐藤健司	【表 2-1】参照 住所：新京市	新京
		永友繁雄	1901 年生，27 年京大［農学部］農林経済学科卒，同助手，35 年 4 月同助教授，36 年 4 月満洲国転入，奉天高等農業学校教授，次いで産業部農務司技佐兼任，40 年 5 月開拓総局総務処技正，同年 7 月開拓研究所研究官。	哈爾濱分所長 第一部部長
		川上幸次郎	1902 年生，27 年京大農学部農学科卒，同年 6 月農林省農事試験場技手，次いで岩手県農事試験場技師，41 年 7 月開拓研究所研究官。著書に『馬鈴薯ノ栽培及利用』。住所：哈爾濱市	哈爾濱 第四部部長
	（兼）開拓総局技正（拓地処，総局は休職扱い）	千葉進	1905 年生，30 年東大［農学部農学科］農業土木学［専修］卒，岩手・山形各県農林技師，38 年 3 月産業部拓政司技佐，同部建設司技佐，開拓総局拓地処技佐を経て 39 年 6 月より同処技正。住所：新京市	新京
	（兼）開拓総局技正（招墾処），興農部農産司技正	永井一雄	1896 年生，1918 年盛岡高農卒，農業経営主任，経済更正主任官として群馬県農会技師，群馬県農林技師などを歴任。39 年 10 月開拓総局技佐，次いで兼開拓研究所副研究官，41 年 6 月より研究官，42 年 2 月より興農部技正兼任。住所：新京市	新京

126　第1部　中央の政策決定と実施

研究官		飯島連次郎	1905年生，32年京大農学部卒，満蒙開拓哈爾濱訓練所長，企画委員会特別委員などを経て，40年10月開拓研究所研究官。住所：哈爾濱市	哈爾濱→黒河
	（兼）新京医科大学教授	福田守太	（不明）	
		小西俊夫	1907年生，31年京大農学部卒，同年4月京都高等蚕糸学校講師，京大農学部副手などを歴任，41年1月開拓研究所研究官。住所：哈爾濱市	哈爾濱資料室主任→第二部部長
		草島文太郎	1906年生，30年京大農学部卒，41年満洲国に転入。住所：哈爾濱市	哈爾濱第二部部長→佳木斯分所長
	（兼）開拓総局技正（拓地処代理拓地科長）	木下真治	【表2-1】参照住所：新京市	新京
		浦川清雄	1907年生，31年京大卒，農林省農事試験場技手，宮城・秋田各県農事試験場技師などを歴任，41年10月開拓研究所研究官。住所：哈爾濱市	哈爾濱第四部
事務官		二野瓶孝一	（不明）	
副研究官	（兼）開拓総局技佐（招墾処，総局は休職扱い）	安田泰次郎	1907年生，30年北大［農学部］農業経済学科卒，北海道庁拓殖部殖民課技手を経て，39年3月開拓総局招墾処技佐。住所：新京市	新京
		最上章	1909年生，33年九大［農学部］農芸化学科卒，九大農学部副手，34年12月実業部雇員，調査部勤務，次いで産業部拓政司技士，同技佐，39年1月開拓総局総務処技佐を経て，40年7月開拓研究所副研究官。住所：新京市	新京第四部
		坂本四郎	1907年生，33年京大農学部卒，農林省経済更正部嘱託積雪地方農村経済調査所勤務，38年11月地方農林主事静岡県経済部経済統制課勤務，40年12月開拓研究所副研究官。住所：哈爾濱市	哈爾濱第一部

第4章　満洲国立開拓研究所の調査と研究　127

副研究官		小松義郎	1909年生，33年京大農学部卒，41年満洲国に転入，43年9月研究官に昇任。 住所：新京市	新京 第三部
		小山内懋	1908年生，32年九大［農学部］農学科卒，九大農学部副手，同助手を経て，37年8月より産業部拓政司監理科技士，開拓総局技士を歴任。39年6月同局招墾処第一科技佐，40年7月開拓研究所副研究官。 住所：新京市	新京 第一部
	（兼）哈爾濱工業大学教授	今井光雄	1908年生，33年東工大建築学科卒，同大建築材料研究所助手，東京高工附属工学校講師を経て，39年4月哈爾濱工大助教授，40年10月開拓研究所副研究官。 住所：哈爾濱市	哈爾濱 第五部
	（兼）開拓総局技佐（招墾処）	紙屋重治	1909年生，33年京大［農学部］農林経済学科卒，新潟県農林技手，奈良県技手，香川県農林技師を経て，39年11月に開拓総局に転入。 住所：新京市	新京
	（兼）開拓総局技佐（拓地処）	大島精一	1906年生，28年三重高農卒，37年満洲国に転入。 住所：新京市	新京
		佐藤力之助	1908年生，34年北大卒，41年4月開拓研究所副研究官。 住所：哈爾濱市	哈爾濱 第四部
		横田柏男	1914年生，35年三重高農卒，同年満洲国に転入。 住所：新京市	新京 第三部
		谷口末吉	1911年生，34年東京農大卒，41年6月開拓研究所副研究官。 住所：新京市	新京
		森格	（不明）	第四部
		阿部楯男	1901年生，大分県立農林卒。40年6月開拓研究所研究士，42年9月開拓研究所副研究官。43年3月開拓総局土地処技佐。	新京 第四部
		石月蔚	1909年生，31年東大［農学部］実科卒，42年2月開拓研究所副研究官。 住所：哈爾濱市	哈爾濱 第五部
		小川泰恵	（不明）	第三部
高等官試補		長嶺晋吉	（不明）	

128　第1部　中央の政策決定と実施

属官	任玉銘，榎本太一，澤田誠，今村浅吉，川上瞳，千葉崇憲，小森谷孝三	
研究士	叉木武兵衛，四方義一郎（資料室），黒岩三男（第一部），早川潔（第二部），田口正信（第一部），遠藤済，片野茂頼，羅錫勝（第一部），香川隆一（第二部），李樹標（第一部），明田清（第四部），工藤澄志（第四部），棚野勇，田広辰（第二部），岡村俊民，趙興智，王殿襄，水野正亜，瀧澤敬一，竹内九州夫，原口岩男，上山美幸，宇賀神慎，中西勝，池田哲	
委任官試補	松永重治，三浦守，高橋茂，図師一巌，高橋良治，岩淵昭悦，山田英夫，楯岡日出春，津久田一郎，渋谷栄，筒井善美，白徳武，李樹■，小田悟，池田文一，林之深，仲俣寅夫，山本富佐男	

出所：国務院総務庁人事処（1942，153-157），満蒙資料協会（1942，142-147；1943），坂本（1965），小西（1965）より作成。
注：出身校の学部・学科は資料に掲載されている場合に記載した。■は判読不能。

建設，人口に関する研究を担当し，京大農学部卒の草島文太郎，次いで小西俊夫が部長をつとめた。第二部は第一部と共同で調査することが多く，同じく中国人とみられる研究士がいた。第三部は土地利用開発，すなわち水田の造成，灌漑施設，開墾作業など，農業土木技術に関する研究を担当した。第一部，第二部の活動の中心は哈爾濱にあったのに対し，第三部のスタッフの多くは新京本所に所属し，開拓総局との兼任が多かった。第四部は哈爾濱，新京などに農場をもち，農法，農作物，地力増進，家畜，加工・貯蔵方法，病害など，生産技術に関わる研究を担当した。第五部は衛生，寒地適応，住宅，水，食糧，保健，文化など，農民生活，農村文化に関する研究を担当した。第五部では，哈爾濱医科大学教授村上賢三，哈爾濱工業大学教授今井光雄などの大学研究者が精力的に研究を行っていた［［満洲国立開拓研究所］1944；坂本 1965，758］【図4-1】。

　1940年9月に哈爾濱，黒河，1941年7月に佳木斯，1944年4月に東安に分所が，そして満溝と盤石に支所が設置された。本所，分所にはそれぞれ農場が併設された［［満洲国立開拓研究所］1944，1-3］。

　創設当初は施設，所員が不足し，以上のような体制が整ったのは，1941年から1942年頃にかけてである[8]。上述のように，本所，分所の施設や附属農

図 4-1　開拓研究所機構
出所：［満洲国立開拓研究所］（1944）より作成。

場も設立後，徐々に整備されていった。さらに 1943 年 12 月には，橋本が所長の職を「勇退」し，後任に中村孝二郎が就任した[9]。中村は拓務技師，満拓公社理事などをつとめ，初期の入植適地調査や移民地の経営指導で中心的役割をはたした一人である［中村 1973］[10]。1942 年 12 月からは藤原綱太郎に代わって開拓研究所副所長をつとめた。

　開拓研究所は，以後，日本敗戦までの 4 年間実質的な活動をすることになる

130　第1部　中央の政策決定と実施

が［小西 1965, 760］，すでにアジア太平洋戦争が勃発し，開拓政策も停滞の時期を迎えつつあった。1945 年 8 月には，「開拓研究所の本部と，全満の支所出張所の職員の大半，しかも中堅幹部は最後の根こそぎ動員によって，応召していたので，研究所はほとんど開店休業の状態」になっていたという［中村 1973, 156］。

2.　調査・研究活動

　橋本傳左衛門は，開拓研究所の彙報『大陸開拓』発刊の辞において，「開拓研究所は満洲開拓事業の完遂に資すべきあらゆる問題の研究をその任務とする」とし，その研究対象は「開拓用地の造成から開拓民の入植，農村の建設運営，開拓民の事業経営，農家経済，生活・医事・衛生より開拓民の文化生活に至り，さらに開拓地方に於ける原住民の福利に及ぶ」としている［橋本 1941, 2］。

　こうした研究所の活動には，第 1 に調査があり，「現地調査に研究の重点をおく方法」がとられた。後述する「農家経済聴取調査様式」など各種様式によって，実地調査が行われた。また 1941 年以降，いくつかの開拓団に対し，研究農家として「農家経済簿」の記帳を委嘱し，データの収集を進めた［坂本 1941, 39］。記帳には満洲調査機関聯合会（以下，調聯）農家経済調査分科会版『農家経済簿』が推奨された(11)。これは 1936 年 9 月，調聯に農家経済調査分科会が設置されたとき，当時，奉天農大教授だった永友繁雄が移植した京大式簿記の満洲版とされる［代元 1942, 40］(12)。さらに 1943 年以降には，五福堂新潟村と老街基埼玉村の 2 つの開拓団を「研究指導村」に設定し，所内各部が参加して総合的な調査，指導を実施した。

　第 2 に，これらの調査成績は研究会や座談会，各種の報告書を通して発表された。研究会は，月 1 回の哈爾濱分所研究会のほか，年 1 回，開拓関係者を集めて開拓研究会が開催された(13)。また 1941 年からは哈爾濱分所で興農部，開拓総局，農事試験場，満拓公社などの関係者が出席し，農家経済調査研究会が開催された。これは 1940 年 9 月に解消した調聯の農家経済調査分科会を継承

するものであった［田口 1941a, 121］。

　他方，刊行された報告書には，開拓政策に関わる調査研究資料の「開拓研究所資料」第1〜33号（1940〜44年），開拓団に対する農業指導資料の「開拓研究所指導資料」第1〜12号（1941〜44年），その他研究成果報告の「開拓研究所報告」第1〜4号（1941〜43年），「中間的な研究報告や小論，生の資料等」［早川 1941, 142］を掲載した彙報（『大陸開拓』第1〜9輯，1941〜44年）があった。【表4-2】，【表4-3】はこれらの調査，研究である。第一部，第二部による各種調査成績のほか，第三部の水路，灌漑，第四部の土壌，農機具，栽培法，第五部の住宅，衛生など，技術研究も掲載されている。一方で，調査地は弥栄村や千振村，黒台村など，特定の開拓団にかたよる傾向がみられる。

　第3に，研究成果は指導資料の刊行や講習会の開催，保健婦養成所・開拓指導員訓練所などへの出講，相談室などを通して，一部が開拓民の指導にも還元された。こうした講習会や出講には，研究会などで開拓団長からの要望を受けて実施されたものもある。

　次に，開拓研究所の調査・研究を実際の政策と関わるいくつかの論点から検討する。

　まず，開拓用地の取得である。1939年12月の「満洲開拓政策基本要綱」は，開拓用地の取得を原則として「未利用地開発主義」によるとし，開拓総局拓地処がこの調査，実施を担当した。

　すでにみたように，開拓研究所で土地利用開発を担当したのは第三部であるが，部長千種虎正，千葉進など4人が開拓総局拓地処との兼任であった。第三部では「きわめて大規模な農地造成工事に関する研究を，未開発地，主として湿地帯やアルカリ地帯において，現場の計画とタイアップして行なっていた」とされ［小西 1965, 760］，満洲国の湿地調査やアルカリ地帯調査に参加し（1943年5〜6月），土地改良研究懇談会を主催する（1944年2月）などしていた。また，土水路・用水堰，湿地寒中土工，灌漑水温などに関する研究を発表し，土地開発のための基礎資料を提供している。

　次に，開拓民の営農をあげる。「満洲開拓政策基本要綱」は「大陸新農法ノ

132　第1部　中央の政策決定と実施

表4-2　開拓研究所刊行物

号	タイトル	著者	発行年月	発行者	調査地	担当	備考
開拓研究所報告							
1	開拓民の住居特に暖房器の構造に関する調査研究	今井光雄	1941.8		——	第五部	
2	満洲の農業経営立地に関する研究	永友繁雄	1941.12		——	第一部	
3	ペーチカの煙道形式に関する研究	今井光雄	1942.2		——	第五部	
4	焚焼開始時に於ける煙道内ガス温度：ペーチカに関する研究（第1報）	今井光雄	1943.11		——	第五部	
開拓研究所資料							
1	開拓村に於ける定住形式	永友繁雄	1940.12		——	第一部	
2	北満開拓地に於ける土壌調査報告：北満開拓地視察報告書（1）	川島禄郎	1940.12		濱江省安達県薩爾図甲種小訓練所，北安省嫩江県八洲大訓練所，同県柏根里甲種小訓練所，東安省密山県黒台開拓団，同県南五道崗開拓団，東安省虎林県虎頭開拓団，牡丹江省寧安県蘭崗開拓団	[第四部]	調査委嘱，九大農学部助教授
3	北満開拓地農機具調査報告：北満開拓地視察報告書（2）	正村慎三郎	1940.12		哈爾濱満拓農機具管理所，寧年満拓機械農場，訥河県北学田開拓団 附　北海道実験農家，三江省弥栄村開拓団，克山農事試験場，佳木斯農事試験場	[第四部]	調査委嘱，農林技師

第4章　満洲国立開拓研究所の調査と研究　133

号	タイトル	著者	発行年月	発行者	調査地	担当	備考
4	北満開拓地農具視察報告：北満開拓地視察報告書（3）	山時隆信	1940.12		第一次弥栄村，第二次千振村，第三次瑞穂村，第四次哈達河，同城子河，第五次黒台，第六次龍爪，第七次王栄廟，同北学田開拓団，哈爾濱及嫩江大訓練所，大崗甲種訓練所，公主嶺・哈爾濱・佳木斯・克山各農事試験場，龍爪種羊牧場，満拓寧年機械農場，満鉄王揚機械農場，開拓科学研究所，ロマノフカ村ほか	［第四部］	調査委嘱，福岡県農林技手
5	飼料作物としての菊芋に関する研究（予報）：地上部の早期刈取が塊茎収量に及ぼす影響	小笠隆夫	1941.8		——	［第四部］	調査委嘱，大陸科学院副研究官
6	糖料作物に就て：開拓地に於ける甜菜栽培に関する所見	小笠隆夫	1941.8		——	［第四部］	調査委嘱，大陸科学院副研究官
7	満洲土地改良部門に於ける緊急研究事項の解説	可知貫一	1941.8		——	第三部	調査委嘱，京大教授
8	満洲に於ける土水路と流速公式	又木武兵衛	1941.9		錦州省盤山県栄興農村	第三部	
9	満農経済調査報告：阿城，密山，樺川，北安	羅錫勝・田広辰	1941.10	——	濱江省阿城県正旗村，東安省密山県密山街，同平陽鎮，三江省樺川県黒通村，北安省北安県北安街	第一部	

134　第1部　中央の政策決定と実施

号	タイトル	著者	発行年月	発行者	調査地	担当	備考
10	瑞穂村総合調査	京都帝国大学農学部第二調査班	1941.12		北安省綏稜県瑞穂村	［第一部］	調査委嘱
11	永安屯開拓団農業経済調査：主として若草部落の建設過程に就て	田口正信	1941.12		東安省密山県永安屯	第一部	京大農学部講師，助手，学生による総合調査＋田口の補足調査
12	三河露農調査	東京帝国大学医学部大陸衛生研究会第二回三河調査班	1941.12		興安北省額爾克納左翼旗ウスチウルガ	［第一部］	調査委嘱
13	開拓村に於ける雇傭労働事情調査	永友繁雄ほか	1941.12		三江省樺川県弥栄村，同千振村，湯原県東北村，同熊本村，吉林省舒蘭県大日向村，同水曲柳，東安省密山県哈達河，同黒台村，同永安村，同黒台信濃村，同北五道崗，同西二道崗，北安省通北県五福堂，龍江省訥河県北学田	第一部	
14	満農雇傭労働事情調査	羅錫勝	1941.12	——	濱江省阿城県正旗村，東安省密山県密山街，同平陽鎮，三江省樺川県黒通村，北安省北安県北安街	第一部	

第4章　満洲国立開拓研究所の調査と研究　135

号	タイトル	著者	発行年月	発行者	調査地	担当	備考
15	水曲柳開拓団農家経済調査	小山内懋ほか	1941.12		吉林省舒蘭県水曲柳	第一部	開拓研究所，開拓総局共同調査
16	【秘】大日向村開拓団農家経済調査	小山内懋ほか	1942.1		吉林省舒蘭県大日向村	第一部	開拓研究所，開拓総局共同調査
17	【秘】開拓村農家経済調査：開拓農場適正規模に関する資料	坂本四郎	1942.1		牡丹江省寧安県樺林栗熊村開拓団内樺林開拓農業実験場，三江省鶴立県第六次湯原熊本村開拓団内熊本村開拓農業実験場，東安省林口県龍爪開拓団	第一部	拓務省，開拓総局，開拓研究所，満拓公社共同調査
18	【秘】五福堂開拓団農家経済調査	坂本四郎ほか	1942.4		北安省通北県五福堂	第一部	
19	満洲開拓地土壌調査	川島禄郎	1942.6		——	第四部	嘱託，九大助教授
20	弥栄村総合調査	京都帝国大学農学部第一調査班	1942.9	——	三江省樺川県弥栄村	［第一部］	調査委嘱
21	耐火木造農家	マクシモフ（今井光雄・グリゴロヴィッチ共訳）	1942.9		——	第五部	グリゴロヴィッチは哈爾濱工業大学嘱託講師

136 第1部 中央の政策決定と実施

号	タイトル	著者	発行年月	発行者	調査地	担当	備考
22	【秘】錦州省盤山県大窪地区開拓団に於ける水質調査	兒玉得三	1942.12	満洲国立開拓研究所哈爾濱分所	錦州省盤山県大窪	［第五部］	調査委託，衛生研究所，医学博士
23	【秘】三江省開拓村農家経済調査：弥栄村・千振街・熊本村・東北村	坂本四郎ほか	1942.12	満洲国立開拓研究所哈爾濱分所	三江省樺川県弥栄村，同千振街，鶴立県熊本村，同東北村	［第一部］	
24	【秘】北海道の泥炭地：北海道及樺太視察報告書 其の一	最上章	1943.3		北海道，樺太	第四部	
25	【秘】灌漑水温に就て（予報）	横田柏男	1943.7		──	第三部	
26	【秘】満洲開拓地土壌調査（第2報）	川島禄郎	1943.11			第四部	嘱託，九大助教授
27	【秘】北安，龍江省開拓村農家経済調査：瑞穂村，五福堂新潟村，北学田の部	坂本四郎	1943.12		北安省綏稜県瑞穂村，通北県五福堂，龍江省訥河県北学田	第一部	
27別冊	【秘】北安，龍江省開拓村農家経済調査：附録Ⅱ 戸別集計表		1943.12		北安省綏稜県瑞穂村，通北県五福堂，龍江省訥河県北学田	第一部	
28	土地改良に関する資料（第1報）	千種虎正（指導）小松義郎（第1節）横田柏男（第2節）小川泰恵（第3節）	1943.12	──	四平省昌図県土地改良地区同上及濱江省哈爾濱市郊外──	第三部	
29	【秘】寒地北方水稲適応研究（予報）（第2報）	工藤澄志	1944.6		──	第四部	

第4章　満洲国立開拓研究所の調査と研究　137

号	タイトル	著者	発行年月	発行者	調査地	担当	備考
30	ロシヤの移民と移民政策	ア・ア・カウフマン	1944.8		——		翻訳は所外に委嘱，校閲は研究官飯島連次郎
31	原住農民実態調査（第1報） （前篇：人口及住居調査：双城，吉林，楡樹，遼中） （後篇：耕地分散状況を中心とする調査：楡樹）	草島文太郎(指導)，田広辰，趙興智 小西俊夫(指導)，田中功，田広辰，趙興智	1944.9		双城県新康村廟藍頭屯，吉林県烏拉村学古屯，楡樹県関家村孫家屯，遼中県腰屯村白家崗子屯 楡樹県関家村孫家屯	第二部	
32	秋播型ライ麦の秋播栽培研究（第1報）：ライ麦に関する研究（予報）	工藤澄志・堀越政栄	1944.10		——	第四部	
33	篤農家座談会速記録	小西俊夫	1944.12		——	第二部	
開拓研究所指導資料							
1	用水路の常識		1941.9		——	［第三部］	
2	開拓村に於ける馬鈴薯の採種方法		1942.4		——	［第四部］	
3	馬鈴薯の食べ方		1942.5		——	［第五部］	
4	土坯子温床のつくり方		1942.6		——	［第四部］	
5	玉蜀黍の食べ方		1942.6		——	［第五部］	
6	水稲種子の催芽法		1942.6		——	［第四部］	

138　第1部　中央の政策決定と実施

号	タイトル	著者	発行年月	発行者	調査地	担当	備考
7	ペーチカの造り方		1942.9		——	[第五部]	
号外	満洲開拓の諸問題		1942.12		——		
8	開拓村に於ける農地配分の問題		1943.11		——	[第二部]	
9	開拓地赤ちゃん読本		1943.11		——	[第五部]	
10	開拓地婦人防寒服の仕立方				——	[第五部]	
11	凍結馬鈴薯の食べ方	杉野よしの	1944			[第五部]	
12	農家経済簿の集計方法	坂本四郎	1944			[第一部]	

出所：各資料および田中ほか（2006）より作成。
注：発行者の記載がないものは満洲国立開拓研究所。

表4-3　開拓研究所『大陸開拓——開拓研究所彙報』主要記事目録

論題	著者	頁	調査地	担当	備考
第1輯（康徳8（1941）年9月30日）					
発刊の辞	橋本傳左衛門		——	（所長）	
満洲の農業経営	永友繁雄	6-14	——	第一部	
渓浪河用水堰に就て	小松義郎	15-38	吉林省舒蘭県	第三部	
三江省下四開拓村に於ける農家経済調査	坂本四郎	39-59	三江省樺川県弥栄村，同千振街，鶴立県熊本村，同東北村	第一部	
馬鈴薯採種方法の改善	川上幸次郎	60-64	——	第四部	
開拓地の養鶏：哈達河開拓団に於ける養鶏経営農家の事例	田口正信	65-79	東安省密山県哈達河	第一部	
マクシモフ著　土坯子造農家	今井光雄・グリゴロヴィッチ共訳	80-113		第五部	
三河の旅から	草島文太郎	114-121	黒河省三河	第二部	
ソ連極東地方の気象	小西俊夫	122-129	——	資料室	
新刊紹介		130-139			

第4章 満洲国立開拓研究所の調査と研究　139

論題	著者	頁	調査地	担当	備考
資料：開拓団の出生と死亡		140-141			
編輯後記		142			
第2輯（康徳9（1942）年3月15日）					
満洲国に於ける拓地事業の要点	千種虎正	4-8	──	第三部	
北満開拓農業と馬鈴薯	永友繁雄	9-13	──	第一部	
青年義勇隊鉄驪訓練所及び其近接地区に於ける水質検査成績	村上賢三	14-18	北安省鉄驪県	第五部	
湿地寒中土工に関する二，三の考察	内藤利貞	19-23	哈爾濱市成高子，三江省鶴立県	第三部	
土坏子造農家　マクシモフ著	今井光雄・グリゴロヴィッチ共訳	24-41	──	第五部	
北方への関心	飯島連次郎	42-53	黒河省	──	
米国農業の悲哀と在留同胞	若林捨一	55-62	──	第四部	
部落に就て	早川潔	63-71	──	第二部	
新刊紹介		72-78			
資料：北方生活者の暦（その一）	小西俊夫	79-81	──	第二部	
資料：原住民部落の人口構成：北満に於ける二つの調査事例	田広辰	81-86	濱江省呼蘭県双井村双井子，龍江省龍江県富拉爾基村前庫勒	第二部	
資料：作物の経営学的分類	坂本四郎・黒岩三男	86-93	（龍爪開拓団，樺林，水曲柳，舒蘭，通北，北学田の各開拓農業実験場）	第一部	
資料：（満農）白菜経済調査：哈爾濱市顧郷屯にて	羅錫勝	94-110	哈爾濱市顧郷屯	第一部	
資料：露文蔵書目録（1）	資料室	111-113			
編輯後記		114			

140 第1部 中央の政策決定と実施

論題	著者	頁	調査地	担当	備考
第3輯（康徳9（1942）年8月10日）					
開拓村に於ける農地配分の問題	永友繁雄	4-30	（東安省，牡丹江省内開拓団）	第一部	
開拓地に於ける母性及乳幼児保護対策に就て	村上賢三	31-34	——	第五部	
マクシモフ著　土坯子造農家（三・完）	今井光雄・グリゴロヴィッチ共訳	35-47	——	第五部	
現地紀行：開拓村見聞記	坂本四郎	48-61	東安省密山県黒台村，東安市，三江省樺川県千振村，同弥栄村，鶴立県東北村，同熊本村	第一部	
好心屯開拓団土壌調査	最上章	62-78	龍江省泰来県好心屯	第四部	
黒河地方満農経済調査	羅錫勝・李樹標	79-90	黒河省愛琿県上二公別，前地営，下二公別，長発屯，松樹溝	第一部	
黒河地方の稲作及栽培上の諸問題	工藤澄志	91-98	黒河省	第四部	
黒河省に於ける主要作物経営調査	李樹標・羅錫勝	99-115	黒河省愛琿県松樹溝，長発屯，上二公別	第一部	
開拓地の乳児死亡率	村上賢三	116	——	第五部	
地帯別適正農業経営方式案	哈爾濱分所第一部研究室	117	——	第一部	
新刊紹介		118-124			
ハルビンの木棚	四方義一郎	125	哈爾濱市	資料室	
近着寄贈資料目録	哈爾濱分所資料室	126-134		資料室	
開拓研究所出版物目録		135			
編輯後記		136			
第4輯（康徳9（1942）年12月31日）					
在満日本人の冬季室内快適温度に関する考察	田中文侑	4-10	——	第五部	
黒河省松樹溝地方の農業経営	永友繁雄	11-29	黒河省愛琿県松樹溝	第一部	中国人集落

第4章　満洲国立開拓研究所の調査と研究　141

論題	著者	頁	調査地	担当	備考
開拓農家の家計費に就て	坂本四郎	30-48	——	第一部	
北満開拓地に於ける乳児死亡に就て（第一報）	村上賢三・秋元則雄	49-58	——	第五部	
ソ連の文献に見る室内最適温度	——	59	——	——	
開拓博物館に関する構想	小西俊夫	60-63	——	第二部	
洪水利用による肥培灌漑に就て	横田柏男	64-69	——	第三部	
耕耘機論（一）	薗村光雄	70-75	——	——	調査委嘱，農事試験場技佐
露西亜農家の調査（一）	ソ連衛生庁編，今井光雄・グリゴロヴィッチ共訳	76-116	——	第五部	
黒台信濃村土壌肥料調査：黒台信濃村の概況（一）	五十嵐淳浩・山口賢三	117-135	東安省密山県黒台信濃村	——	調査委託，北大農学部調査班
開拓地の工芸	四方義一郎	136-146	——	資料室	
資料：開拓村農業労賃調査	哈爾濱分所第一部研究室	147-151	三江省，東安省，北安省，龍江省	第一部	
新刊紹介		152-158			
近着寄贈資料目録		159-163			
編輯後記		164			
第5輯（康徳10（1943）年4月20日）					
アルカリ地帯に於ける土壌の乾湿と植物の生態	若林捨一	2-13	——	第四部	
満洲に於ける農機具に関する所見	森周六	14-24	新京市，哈爾濱市ほか	——	調査委託，九大教授
江州特殊生糸の生産配給組織（一）	小西俊夫	25-55	——	第二部	
渡満前夜（短歌）	天野耿彦	56-59	——	——	

142 第1部 中央の政策決定と実施

論題	著者	頁	調査地	担当	備考
千振に於ける開拓村構成と農家生活：千振街総合調査（一）	高倉新一郎	60-84	三江省樺川県千振村	——	調査委託，北大農学部調査班
黒台信濃村開拓協同組合調査：黒台信濃村の概況（二）	荒又操・花崎一郎・小笠原和夫	85-114	東安省密山県黒台信濃村	——	調査委託，北大助教授
露西亜農家の調査（二）	ソ連衛生庁編，今井光雄・グリゴロヴィッチ共訳	115-148	——	第五部	
新刊紹介		149-153			
開拓関係文献目録		154-163			
編輯後記		164			
第6輯（康徳10（1943）年9月25日）					
開拓地住居の環境：北安省通北県埼玉村に於ける調査	早川潔	2-28	北安省通北県埼玉村（老街基）	第二部	
黒河に於ける蕎麦の播種期及収穫期に関する研究	工藤澄志	29-39	黒河省	第四部	
江州特殊生糸の生産配給組織（二）	小西俊夫	40-53	——	第二部	
蘆粟に就て	阿部楢男	54-61	——	第四部	
北海道農家の生活を体験して	田口正信	62-72	北海道滞在記（1942年3月から1年間）	第一部	
露西亜農家の調査（三）	ソ連衛生庁編，今井光雄・グリゴロヴィッチ共訳	73-89	——	第五部	
ロシア料理（一）	石月蔚・デウシエワ・ラビヤ共訳	90-101	——	第五部	
千振に於ける農家経済調査：千振街総合調査（二）	鈴木浩・小倉次郎	102-131	三江省樺川県千振村	——	調査委託，北大農学部調査班

第 4 章　満洲国立開拓研究所の調査と研究　143

論題	著者	頁	調査地	担当	備考
千振に於ける家畜：千振街総合調査（三）	阿部公雄	132-143	三江省樺川県千振村	——	調査委託，北大農学部調査班
新刊紹介		144-148			
開拓関係文献目録		149-154			
開拓研究所出版物目録		155			
編輯後記		156			
第 7 輯（康徳 10（1943）年 11 月 31 日）					
千振郷建設の想出（其の一）	中村孝二郎	2-6	三江省樺川県千振村	副所長	
黒河地方の植物と其の利用	飯島連次郎・三浦守	7-38	黒河省黒河県，遜河県	——	
吉林省吉林県鮮農経済調査	香川隆一	39-51	吉林省吉林県天崗村官地屯	第一部	
東安省密山県満農経済調査	李樹標	52-69	東安省密山県密山街柳毛河区	第一部	
微衷（短歌）	天野耿彦	70-73	——	——	
江州特殊生糸の生産配給組織（三）	小西俊夫	74-86	——	第二部	
露西亜農家の調査（四・完）	ソ連衛生庁編，今井光雄・グリゴロヴィッチ共訳	87-109	——	第五部	
千振の土性：千振街総合調査（四）	下村徳治・鳥居精一	110-120	三江省樺川県千振村	——	調査委託，北大農学部調査班
千振に於ける耕種法及病虫害（康徳七年調査）：千振街総合調査（五）	河村幸次郎	121-134	三江省樺川県千振村	——	調査委託，北大農学部調査班
資料：安達アルカリ地帯農業経営方式及経営概況	羅錫勝	135-138	濱江省安達県興仁村（薩爾図），同興農村（安達），肇東県宋村	第一部	
資料：三江省樺川県地方原住民農業経営方式	李樹標	139	三江省樺川県	第一部	
新刊紹介		140-141			

144　第1部　中央の政策決定と実施

論題	著者	頁	調査地	担当	備考
開拓関係文献目録		142-149			
開拓研究所便り		150-151			
編輯後記		152			
第8輯（康徳11（1944）年2月29日）					
千振郷建設の想出（其の二）	中村孝二郎	2-8	三江省樺川県千振村	（所長）	
北海道畑作農家の経済に就て：開拓村千振との比較考察	田口正信	9-27	——	第一部	
耕耘機論（二）	薗村光雄	28-39	——	——	調査委嘱，農事試験場技佐
ウラルを越えて：十九世紀末より二十世紀初頭にわたるシベリヤ移民最盛期の概観	飯島連次郎・デウシエワ・ラビヤ共訳	40-47	——	第五部	
康徳八年度東安省開拓村農家経済調査：黒台村・西二道崗村	哈爾濱分所第一部研究室	48-75	東安省密山県黒台村，同西二道崗村	第一部	
樺太農業見聞記	田口正信	76-91	——	第一部	
千振に於ける作物栽培調査：千振街総合調査（六・完）	浦上正義	92-106	三江省樺川県千振村	——	調査委託，北大農学部調査班
農業労賃調査　康徳十年度	哈爾濱分所第一部研究室	108-130	三江省，東安省，龍江省，北安省，吉林省	第一部	
新刊紹介		131-137			
満洲開拓衛生文献目録	第五部	138-142	——	第五部	
開拓研究所便り		143			
編輯後記		144			
第9輯（康徳11（1944）年8月15日）					
千振郷建設の想出（其の三）	中村孝二郎	2-9	三江省樺川県千振村	所長	

論題	著者	頁	調査地	担当	備考
原住民部落に於ける家族及び人口に関する調査	草島文太郎	10-44	濱江省双城県廂紅四屯	第二部	満洲旗人集落，個別聴取調査は田広辰，趙興智，香川隆一による
開拓村建設の一構想	永友繁雄	45-52	——	第一部	
開拓村農業経営の特徴に就いて	坂本四郎	53-69	——	第一部	
開拓地と保健婦	高口保明	70-84	——	第五部	
三江省開拓村農家経済調査概要（康徳九年度）：弥栄村，千振街，熊本村，東北村	哈爾濱分所第一部研究室	85-128	三江省樺川県弥栄村，同千振街，鶴立県熊本村，同東北村	第一部	
新刊紹介		129-133			
開拓関係文献目録		134-152			
開拓研究所便り		153			
編輯後記		154			

出所：満洲国立開拓研究所（1941-1944）各輯目次より作成。

積極的創成」を掲げ［開拓総局総務処計画科 1940b, 11］，1941 年以降，本格的に北海道農法が導入されることになった。他方，「満洲開拓政策基本要綱」の審議過程にみられたように，橋本はこれを厳しく批判していた［玉 1985, 11-12］[14]。

　これを受けて，開拓研究所の一部の研究者も北海道農法の導入にはやや慎重な立場をとっていた。例えば永友（1941）は，北満開拓地における農業経営の合理化は満洲在来の主穀式経営から穀草式経営への転換にあるのであって，プラウ農法や畜力農具の導入はその目標に進むための一段階をなすもの，と限定的な評価を示している[15]。しかしその後，北海道農法が開拓地の農業経営の基本方針と目されていくなかで［本岡 1941b, 80］，1942 年 3 月には，研究士田口正信を北海道視察に派遣するなど［田口 1943；1944］，開拓研究所でも本格的に北海道農法の検討に取り組むことになる。

146　第1部　中央の政策決定と実施

　さらに，1942年半ば以降，円ブロック圏内の食糧自給が困難になるなかで，満洲開拓への要請は食糧増産に移っていくが［玉 2003, 452-453］，開拓研究所の研究からこうした時局の緊迫感はあまり感じられず，1943年12月，中村孝二郎の所長就任直後に開拓研究所が主催した篤農家座談会が初めて全面的に食糧増産をとりあげている。

　開拓研究所は「総合的研究」を目指し，その成果はさまざまな形式によって発表され，開拓民の指導にも還元された。しかし，その内容は必ずしも当時の政策と同じ方針に基づくものではなく，橋本らの移民経営方針の影響も受けていた。背景には，研究所の中心が新京から離れた哈爾濱分所にあったこともある。先の篤農家座談会で，宗光彦協和会開拓部会本部長が「研究所に立籠つた研究ではなくて生きた研究をなさる事が必要」だと指摘したことは［小西 1944, 4］，このことを示唆している。

Ⅲ　調査の現場から

　最後に，実際の調査から特徴的なものをみておきたい。

　第1に，農家経済調査がある。京大「大槻式簿記」の形式を採用した農家経済調査は，開拓研究所のもっとも標準的な調査となった。研究所資料第15〜18号，第23号，第27号のほか，『大陸開拓』にも多くの農家経済調査が掲載されている。

　例えば，小山内ほか（1941）は，開拓研究所員，開拓総局員計9人による吉林省舒蘭県水曲柳集合開拓団第1部落朝陽屯7戸の入植4年目における農家経済聴取調査報告である。「満洲調査機関聯合会農家経済調査分科会版の『農家経済簿』の様式に拠」って，下記項目の聴取調査を行った［小山内ほか 1941］。

・農家経済の基礎：家族の構成，農業従事家族及雇傭人，農家財産の構成，農業経営地の構成，耕地経営概況
・農家経済の決算：農家所得，家計費及家族負担家計費，農家経済余剰，農家年度内純財産増加額，財産価格変動に因る損益

第4章 満洲国立開拓研究所の調査と研究 147

・農家経済成果の構成：所得的収入の構成，所得的現金支出の構成[16]，所得的純収入，家計費の構成，財産的収入及支出
・農業経営の決算：農業粗収益，農業経営費，農業純収益，家畜頭数の増減，家畜の増殖及増加額

　項目ごとに調査内容がまとめられ，附録として団の概況と調査の集計方法，調査別表（集計表）が掲載されている。この調査では調査内容に対する分析，評価は示されていない。

　1941年度から，全満各地の主要開拓団でこの「農家経済簿に依る農家経済調査」が実施された。調査は「開拓村に於て比較的優秀な農家中より記帳能力あるものを村当局より推薦せしめ，1村5戸宛を選定し」，「調査農家に農家経済簿を記帳せしめ，その簿記を集計取纏める方法」を採用した。簿記は調聯版が用いられ，「集計取纏方法及用語等」はおおむね大槻正男『農家経済簿記』（1938年）によった［大槻1938］。しかし，「調査農家の記帳不慣」などによって，「集計取纏をなし得た農家」はいずれも予定を下回った［坂本ほか1942b，1-2；坂本1943，1][17]。

　開拓研究所の農家経済調査は，調査方法や集計表を掲載することによって調査の質の確保をはかった。しかし，集落全農家を対象とした臨時産業調査局の農村実態調査などとは対照的に[18]，集計戸数はきわめて少なかった。また大槻は「自計主義」を主張していたが，この方法では調査が簿記能力のある農家に限られ，記帳の放棄や不備もあった。

　これに対し，坂本ほか（1942a）は「康徳八年十二月十七日より同月二十二日に亘り，北安省通北県第六次五福堂開拓団に於て行ひたる農家経済聴取調査」であるが，調査は「開拓研究所開拓村聴取調査様式及農家経済聴取調査様式」によった。「開拓村聴取調査様式」によって団本部で村の概況を，「農家経済聴取調査様式」によって団内各部落から選定した「比較的優良なる農家」1〜2戸からその年の成績を聴き取った。本書では，まず調査成績を示したうえで，耕作面積の拡張，穀草式経営への転換，改良農法の普及などを提起している。この調査では，「簿記々帳農家は二十戸の内九戸にすぎ」ず［坂本ほか1942a，

148　第1部　中央の政策決定と実施

3]，簿記データを補充するため，あるいは簿記を利用する条件がない場合にこうした様式が用いられた[19]。

　これは中国人を対象とした農家経済調査でも同様である。羅・田（1941）は，「開拓研究所所定の『農家経済聴取調査様式』を以て現地に農家経済に関する一切の出来事を聴取する方法」をとった。調査にあたった研究士の羅錫勝，田広辰はともに中国人とみられるが，報告書は日本語で作成された。また日本人開拓民の調査は日本人が，中国人農民の調査は中国人が分担している。なお羅は，李樹標らとともに，日本人開拓民の農家経済調査にも参加している。こうした調査の分担は，雇傭労働力調査にもみられる。

　1940年代，労働力不足にともなう労賃の高騰は，開拓団経営最大の障害になっていた。開拓研究所は1941年6～7月，「主要開拓地及満系農村に於て」雇傭労働事情調査を実施している。調査は，「一定の聴取調査表に依つて開拓協同組合又は団本部に於て団長，農事指導員，勧業係等から聴取して記載」する方法をとった［永友ほか 1941，4］。開拓村の調査は永友ほか（1941），「満系農村」の調査は羅（1941）にそれぞれまとめられ[20]，両者は同じ構成になっている。

　日本人には中国人農家を調査する言語条件がなく，このことが中国人に調査方法を継承し，中国人研究士を養成することにつながった。中国人研究士のうち，田広辰については，中華人民共和国初期，東北人民政府農林部に勤務し，農業関連の文章を発表している同名の人物が確認できる［田 1951；1952；鐘・関・田 1951][21]。

　第2は，委嘱調査である。委嘱調査には大きく分けて，日本の研究者や技師による技術調査と大学研究室による総合調査の2種類があった。前者は，土壌や衛生，農業技術など，研究所の研究が比較的に弱かった特定の領域の補充・強化である。京大，北大など日本国内の帝大のほか，満洲国の大陸科学院や日本の農事試験場などに調査を委嘱している。

　ここでは，とくに後者の総合調査に注目したい。総合調査は帝大の研究室に委嘱され，各研究室は学生と教員によって調査班を編成した。1939年7～8月，

第4章　満洲国立開拓研究所の調査と研究　149

まず京大農学部の調査班によって永安屯開拓団調査が実施された[22]。しかし，この調査は「編成その他種々不備なる点多く，又初めての試であつたため之を総合的に整理報告すると云ふ事が非常に困難となり」，総合調査としての報告書は出されなかった［田口 1941b, 2][23]。

　翌年には，さらに東大，京大，北大の各農学部の「夏期休暇中の学生とその指導教官を以て」［京都帝国大学農学部第二調査班 1941］，弥栄，千振，瑞穂，哈達河[24]の4調査班が編成された。調査は1940年7月中旬から1カ月現地に滞在して実施された。京大は弥栄と瑞穂の調査隊を編成し，農学，農林生物，農林工学，農林経済の各学科の学生のほか，自然科学と経済の卒業生各1人が参加した［「北満開拓地総合調査座談会」1941］。学生らは植生などの自然科学事情，農家経済調査を主とする社会経済事情を分担して調査し，調査成績は研究所資料として刊行された［京都帝国大学農学部第二調査班 1941；京都帝国大学農学部第一調査班 1942］。弥栄の調査では研究所所員が校閲，訂正を行っている。また北大は千振の調査を担当し，『大陸開拓』に「千振街総合調査」（一）〜（六）を連載した［高倉 1943；鈴木・小倉 1943；阿部 1943；下村・鳥居 1943；河村 1943；浦上 1944］。内容は開拓村構成と農家生活，農家経済調査，家畜，土性，耕種法および病害虫，作物栽培に及んでいるが，調査方法が示されていないものもある。また東大は哈達河を担当したと思われるが，報告書は確認できない。

　一方で，こうした調査は学生の調査実習という側面をもっていた。調査後に開催された京大調査班の座談会では，調査のねらいを「開拓地の農業及び農村生活と云ふやうな所謂開拓地の実体を単に自然科学の立場からだけでなしに，経済的な視角からも明らかにし」，また「将来大陸に活躍したい希望を持つて居る学生諸君を動員してこの機会に大陸に関する認識をより深くしたい，そうして後日大陸に於て十分活躍される準備としたいと云ふような意図があつた」としている［「北満開拓地総合調査座談会」1941, 25］。すなわち，現地で調査経験を積んだ学生に，後の「外地」行政を担っていくことが期待されている。こうした大学研究室による総合調査は，1941年にも実施された［五十嵐・山

150　第1部　中央の政策決定と実施

口 1942；荒又ほか 1943］。

　また日本の大学に委嘱した調査には，東大医学部大陸衛生研究会による三河地方白系ロシア人調査がある。この調査には医学，薬学，建築学，農業経済学科の学生が参加し，衣食住など生活様式全般を調査した。「北満極寒地」で「最も経験に富んでゐる」白系ロシア人の調査によって，「日本人が現地に馴化適応する」ことをはかった［東京帝国大学医学部大陸衛生研究会第二回三河調査班 1941］。このように満洲移民の先駆者として白系ロシア人に注目する傾向は，研究所資料第21号，第30号や『大陸開拓』に掲載されたいくつかの翻訳にもみられる。

　以上のように，開拓研究所は農家経済調査を導入し，満洲の開拓地はこの調査を実践する場となった。現地調査の方法は中国人研究士に継承され，日本の帝大学生にもフィールドが提供された。

　研究所の調査の主眼は日本人開拓民の農業経営の確立にあり，中国人農家に対する調査はそのための基礎データを与えるものとなった。坂本（1944b）は，雇用労働力依存，穀作中心の満洲在来農法が北満には適さないとしたうえで，北海道農家，日本人開拓民農家，中国人農家の農家経済調査を比較検討し，次のように指摘している。第1に，日本人開拓民農家は穀作比率が高く，一人当耕地面積が狭小で，満洲在来農業，日本集約農業のいずれからも脱却できていない。第2に，家畜は増加しているが，飼料の自給には至らず，北海道農家の長所も吸収できていない。プラウの導入によって北海道の農耕技術は普及しつつあるが，農業経営でも北満の自然，経済条件にあわせて養畜部門を増強し，穀草式農業経営をとるべきだとする。

　開拓研究所における農家経済調査の分析では，満洲在来農法に対する評価は低く，また日本人開拓民が導入すべき北海道農法の利点はプラウ農法ではなく，穀草式農業経営にあるとされた。

むすび

　満洲国の崩壊によって，開拓研究所も実質的に廃止となった。所員は「苦難多き一ヶ年を現地に過し」［小西 1965，762］，新京本所は 1946 年に進駐してきた国民政府軍に接収された［中村 1973，167］。また応召や引揚げの途中に，草島文太郎，四方義一郎ら数人の所員が犠牲になった。

　開拓研究所は，満洲国で開拓政策が国策とされ，その体制が整えられていくなかで，「総合的且実践的研究」を目指して設立された。満洲国各部局や大学との兼務制によって，開拓行政を支える機能を与えられ，既設機関との連携がはかられた。

　同時に，その研究は初代所長橋本の思想に規定される側面をもっていた。橋本は満洲開拓の意義を日本農村の救済に置き，「民族協和」は不可能とする立場をとった。開拓研究所は京大農学部を卒業した若手研究者を受け入れ，「京大式簿記」による農家経済調査を実践した。この方法は現地住民の調査にも用いられ，それらは満洲在来農法を評価する根拠としても用いられた。開拓研究所は政策研究機関としてのみならず，京大農業経済学の実践の場としても機能したといえる。

　しかし，すでにみたように，北海道農法の導入を推進した政策担当者と，それに慎重だった開拓研究所の一部の所員では，同農法に対する評価は異なっていた。また簿記能力の制約から，開拓研究所の農家経済調査の調査対象は限定的なものであった。

　注
（1）　なお山本晴彦（2013）は，満洲における農事試験場の組織や職員，研究成果の基礎データを集積するなかで，開拓研究所の組織と研究活動についても整理している。
（2）　暉峻は白系ロシア人や中国人，朝鮮人など「北満開拓の先駆者」を研究対象と

152　第1部　中央の政策決定と実施

　　　し，日本人開拓民の入植と定着に寄与させようとしたが，この方針には「関係者
　　　の一部から反対もあつた」［暉峻 1942, 56］。また閉鎖後，暉峻は開拓総局総務
　　　処長向野元生の要請を受けて，1942 年 9 月，吉林省舒蘭県郡上開拓団内に満洲
　　　開拓科学研究所を開設し，開拓団の健康・生活の指導にあたった［鈴木 1967,
　　　158-159；大出 2014, 202-203］。

（3）　同案は，1 月の日鮮満移民各関係機関懇談会に提出された「移植民総合科学研
　　　究機関設置要綱案」の「移植民」が「開拓」に変更されたほかは，すべてこれと
　　　同じ内容である。

（4）　橋本（1932）は「昭和七年九月満州移民発展策ニ関シテ軍部ヨリ卑見ヲ徴セラ
　　　レタルニ対シ執筆供覧セルモノヲ改メテ謄写ニ附シタ」ものである。

（5）　『農業と経済』は，農業実務の増加にともなって，学会専門雑誌ではなく，時
　　　事問題にも触れた，「町村や農会の技術員にも自由に気軽に研究の成果や意見を
　　　発表」できる雑誌を目指して創刊された［橋本 1973, 439-443］。第 3 巻第 3 号
　　　（1936 年）では「満洲農業移民の実際を聞く」という特集が組まれている。

（6）　1943 年 11 月，新発路に移転する［満洲国立開拓研究所 1944, 2］。

（7）　勅令第 176 号「開拓研究所官制」『政府公報』第 1845 号，康徳 7（1940）年 6
　　　月 20 日，478-479。

（8）　日本で採用された所員の着任は「日満両国をめぐる多くの政府機関を経由した
　　　ため」に 1 年近くを要した［小西 1965, 760］。

（9）　橋本の退任について，所員は「戦況の悪化に伴い，内地と満洲の交通は殆んど
　　　杜絶することとなり，先生の渡満も不可能になって行った」ためと説明している
　　　［小西 1987, 97］。

（10）　中村は，1890 年生，1915 年東大［農科大学］農学科卒業後，農商務省農務局
　　　嘱託などを経て，1932 年拓務技師，1937 年満拓公社理事，1942 年 12 月より開
　　　拓研究所副所長［満蒙資料協会 1943, 216］。

（11）　『大陸開拓』には，調聯農家経済調査分科会版『農家経済簿』の広告が掲載さ
　　　れている。調聯は 1936 年 3 月に設立された在満各研究機関の連絡組織である。

（12）　永友は，大槻正男と共著で「農家経済簿記」を発表し［大槻・永友 1935a；
　　　1935b；1935c；1935d］，1939 年 5 月の農家経済調査分科会では「総合集計表」
　　　の解説を行っている［満鉄新京支社調査室 1941, 81-82］。また満鉄や満洲国興
　　　農部などでも農家経済調査を実施している。満洲における農家経済調査について

第 4 章　満洲国立開拓研究所の調査と研究　153

は中兼（1981）が詳しい。

(13)　1941 年 12 月 7〜8 日，哈爾濱分所で第 2 回開拓研究会が開催され，開拓団長，訓練所長各数人のほか，開拓総局，満拓公社，訓練本部，実験農場などから関係者が出席した［田口 1942，53-54］。

(14)　こうした評価は，橋本傳左衛門・京都帝国大学農学部本誌編集委員その他学生（1938）にもみられる。北海道農法の導入をめぐって，『帝国農会報』で展開された開拓総局技佐安田泰次郎と京大農経教室本岡武の論争は，同農法を推進する政策担当者と橋本ら京大派の立場の違いを象徴している［本岡 1940；1941a；安田 1941］。なお安田は開拓研究所副研究官を兼任していた。また本岡（1941b）は，同年までの北海道農法をめぐる議論を手際よくまとめている。

(15)　主穀式は「禾穀作と萩穀作の交替的栽培を営む方式」，穀草式は「禾穀作の外に飼料作物を栽培し草地を有して家畜飼養を営む方式」である［永友 1941，13］。

(16)　「所得的収入」または「所得的支出」は，「家計費を除く流動財及用役に関する取引，公租公課，贈与関係等」を指す［坂本 1944a，7-8］。

(17)　集計が難航したことは，以下からも推測できる。「調査農家は従来農家経済簿の記帳経験のないものが多数であり，且経験があつたとしても本調査に用ひた帳簿の様式に対しては未経験であつた為，調査開始前に記帳方法に関する講習を各村共 3 日間に亘つて実施した。尚調査期間中所員を 3 回派遣して記帳督励に当らしめた。この指導督励の不充分な為記帳中絶者を若干出し，且調査農家の記帳不慣もあつて若干不完全と思はれる帳簿もあつたが努めて原簿に忠実に訂正を加へて集計した」［坂本ほか 1942b，2］。なお同年度の調査のうち，資料が刊行されたのは，三江省［坂本ほか 1942b］，北安，龍江省［坂本 1943］，東安省［哈爾濱分所第一部研究室 1944a］である。また 1942 年度の調査資料で刊行が確認できるのは，三江省［哈爾濱分所第一部研究室 1944b］のみである。

(18)　臨時産業調査局の農村実態調査については，中兼（1981）を参照のこと。

(19)　同種の聴取調査に，坂本（1941）がある。なお 1944 年には，指導資料として「農家経済簿」の集計方法の解説が刊行されている［坂本 1944a］。

(20)　羅（1941）は，開拓研究所所定「雇傭労働事情調査項目」によったとしている。

(21)　また 1950 年 5 月，北京中南海で開催された「新式農具展覧」には東北の新式農機具が展示され，田広辰が担当者として参加している［農業部農業機械化管理司 2009，1-4］。

154　第1部　中央の政策決定と実施

（22）　講師，助手，学生6人による農業総合調査。野外植物の採集分類，昆虫の採集
分類，作物関係，土質水質関係，農業経済関係の5部門の調査を実施した［田
口 1941b, 1-2］。

（23）　その後，所員の田口正信が補足調査を実施し，農業経済に関しては報告書が刊
行された［田口 1941b］。

（24）　第一次弥栄村開拓団（三江省樺川県），第二次千振村開拓団（同前），第三次瑞
穂村開拓団（北安省綏稜県），第四次哈達河村開拓団（東安省密山県）。

第2部　地域における政策展開

第5章　日本人移民の入植と地域の抵抗
——三江省樺川県の事例から

は じ め に

すでにみたように，1932年，吉林省樺川県永豊鎮に第1次試験移民，翌年，同依蘭県七虎力に第2次試験移民が入植し，1934年3月9日，両移民団の入植地に近い依蘭県土龍山で地域住民による武装蜂起が起こった。事件の発端となったのは，関東軍が1934年1月に吉林省樺川・依蘭・勃利・密山・虎林の各県で着手した100万町歩の移民用地取得であった。

事件直後の1934年5月，関東軍参謀長菱刈隆は「佳木斯特別移民地は現在全く行詰りの状態にあり」と報告している。しかし，「移住者全部を帰国せしむる」ことは，「本移住地を建設せる拓務省及之に関与せる関東軍の面目威信に関する」だけでなく，「満洲移民は望み無しとする一部の議論を裏書する」ことになるとし［菱刈大使 1934c］，関東軍は大規模な軍事「討伐」を行って事態を収拾させるとともに，移民用地取得の方法を変更した。

土龍山事件はすでに多くの研究でとりあげられてきた。日本人移民を反満抗日運動との関係から論じた山田（1962a；1962b；1962c；1962d）や浅田（1973）は，「治安維持」を目的として入植した日本人農業移民が，逆に土龍山事件のような「治安悪化」を醸成し，事件によって移民政策は深刻な打撃を受けたとした。また田中（1976）は，中国共産党の路線転換とあいまって，土龍山事件がトータルな反満抗日運動に発展していったとした[1]。他方で，日本は1936年8月に二十カ年百万戸送出計画を国策とし，以後，土地の取得はさらに大規模に進められていった。

本章では，移民政策の転換点となった初期の移民用地買収と土龍山事件に象徴される地域の反応を，樺川県（現黒龍江省佳木斯市樺南県）の事例から検討す

158　第2部　地域における政策展開

る。北満に位置する樺川県は「満洲開拓民発祥の地」であり［満洲開拓史復刊委員会 1980, 544］，移民の入植が集中した地域であった。ここではまず，県の概況を確認したうえで，関東軍の移民用地買収に対する地域の反応，この反応を受けての用地買収の変更，その後の政策展開についてみる。

　資料は，おもに以下の2点による。三江省民政庁行政科（1935）は，用地買収業務を担当した現地行政機関の報告書である。また，外務省記録「本邦移民関係雑件　満洲国ノ部」（J.1.2.0.J2-23）には，在満日本領事館が外務省に送った土龍山事件の経過報告がまとまって収められている。

I　県の概況

　樺川県があった現黒龍江省東北部一帯は，黒龍江・烏蘇里江・松花江が交差することから三江平原と呼ばれ，かつて「北大荒」といわれた広大な荒地が広がっていた。樺川県は松花江に沿って哈爾濱の東約300キロメートルに位置し，県の北に松花江，南西にその支流の倭墾河が流れ，南部は丘陵状の山が連なる山岳地帯であった【図5-1】。満洲国初期には吉林省に属していたが，1934年7月，樺川県を含む東部14県が分離され，三江省が新設された。

　三江地域では，清の雍正年間，三姓に副都統が設置され，八旗が組織された。その後，ロシアの極東進出にともなって，1870年代以降，三姓はハバロフスクへの交易拠点として成長した。同時期に実施された官有地の払い下げとあいまって，人口の流入が始まった［荒武 2008，第3章］。樺川県では，1880年の土龍山に次ぎ，1892年に佳木斯付近で，また1894年頃に悦来鎮（樺川）の近くで小作人を招致して開墾が始まった［国務院実業部臨時産業調査局 1936a，254］。

　1900年代，中東鉄道の開通によって移民はさらに増加した。松花江によるロシア向貿易に加え，哈爾濱向貿易が開始されたことも刺激となって，後背地の開発も進んだ［国務院実業部臨時産業調査局 1936a，254］。1902年以降，吉林全省で官有荒地の払い下げが実施され，依蘭府(2)では1909年11月までに11万晌の荒地が払い下げられた。しかし，「大段払下者が多」く，「これ等の多く

第5章　日本人移民の入植と地域の抵抗　159

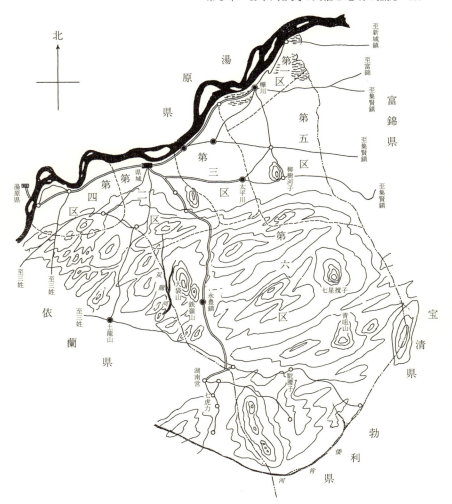

図 5-1　樺川県地図
出所：満洲国実業部臨時産業局（1936a）より作成。

160　第2部　地域における政策展開

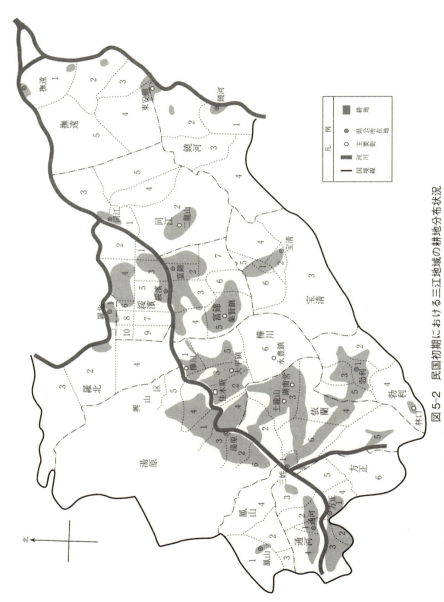

図5-2　民国初期における三江地域の耕地分布状況

出所：佳木斯農事試験場（1937）より作成。

は地価の騰貴を待って転売又は分割により利を貪る」のみで，開墾は進まなかった［佳木斯農事試験場 1937，11］。

　わずかに進んだ開発は，大きく自作農によるものと商業資本によるものに分けられる。前者の一部は地主化し，後者には，油房（大豆加工業），焼鍋（酒造業）などの小規模資本による地主経営，都市商業資本の合資による開拓会社経営，朝鮮人小作による水田経営があった［佳木斯農事試験場 1937，20-29］。すなわちこの地域の開発は，大規模土地所有と大量の小作人の存在に特徴があった。民国初期には，三江地域では，依蘭・佳木斯・樺川など松花江沿いの一部で開発が進められたが，奥地ではほとんど進んでいなかった【図5-2】。

II　関東軍の介入と地域の反応

1.　関東軍による大量移民用地買収

　1931年9月18日，奉天郊外，柳条湖での鉄道爆破事件を機に，関東軍は中国東北地域に対する軍事占領工作を開始した。事変直後には第2師団の主力が吉林に進撃し，吉林省代理主席熙洽は無条件降伏した。吉林軍は「吉林剿匪軍」に改編された。他方，丁超や李杜[3]ら旧吉林軍の一部は「吉林剿匪軍」に抵抗し，その勢力は約2万人に達した［満洲国軍刊行委員会 1970，91］。三江地域の治安は一気に悪化し，土地を放棄する者が増加して，「土地制度，土地所有関係，地代関係はあくまで紊乱」した［南満洲鉄道株式会社経済調査会 1935a，6-21］。

　これに対し，この時期，「吉林剿匪軍」顧問として佳木斯附近の「討匪」活動にあたっていた東宮鉄男は，関東軍に日本人屯墾隊の実施を具申した。1932年9月，在郷軍人からなる拓務省第1次特別農業移民約500人が渡満し，吉林屯墾第1大隊として「吉林剿匪軍」に編入され，佳木斯の警備にあたった［拓政司第一科 1936，110-111］。

　すでに1932年4月には，第10師団が派遣され，吉林省の「討伐」にあたっ

162　第 2 部　地域における政策展開

ていた。三江地域では，李杜，丁超による反満抗日活動が拡大しており，同年 12 月以降，第 10 師団と「吉林剿匪軍」は集中的にこれを攻撃した。李杜は密山からソ連領に逃亡し，丁超は翌年 1 月に投降した［満洲国軍刊行委員会 1970, 91–92]。

　1933 年 3 月，移民団は佳木斯の警備を離れ，樺川県永豊鎮に入植した。拓務省の移住適地調査は，この地域を地味肥沃で地価は極めて廉く，「移民地トシテ最適」であるとしていた［拓務省拓務局東亜課 1932]。さらに翌年 7 月 25 日，第 2 次移民約 500 人が依蘭県七虎力に入植し，吉林屯墾第 2 大隊として「吉林剿匪軍」に編入された。入植地は七虎力河両岸で［拓政司第一科 1936, 116]，将来は水稲も有望であるとされた［拓務省拓務局東亜課 1932]。

　反「吉林剿匪軍」の主力は壊滅させられたものの，移民団の入植当時はいまだ各勢力による襲撃が頻発し，附近の地主や住民の一部は避難していた［拓政司第一科 1936, 112]。拓務省の調査によると，樺川地区では，事変後の「匪害」と 1932 年の洪水のために，大部分の地主が土地売却を希望していたという［拓務省拓務局東亜課 1932]。関東軍はこの機に乗じて，さらなる移民用地取得に着手した。

　1934 年 1 月 23 日，第 10 師団は会議を開催し，「将来ノ内地移民収容ヲ目的トシ」，密山県内の 80 万町歩（以下，密山地区），および佳木斯附近，樺川・依蘭・勃利の 3 県にまたがる地域の 20 万町歩（以下，依蘭地区）を満鉄資金 200 万円によって東亜勧業に買収させる計画をたてた［森島総領事 1934a]。この会議では農地買収委員会が組織され，加納豊寿参謀が委員長に，師団，関東軍司令部，拓務省，東亜勧業，在哈爾濱日本総領事館などの関係者が委員に就任した［三江省民政庁行政科 1935, 67–68]。また密山・依蘭に現地工作班が組織された。

　依蘭地区工作班は，2 月 5 日，佳木斯で樺川・勃利・依蘭 3 県連合土地買収会議を開催し，満洲国側から 3 県の県長，参事官や県の士紳らが参加した。工作班は荒地だけではなく，熟地も買収するとし，また富錦・宝清両県の一部をも買収するとし【表 5-1】，満洲国側は当惑した。しかし，2 月中旬には現地で

第5章　日本人移民の入植と地域の抵抗　163

表5-1　吉林省6県における関東軍移民用地買収予定面積

県名	総面積（晌）	可耕地面積（晌）(A)		軍案買収面積（晌）(B)		比率（%）(B/A)	買収区
依蘭県	1,701,000	熟地	107,000	熟地	73,926	69.1	第2，3，4区全部
		荒地	300,000	荒地	281,147	93.7	
		合計	407,000	合計	355,073	87.2	
樺川県	1,260,000	熟地	200,000	熟地	21,662	10.8	第6区（永豊，履安，久泰，養正区全部）
		荒地	216,091	荒地	143,015	66.2	
		合計	416,091	合計	164,677	39.6	
勃利県	972,000	熟地	44,483	熟地	50,880	114.4	県城付近を除いて全部
		荒地	176,000	荒地	162,692	92.4	
		合計	220,483	合計	213,572	96.9	
密山県	1,530,000	熟地	67,500	熟地	28,652	42.4	第2，4，5区の全部，第6区の大部分
		荒地	864,000	荒地	380,835	44.1	
		合計	931,500	合計	409,487	44.0	
宝清県	1,458,000	熟地	32,200	熟地	5,081	15.8	第2，3区
		荒地	397,300	荒地	397,300	100.0	
		合計	429,500	合計	402,381	93.7	
虎林県	1,388,250	熟地	6,000	熟地	2,036	33.9	密山県から作木崗に至る七虎力河以南小穆稜以北
		荒地	340,000	荒地	105,249	31.0	
		合計	346,000	合計	107,285	31.0	
富錦県	——		——		——	——	第5，6区
総計	8,309,250		2,750,574		1,652,475	58.4	

出所：三江省民政庁行政科（1935，63-67）より作成。
注：1934年3月18日吉林省公署調べ。比率，合計，総計は再計算し，原資料の誤りを訂正した。宝清・富錦両県は後日買収地の拡大をはかって含まれたもの。ただし，勃利県で熟地の買収予定面積の比率が100パーセントを超えるなど，数字に矛盾もみられる。

　地券の回収が開始され，買収予定地の縮小，変更はなされなかった［三江省民政庁行政科 1935，69-71］。

　満洲国初期，関東軍は三江地域で「治安維持」のために日本人移民を入植させ，さらに大規模な移民用地取得を進めた。これは，「治安悪化」による住民の逃亡という，土地所有の一時的な混乱をついて実施されたものであった。この過程では地域への影響は考慮されなかった。

164 第2部 地域における政策展開

2. 土龍山事件の勃発と反満抗日運動

　買収の情報が伝わると，各地の対応はさまざまであった。依蘭県では保甲長や地主，富農らが連絡をとりあい，武器を準備して軍の地券回収に備えた［葉ほか 1986，6-7］。当時，依蘭県は周辺ではもっとも開発が進んでいた。またこの時期，治安維持会は民間銃器の回収を実施していた。治安が悪化するなかで，現地住民は土地のみならず，「匪賊」に対する自衛能力をも失う危機に直面していた。

　1934 年 3 月 8 日，用地取得に反対した依蘭県土龍山区第 5 保（八虎力）の保董（保長）謝文東[4]，甲長景振卿らは武装蜂起し，2000 人あまりの住民もこれに参加した。蜂起勢力は土龍山街（太平鎮）になだれ込み，9 日に警察署を武装解除した。10 日，状況視察のため現地に向かった飯塚朝吾第 63 連隊長らは，途中，土龍山の東約 20 キロメートルの王家油房で蜂起勢力に包囲，襲撃され，飯塚を含む多くの死傷者を出した［亜細亜局第三課 1934］。

　連隊長の戦死は，関東軍の威信をゆるがした。依蘭駐屯第 63 連隊の主力は満洲国軍とともに土龍山に出動し，11 日に蜂起勢力を撃退した［菱刈大使 1934a］。12 日，太平鎮を撤退した蜂起勢力は部隊を総司令謝文東，総指揮景振卿とする「民衆救国軍」（以下，救国軍とする）に改編し，附近の住民も合流した［葉ほか 1986，12-13］。これに対し，湯原駐屯騎兵第 10 連隊と哈爾濱の飛行機数機は陸と空から攻撃した。当初，軍側はこの事件を「絶対極秘」とし，一切の報道を規制した［菱刈大使 1934a］。

　3 月 17 日，討伐隊は東溝子で救国軍と衝突し，これを撃破した。19 日には地元保董の密告を受け，九里六に逃れた救国軍の一部と激戦した［在満洲国特命全権大使菱刈隆 1934b；葉ほか 1986，13-15］。救国軍の主力は永豊鎮東の山地に逃れたが，討伐隊はこの屯の「戦場清掃」（全屯民を殺害し，家屋を廃墟とする）を行った［「聯合外信第 3 号」1934］。

　その後，依蘭・勃利・宝清・富錦各県は，「平穏にして民心安定して」いったとされる［「聯合外信第 3 号」1934］。一方で救国軍は 4 月 10 日に第 1 次移民

第5章　日本人移民の入植と地域の抵抗　165

団を，23日に駝腰子金鉱を襲撃し，部隊を4000人あまりに拡大させた［葉ほか 1986, 17］。5月1日には湖南営に避難していた第2次移民団を包囲した。

　しかしその後，日本軍の「討伐」が進み，また春耕期を前に離脱者が増え［日小田三姓警察分署長 1934］，救国軍は軍事的に追いつめられていった。10月には第3師団が冬季「討伐」を開始し，部隊はさらに壊滅的な打撃を受けた。同月半ば，謝文東はわずか10数人の部下を率いて依蘭県の山中に逃れ［葉ほか 1986, 22-26］，ここに事件は一応の収束を迎えた。

　すでに指摘されているように，この事件の背景には移民用地買収があった。すなわち，「買収価格著シク低廉（一晌当平均国幣一円）ニシテ恰モ土地ヲ没収スルカ如キ感ヲ与」えた［亜細亜局第三課 1934］(5)。また，「買収ニ伴ヒ地券ヲ回収シタル結果地券ヲ担保トスル金融ノ途」が「閉塞」され，農民の不満は「将来ノ日本移民来住シ土地家屋ヲ占拠シ原住満洲人ハ追放セラル可シ等ノ流言」となって広がった［亜細亜局第三課 1934］。

　同時に，この地域は旧吉林軍李杜の拠点であり，李華堂，祁致中らの勢力がねばり強く抵抗していた。事件後には，李杜の配下にあった周雅山が部隊に合流し，謝文東に指示を与えている。また，李延禄(6)や佳木斯・饒密遊撃隊など中国共産党の勢力も事件前後から謝文東らと接触していた。

　すでに1933年1月，「一・二六指示（1月書簡）」によって，東北における中国共産党の抗日運動は「反日統一戦線」への転換がはかられつつあったが［西村 1984, 288-290］，翌年2月には，上海臨時中央局から満洲省委に対しこれを修正する指示が出され［李良志 1990, 242-243］，事件当時，東北の各党組織では，謝ら「豪紳地主」に対する方針が二転三転していた(7)。また1935年3月には，窮地に陥った謝文東が李華堂，祁致中らとともに東北抗日聯軍第3軍と接触しているが［葉ほか 1986, 27-29］，謝らも東北抗日聯軍への編入には消極的であったという［中共勃利県委 1935, 52-55］。すなわち中共との接触はあったが，事件を「共産土匪ノ襲撃」とする関東軍の判断は［在満洲国特命全権大使菱刈隆 1934a］，過剰であったといわざるをえない。

　以上のように，土龍山事件は在地有力者層が主導する地域の武装蜂起であっ

166　第2部　地域における政策展開

たとみるべきである。住民の支持を得て事件は一時急速に拡大したが，関東軍の軍事「討伐」が進むなかで，中国共産党は効果的な対応がとれず，事件は短期間で収束した。

Ⅲ　初期移民政策の転換

1.　関東軍の方針転換と満洲国の対応

　事件の知らせは，哈爾濱の民政部辦事処から満洲国政府中央にも通知された。政府側は三浦碌郎吉林省総務庁長らに調査を命じ，状況把握につとめ，「移民地商租事務ヲ軍買収班ヨリ満洲国ニ引継ギ，政府ニ於テ人民ノ立場ヲ充分ニ考慮シテ之ガ円満ナル解決ヲ期」したいとした［三江省民政庁行政科 1935, 74-75］。

　この動きを受けて，1934年3月26日，関東軍特務部は会議を招集した。会議には第10師団参謀長加納豊寿，経理部長木崎求男らが出席し，土地買収の経過が説明された。このときすでに第10師団が回収した地券は2万数千枚，地券面積は100万晌以上に達していた。第10師団は早急に買収価格を決定して支払いを終えたいとし，熟地一晌あたり10円，荒地一晌あたり1円とすることで，初日の会議を終えた［菱刈大使 1934b］。

　27日以降，満洲国側の関係者を加えて協議が続けられた。第10師団は同年4月末に日本へ帰還交代することが決まっていたため［森島総領事 1934b］，協議は買収事務を満洲国に移管する方向で進んだ。第10師団は価格を決定した上で移管することを主張し，満洲国は白紙での引継ぎを希望した［菱刈大使 1934b］。

　1934年3月29日，関東軍は「吉林省東北部移民地買収実施要綱」を決定し，「吉林省東北部ニ於テ日本人移民用地トシテ第十師団実施中ノ土地買収事務ニ対シ満洲国ハ一層積極的援助ヲ与ヘ同師団ノ交代帰還ニ伴ヒ速ニ之ヲ満洲国ヲ主体トスル機関ニ継承ス」るとした。この業務に対応するため，満洲国では中央に中央連絡会，省に哈爾濱事務処，依蘭と密山に現地工作部を設置した。吉

第5章　日本人移民の入植と地域の抵抗　167

林省総務庁長三浦碌郎が哈爾濱事務処長と依蘭の工作部長を兼任し，国都建設
局総務処長であった結城清太郎が密山の工作部長となった［在満洲国特命全権大
使菱刈隆 1934c］。

　当時，密山地区は比較的平穏であったが，依蘭地区の情勢は不安定であった。
4月初旬，結城や実業部技正井上実ら密山工作部は軍の既収集地券を引継ぎ
［水野ほか 1965, 150-151］，価格を一等地一晌あたり 18 円，二等地 15 円，荒地
2 円，未升科熟地[8] 10 円に引き上げ，買収地を密山県 100 万町歩，虎林県 10
余万町歩の約 120 万町歩とした［森島総領事 1934c］。地元有力者の協力を得て
［水野ほか 1965, 150-151］，買収は円滑に進んだ。

　5月以降，三浦や吉林省農務科長田中孫平らの依蘭工作部も地券を引継ぎ，
密山地区と同じ条件で地価の支払いを開始した［三江省民政庁行政科 1935, 85-
89］。しかし，襲撃を受けて支払いを一時中止するなど，買収業務は順調では
なかった。

　こうしたなか，依蘭では協和会山口重次を中心とする宣撫班が設置された
［三江省民政庁行政科 1935, 88］。山口は，謝文東が李杜の残兵を集めて反乱した
「純然タル抗日反満匪賊」で，地主のなかには「皇軍」駐在地に避難する者も
いたとし［満洲国協和会中央事務局次長山口重次 1934］，事件の背景には県長の汚
職があったとした［山口 1973, 322-323］。また，買収を中止した依蘭県でも土
地売却を希望する地主がいるとしており［満洲国協和会中央事務局次長山口重
次 1934］，土地買収に対する住民の反応も一様ではなかった。

　依蘭地区の各県では，既集地券に対する土地代金支払い完了後，県長を委員
長とする商租善後委員会が組織された。依蘭工作部は買収事務をこれらに引継
ぎ，7月5日，関係書類を哈爾濱連絡処に移して解散した［三江省民政庁行政
科 1935, 90-91］。

　樺川県では，5月28日に商租善後委員会が成立し，6月16日に工作部の業
務を引き継いだ。すでに4月29日には土地買収価格が提示されていたが，地
主側の合意が得られなかった。5月24日，荒地に若干の増額をし，農民救済
方法を示すなどして，ようやく土地協定が成立した。委員会は土地の査定や補

168　第2部　地域における政策展開

給金の支払い，各種調査を行って，1935年5月23日，地価支払いやその他の
付随事項を完了して解散した［三江省民政庁行政科 1935, 91-93, 130-133, 137-
160］。

　1934年10月1日，満洲国中央連絡委員会は東北商租地善後方策会議を開催
し，「東北商租地善後要綱ニ関スル決議」によってこの土地買収業務を総括し
た［「調査事項」1935］。その後，満洲国は1935年7月末までにすでに集めた地
券に対する地価の支払いをほぼ完了し，12月に設立された満拓会社に買収事
務を引継いだ。この間，126万晌あまりの用地を買収し，支払われた地価は
428万円あまりに達した［国務院民政部 1936, 183］。

　土龍山事件に対して関東軍が実施した軍事「討伐」は，事態をますます悪化
させた。これに対し，満洲国は事件の発端となった移民用地買収の業務を引き
継ぎ，条件に譲歩を加えて買収を完了させた。

2.　買収用地の状況

　満洲国による業務引継ぎを経て，1935年の上半期頃までに樺川・勃利・宝
清・密山・虎林の5県で約17万晌，計画の約63パーセントの用地買収が完了
した【表5-2】。開発の遅れていた密山・虎林両県で取得面積が拡大され，事
件が発生した依蘭県は対象から外された［「調査事項」1935］。樺川・勃利・宝清
の3県では取得業務が継続されていた。また買収価格は，熟地のうち一等地は
一晌あたり18円，二等地15円，荒地2円へと大幅に引きあげられ，未升科熟
地には一晌あたり8円が追加された。これらの差額は補給金として満洲国が負
担した。

　満洲国はこうした買収業務引継ぎの過程で，住民に対するさまざまな救済措
置をとった。第1に，密山地区では，地権者に「土地買戻票」を発給し，被買
収面積に応じて一定面積を自家用に保留させる買戻の措置がとられた［水野ほ
か 1965, 151］。第2に，依蘭・密山両地区では，住民に移転地を保証する換地
が認められた。第3に，遺失地券に対しては失照手続きを行い，地価の支払い
を保証した。しかし，虚偽と疑われる申請が多く，民政部に地券提出済のもの

第5章　日本人移民の入植と地域の抵抗　169

表5-2　樺川・勃利・宝清・密山・虎林各県における土地買収面積

(単位：晌)

県名	熟地	荒地	総面積
樺川県	14,152	71,041	85,193
勃利県	8,259	29,008	37,267
宝清県	12,522	210,051	222,573
密山県・虎林県	140,401	569,222	709,623
計	175,334	879,322	1,054,656

出所：「調査事項」（1935）より作成。
注：地券面積による。

が小作人から遺失地券として申請されることもあったという［三江省民政庁行政科 1935, 150-152］。第4に，戸口調査を実施して，1年以上居住する住民に現住証明書を発給した［三江省民政庁行政科 1935, 154-155］。

　樺川県では，交通不便で治安の悪かった履安，養正区には住民はほとんどおらず，「半農半匪ノ如キ住民ガ僅カニ数戸存在スルノミ」であった。また，依蘭県境に接する永豊区鉄嶺河付近には10数戸があったが，脱税するために言を左右にして県境が判然とせず，「兵匪ノ横行地帯ナレバ又調査不可能」であった［三江省民政庁行政科 1935, 154-155］。さらに，同区で申請された荒地中の熟地（未升科熟地）面積は通算2万8678晌となったが，これは県公署が調査した耕地総面積を3倍近く上回っていた。県側は予定面積を30パーセント増加する1万3732晌を認め，住民側の譲歩を得た［三江省民政庁行政科 1935, 140-141］。同県における東亜勧業の地価支払額が15万8787円であったのに対し，満洲国が負担した補給金は30万2532円に達した［三江省民政庁行政科 1935, 159］。住民との交渉のなかで，満洲国は買収価格の約2倍の補給金を負担することになった。

　満洲国は用地取得に際し，さまざまな住民救済措置をとった。他方，住民側は不合理な土地買収に直面し，交渉の場で自らの利益を最大限に確保しようとした。謝文東勢力への軍事「討伐」が進むなか，満洲国は用地買収を円滑に進めるために，住民に対する譲歩によってその取り込みをはかった。

　以上のように，関東軍が圧倒的な軍事力によって進めようとした大規模な移

170　第2部　地域における政策展開

民用地買収計画は，「関東軍従来ノ方針ヲ改メ土地買収ハ殆ド土民ノ生活ニ関係ナキ荒地ノ一部ヲ入手スルニ留メ他ノ地帯ハ全部返ス卜同時ニ見舞金救済金等ヲ与ヘ茲ニ事件ヲ泰山鳴動シテ多数ノ犠牲者ト土地ノ荒廃ト関東軍威信ノ失墜ヲ伴ヒテ一段落」した［駐満海参謀長 1934］。

IV　移民政策の展開

1. 移民用地取得の拡大とその管理

　1934年9月に継続して実施された第3次移民は，土龍山事件の余波を避けて濱江省綏稜県に入植した。依蘭・密山両地区の買収地が移民用地として利用されるのは，第4次移民以降である。1935年には密山県の城子河・哈達河に第4次移民約500戸が，1936年には同県黒台・朝陽・永安屯に第5次移民約1000戸が入植した。

　1936年7月9日，関東軍参謀長「日本人移民用地整備要綱」は，10年間で1000万町歩の移民用地を確保するとし，うち300万町歩が三江省にわりあてられた。移民用地は1935年12月に満拓会社，1937年8月に満拓公社に引継がれた。その後，1938年11月までに満拓公社が三江省で取得した土地面積は，204万6434晌（154万3616町歩）に達した［満洲拓植公社土地課［1939］，51］[9]。買収地は省南東部の樺川・勃利・宝清県から，北部を中心に省全域へ広がった。樺川県では新たに18万4476晌，依蘭県では16万5755晌の土地が取得された。

　こうした買収過程でも現地住民との軋轢が生じた。富錦県で第4・5区の全域，綏濱県で第3区を除く全域が買収地域とされ，綏濱県では県当局者，満拓公社，土地所有者らが出席した招墾地整備委員会で「討論紛糾」して，「『国策々々』ノ言ヲ振廻シテ漸ク納得セシメ」て地価決定に至った。「満拓買収ノ協定地価」は「相当程度低価ニ評価」されていた［富錦支行 1938a；1938b］。

　他方，三江省では，「取得予定地カ三江省全体ニ亘ル関係上」，買収地域内の住民に満拓公社の社有地を有償分譲する勘領を認めた［満洲拓植公社土地課

第5章　日本人移民の入植と地域の抵抗　171

[1939], 29-37]。勘領面積は一人あたり2町歩を限度とし, 分譲価格は土地買収時の地価から算定するとした [満洲拓植公社 1940a, 215-216]。また, その目的は住民の「生活ノ保証」とされたが, 同時に「日本人集団移民附近ニ於ケル満人部落ノ介在ハ余剰労力ノ利用ソノ他ニ便益」があった [満洲拓植公社土地課 [1939], 29-37][10]。

　また, 満拓公社は所有地の一部を小作地として管理した。1940年3月現在, 三江省における満拓公社の小作管理地は16万8528晌に達し, 1万8872戸の小作人が収容された[11]。満拓公社はこの小作地を管理するため, 主要地に土地管理所を設けて社員を在勤させるとともに, 在地有力地主による管理人を置き, これらの層の利益を確保した [西村 1987, 23；君島 1976, 207]。三江省では, 管理人一人あたりの管理戸数は71戸, 管理面積は565晌, 小作一戸あたりの貸付け面積は約6晌であった。在地有力者層を掌握することによって, 土地管理の安定がはかられた。

　以上のように, 土龍山事件後にも用地取得は継続して実施されたが, もはや大規模な暴動は起きなかった。背景には, 軍事的優勢に加え, 満洲国側が勘領や小作地管理人制度など用地取得にあたって在地有力者の利益を確保する方針をとったことがあった。

2.「剿匪」の進展と開拓団の入植

　この時期, 三江省の抗日勢力は中国共産党が指導する東北抗日聯軍に吸収されつつあった。1935年秋からの冬季「大討伐」によって, 謝文東の民衆救国軍は再び窮地に陥り, 翌年9月, 東北抗日聯軍第8軍に改編された [葉ほか 1986, 31-35]。同じ頃, 李華堂の勢力が抗日聯軍第9軍に, 祁致中の勢力が第11軍に改編された。在地勢力の吸収と他地域における「粛正工作」の進展によって, 東北抗日聯軍の遊撃区は三江省に集中していき, その活動は1937年にかけてピークに達した [田中 1986, 350, 355]。すでに1935年8月, 中共勃利県委は, 依蘭・勃利一帯における謝文東の政治的影響は李延禄の10倍であるとし, この勢力の取り込みを重要任務としていた [中共勃利県委 1935, 54]。

172　第 2 部　地域における政策展開

　他方で，関東軍は 1937 年 7 月，三江省で「特別治安粛正工作」を実施することを決定し［田中 1986，355-377］，11 月以降，集中的な「討伐」を行った。またこれと平行して，帰順工作や集団部落の建設を進めた。1939 年 3 月末まで続いた「粛正工作」によって，東北抗日聯軍第 3 軍長趙尚志，第 6 軍長夏雲階らが殺害され，両軍は崩壊した。また第 8 軍長謝文東，第 9 軍長李華堂は部下とともに投降した［満洲国軍刊行委員会 1970，384］。こうして三江省の東北抗日聯軍はほぼ制圧された。

　「討匪」の進展にともなって，日本人移民の送出も継続された。1938 年に樺川県七虎力に，1939 年に柞木台・公心集・小八浪・大八浪にそれぞれ集団開拓団が入植した[12]［開拓総局総務処計画科 1940a，28-39］。入植地は県南部の八虎力河・七虎力河・倭肯河流域に位置し，いずれも地味肥沃で，かつてはもっとも治安の悪い地域であった。三江省は全国でも移民の入植が集中した地域であるが，そのうち樺川県には 26 の移民（開拓）団，1 万人あまりが入植した［満洲開拓史復刊委員会編 1980，544］【表 5-3】。

　三江省地域ではインフラ整備も進み，1937 年に図佳線，1940 年に綏佳線が開通して，樺川県から結氷期の農産物輸送が可能となった［塚瀬 1993，223］。また省城（佳木斯）—県城—主要鎮を結ぶ道路も 1938 年までにほぼ完成し［満洲国通信社 1938，194］，日本人の入植後には開拓道路も建設された。

　次に，大東亜省『第八次大八浪開拓団総合調査報告書』（1943）によって，1939 年，樺川県閻家村に入植した第 8 次大八浪開拓の事例をみる[13]。同開拓団は約 200 戸，800 人で，入植地は図佳線倭肯駅の北東に位置した。団用地の中央を横断する道路の北側に山岳部，南側に平野が広がり，耕地は山岳緩傾斜および平野部のうち丘陵性のある地帯に開かれ，南の境界をなす倭肯河流域には水田があった【図 5-3】。

　開拓団用地は，老街基屯，九里六屯，大八浪屯，富興屯などの集落を含む「一七，六四〇晌」とされ，「開拓団入植前に満拓公社が原住民用地を買収」したものであった。満拓公社の買収価格は「水田熟地晌当五〇円，二荒地二〇円，畑熟地四五円，二荒地一二円，湿地五円」で，「将来満拓公社で正式に団に譲

表5-3 樺川県開拓団入植一覧

種別-次	団名	入植年	出身地	在籍者数（人）	応召者数（人）	死亡者数（人）	未帰国者数（人）	帰国者数（人）	越冬地
集団-1	弥栄村	1932	東北関東11県	1,294		327	46	921	大連, 長春
集団-2	千振村	1933	16県	1,841	500	698	96	1,047	方正, 哈爾濱, 長春
集団-7	七虎力	1938	中国地方5県	681	129	361	139	181	方正
集団-8	柞木台	1939	徳島, 愛媛, 高知県	574	114	309	64	201	哈爾濱, 瀋陽
集団-8	公心集読書村	1939	長野県西筑摩郡読書村	814	142	407	227	180	方正
集団-8	大八浪泰阜村	1939	長野県下伊那郡泰阜村	894	137	303	333	258	方正
集団-8	小八浪中川村	1939	埼玉県秩父郡中川村	607	130	245	174	188	方正
集団-9	柳樹河	1940	岡山県	427	71	108	19	300	長春
集団-9	板子房置賜郷	1940	山形県置賜郡	396	91	197	42	157	現地, 佳木斯
集団-13	大八州	1944	山形他9県	309	75	144	12	153	拉古, 方正, 長春, 瀋陽
集団-14	西大橋芳賀郷	1945	栃木県芳賀郡	34	14	11	2	21	長春
集団-14	南緑ヶ丘基督教	1945	東京都	11	4	3	1	7	哈爾濱
集団-14	椎峯御岳郷	1945	長野県西筑摩郡三岳村	30	20	9	2	19	哈爾濱
集団-13	日高見	1944	北海道他15県	378	97	184	68	126	拉古, 方正, 哈爾濱
分散	八富里		北海道他14県	396	92	144	67	185	拉古, 長春, 瀋陽
集合-3	西弥栄	1942	北海道他13県	297	59	77	29	191	長春
集合-2	緑ヶ丘	1941	熊本県阿蘇郡山西村他	57	12				長春
義勇隊-2	国美	1942	長野県	284	263	26	43	215	哈爾濱
義勇隊-4	有磯	1944	富山県	240	149	14	6	220	大連
集団-13	晃振	1944	山形県				16	20	方正

174　第2部　地域における政策展開

義勇隊-1	大林	1941	茨城他5県	269	213	38	127	104	拉古，瀋陽
義勇隊-1	日高見	1941	岩手他16県	47	18	3	7	37	
訓練所	追分山口中隊		新潟県	213	11	19	9	185	
報国農場	悦来		栃木県	28	2	2	1	25	
報国農場	公心集		長野県	47		18	18	11	
計				10,168	2,343	3,647	1,548	4,952	

出所：木島（1986）より作成。

渡する際には大体之の買収価格に依る」ものとされた［大東亜省 1943b，54-55］。

　開拓団は入植2年目までは使用面積を満拓公社に申請して団共同経営を行ったが，そのほかの土地は満拓公社が管理して現地住民に貸付けた。1940年11月，団員が10部落に分散して耕地を仮分配され，3年目以降は個人経営になった［大東亜省 1943b，54-60］。仮分配地は自作を原則としたが，多くが小作に出され，自作地も雇用労働に依存していた。労賃の高騰は次第に開拓団の経営を圧迫していった［今井 2005，15-19］。

　すなわち，大八浪開拓団は「原住民の既耕地を中心とする地区内に入植」し，1942年現在，地区内の住民はおよそ3000〜4000人で，日本人の約8倍に達していた。報告書では，これらの住民は「其の大部分が数名の地主の支配下に雇農，小作人として存在し」，彼らにとって「農耕地の所有関係の変化は問題でなく，団員耕作地の自作化が生起せざる限り，彼等の生活環境に何等の変動もない」としている［大東亜省 1943b，143-144］。

　他方で，住民は「土地を買収せられた事に付いて満拓公社に対し非常に憾んで居」たが，「其の後に入植せる開拓団に対しては表面的には必ずしも悪感情を持たない様であ」った。しかし，団員は「経営技術の未熟，団員の生活態度又は賃銀の問題などで種々面白くない問題を引き起し易く」，住民からは「尊敬を受けて居らぬかの如き感が有」った［大東亜省 1943b，84-88］。

　これらの地域では，もともと大地主のもとに大量の小作人や雇農が存在しており，日本人は入植後にこの中国人地主にとってかわった。開拓団の自作化は小作人や雇農の生活を脅かすため，日本人の地主化はむしろ地域の安定要因と

第5章 日本人移民の入植と地域の抵抗　175

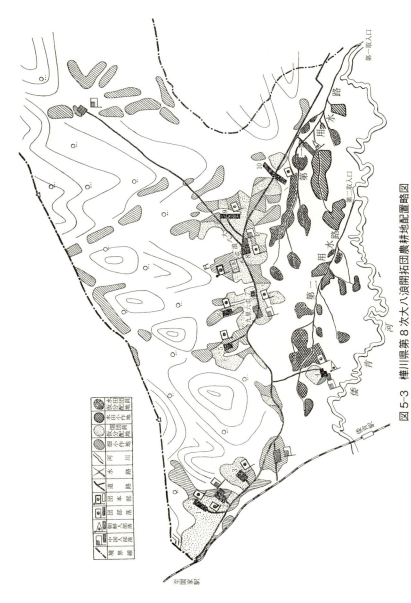

図5-3　樺川県第8次大八浪開拓団農耕地配置略図

出所：大東亜省 (1943b, 1) より作成。

176　第2部　地域における政策展開

して働いたといえる。抗日運動が鎮圧されていくなかで，日本人移民（開拓）団の入植が進められたが，これは従来の階級関係を継承することによって可能となった。同時に，地価や高騰する労賃など，日本人移民の負担を前提としたものでもあった。さらに，「剿匪」の進展にともなって入植した日本人移民は，戦後の襲撃や越冬によって大きな被害を出した【表5-3】。

むすび

　満洲国初期，関東軍は三江地域で大規模な移民用地買収に着手したが，地域の抵抗に遭って方針転換を余儀なくされた。しかしこの時期，中国共産党側も在地有力者層に対する方針を定められず，満洲国が地域に譲歩を打ち出すための時間的猶予を与えることとなった。背景には，従来，「豪紳地主」排除を主張していた中共に対し，在地有力者層が不信感をもっていたこともある。

　満洲国は移民用地買収業務の引継ぎのなかで，買戻や換地などの救済措置をとって地主層の不満に対応した。こうした救済措置のいくつかは後に満拓公社の移民用地買収にも継承された。またその後に入植した日本人移民が雇用労働力を導入し，あるいは地主化して中国人地主にとってかわることによって，従来の階級関係は継承された。この過程で日本人移民は地価や高騰する労賃などの負担を課せられた。

　1945年10月末，樺川県に国民党部が成立し，自警団や満洲国警察など在地の武装勢力を吸収していった。しかし，その後中国共産党の「剿匪」が進み，1946年9月，樺川県は「解放」された。中共は土地改革を実施して，日本人移民用地や満拓公社社有地を現地住民に分配した。

　他方，土龍山事件を主導した謝文東は，1939年3月に投降した後，勃利県城子河炭礦の把頭をつとめ，満洲国崩壊後は日本人の引揚げを支援した。国民党合江省保安軍長に就き，共産党と対峙したが，1946年11月，共産党の「剿匪軍」に捕らえられ，翌月，処刑されている［葉ほか1986，63］。

第 5 章　日本人移民の入植と地域の抵抗　177

注

（1）　こうした視角は，高（2000）など中国の研究でも共有されている。このほか，土龍山事件を論じたものには，劉澤夫（1982a；1982b），蘇（1986），黒龍江省樺南県政協文史辦（1985），孫・劉（2005）などがある。

（2）　1907 年，三姓副都統が廃止され，依蘭府が設置された。

（3）　李杜•は依蘭鎮守府使であった。

（4）　謝文東，土龍山区第 5 保保董兼自衛団長，満族，1887 年生まれ，遼寧省寛甸県の人。農業，養蚕などに従事したが，1925 年，事件を起こして捕らえられ，吉林省依蘭県土龍山に逃亡，この地で 45 晌の土地を得た。満洲事変後には，李杜の反「吉林剿匪軍」で土龍山騎兵旅団長をつとめた［葉ほか 1986，7-8］。当時は行政上，旧保甲を踏襲して，土龍山区は 6 保からなった。それぞれの保は「自衛団」，のちに「壮丁団」といわれた 100 人あまりの武装をそなえ，事件の原動力となった［孫・劉 2005，52］。

（5）　中国側の記述では，当時，依蘭県で熟地は一晌あたり 58〜121 元，荒地は同 41〜60 元であったとされる［葉ほか 1986，6］。また，1932 年に拓務省が実施した移住適地調査は，永豊鎮，七虎力などの未墾地を反あたり「三十銭見当」とし［拓務省拓務局東亜課 1932］，さらに第 1 次移民が樺川県永豊鎮に入植した際には，同地が 1913 年に一晌あたり哈洋 5 円（満洲国期の 4 元に相当）で払い下げられていたことから，熟地 982 晌を一晌あたり 5 円で買収することで折合いがついた［拓政司第一科 1936，112］。早くから開発された土龍山鎮と永豊鎮では地価に差があったと考えられるが，関東軍の買収価格はもっとも安く見積もった拓務省の価格よりもさらに低かった。

（6）　李延禄，吉林省延吉出身。1931 年，中国共産党に入党し，満洲事変後は王徳林部隊に参加するも，1933 年 1 月，王がソ連に逃亡し，その後，中共の指導下，寧安一帯で抗日遊撃総隊を組織，1933 年 7 月にはこれを東北人民革命軍に改編し，この地域における中共の抗日運動の代表的存在であった。戦後は合江省政府主席に就任する［王ほか 1996，709］。

（7）　例えば，土龍山事件後に勃利県で武装蜂起を起こした密山県委員会が指導権は「豪農地主」に掌握されていると報告したのに対し，満洲省委が「豪農地主」への反対を緩めたことを「右傾日和見主義」による誤りであると批判している［中共密山県委 1934；中共満洲省委 1934］。

178 第2部 地域における政策展開

（8） 地券表記上は荒地であっても，実際は耕作されている土地を指す。

（9） 1941年3月現在，三江省における満拓公社所有地は225万60陌である［喜
多 1944, 372］。

（10） 三江省で勘領は4787戸に実施された［劉 2001, 67-69］。

（11） 1939年現在，満拓公社の小作管理地は56万245ヘクタールで，同年の買収総
面積571万3199ヘクタールの約10パーセントを占めていた［君島 1976, 203］。

（12） いずれも1939年6月1日，依蘭県から樺川県に地区変更された地域である。

（13） 同資料を用いた大八浪開拓団の分析には，今井（2005），およびこれを加筆・
修正した今井（2008）がある。今井は，同開拓団の経営と生活実態を分析し，雇
用労働力の導入，営農資金の欠乏，地主化の進行という経営悪化のサイクルを指
摘している。

第6章 「未利用地開発」の実施
——錦州省盤山県の事例から

は じ め に

1939年以降，満洲国は移民用地を確保するため，「未利用地開発主義」のもとに全国で土地改良事業を実施した。以後，政策の展開にしたがって，日本人の入植地も北満から中満，南満へと広がっていった。

本章でとりあげる錦州省盤山県（現遼寧省盤錦市）は，遼東半島のつけねにあって，営口市と錦州市の中間に位置する。海に面していたため，地中の塩分濃度が高く，南部ではあったが，農地が開発されたのは比較的遅かった。1939年以降，満洲国は盤山県でアルカリ土壌の改良工事を実施し，ここに約7000人の日本人開拓民を入植させた。また日本人の入植に先行して，隣接する営口県では朝鮮人の安全農村[1]が建設され，水田が開かれた。

盤山県における日本人開拓団については，戦後，日本で関係者の回想などが刊行されたほか，1980年代以降は中国でも聞き取り調査や回想などによって土地収奪や労働動員など現地被害の実態が指摘されている[2]。また朝鮮人安全農村については，孫春日（2003），金永哲（2012）がその制度展開を明らかにし，営口安全農村の概況にも触れている。さらに李海訓（2015）は盤錦における稲作の展開を中華人民共和国成立以前にさかのぼって検討し，この地域で稲作が本格的に拡大したのは1960年代半ば以降であるとしている[3]。

こうした研究状況をふまえ，本章では満洲国の土地改良事業の一例として，盤山県における事業展開を検討する。まず県の概況を確認し，満洲国期に朝鮮人安全農村，次いで日本人のための土地改良事業が実施される過程をみる。

180　第 2 部　地域における政策展開

I　県の概況

　県内に山はなく一面の平坦地で，三方を遼河に囲まれて南西に渤海を望む。また遼河支流の双台子河をはじめ，大小 10 以上の河川が曲がりくねって県内を縦断し，渤海に流れ入る。この海岸一帯は葦草地帯となっていた【図 6-1】［満洲帝国地方事情大系刊行会 1936, 10］。さらに，「この地方は一帯の塩基性（アルカリ性）の土壌地であって，収穫後の畑地には一面白色の塩基を雪の降った様に吹き出して」いた［村岡 1938, 71］。1934 年の人口は約 20 万人で，その 8 割が農業に従事していた［満洲国大同学院満洲国地方事情編纂会 1934, 141, 155］。

　清朝の時期，県内の双台子河以北は官馬放牧の地（盤蛇駅牧廠）であったが，土質が悪く牧草が茂らなかったために，牧馬のいない牧廠として放置されていた。1863 年，錦州副都統恩合はこの地域の試墾を計画し，小作人を集めて土地払い下げを行った。しかし，塩分が多く地質不良であったため，払い下げは困難であり，払い下げた土地からの収入は少なかった。さらに連年の水害によって土地は荒廃し，開墾に従事する住民も次第に減った。1903 年以降，奉天将軍増祺は土地改良策を講じ，1907 年までに 57 万 4211 畝を払い下げた［満洲国実業部臨時産業調査局 1936b, 298；満洲帝国地方事情大系刊行会 1936, 1-2；江夏 1983, 30］。

　また，河口地域は葦塘であった。葦塘は川の水が海に注ぐことによって浸された陸岸や塩分を有する低湿地に多く，葦草地あるいはもともと葦が生えていたが後年開墾された土地を指す。これらの葦塘は官有地でありながら放置されていたが，隣接する牛荘葦塘の払い下げと前後して，1909 年以降に払い下げられた［南満洲鉄道株式会社 1935, 138-158］。

　1937 年 12 月，盤山県の区域が変更され，隣接する営口県田荘台地区が盤山県に編入された(4)。ここは旧牛荘葦塘の一部であった。牛荘葦塘は盛京工部が三陵用の葦および葦税を徴収するために保有した官荘で，開墾は禁じられていたが，実際には私墾が進んでいた。清末には葦採取のための土地を一部残して，

第6章 「未利用地開発」の実施　181

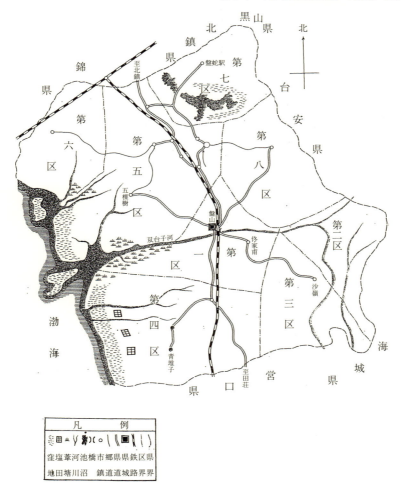

図6-1　盤山県地図
出所：満洲国実業部臨時産業調査局（1936b）より作成。

そのほかの土地は葦商や開墾に従事する小作人に払い下げられ，地価を定めて徴税しようと試みられている。1905年の盛京工部撤廃後，牛荘葦塘は奉天財政局，後には奉天度支司の管理下に置かれ，1913年までにすべての土地が払い下げられた［南満洲鉄道株式会社　1935, 138-158］[5]。

182　第2部　地域における政策展開

　以上のように，後の盤山県を構成する清朝の3種類の官有地は，民国期まで
に民間に払い下げられた。しかし，アルカリ性土壌や水害のために，これらの
地域の農業開発は進まなかった。開発は試みられたが，放棄されるなどして一
部は二荒地となった。

　県を縦断する鉄道以北では，肥沃ではないながらも比較的アルカリ性に強い
高粱や稗が生産され，1930年代半ばには，高粱と稗で県の農業生産の80パー
セントを占めた。しかし農地に改良は施されず，水害も度重なって，年によっ
ては収穫が皆無に陥ることもあり，耕地面積のわりに収穫高は少なかった。と
くに鉄道以南は海に近く，塩分を多く含んでいたため，海岸線では塩の生産が
行われた。また河口地域の旧葦塘は「匪賊」の蟠踞地になっていた。塩の生産
や牧畜は「匪賊」の跳梁によって大きな損害を被った［満洲帝国地方事情大系刊
行会 1936, 42-44］。

　他方，県内で払い下げられた土地は，日本資本，現地中国資本，後には朝鮮
資本の投機対象となった。1915年の「南満洲及東部内蒙古に関する条約」に
よって日本人は南満で土地投機や農場経営が可能となったが［浅田 1989, 167-
188］，すでに1913年には勝弘貞次郎が盤山県蘆家甸，王窰（丁家窩棚）でそれ
ぞれ約3000畝を獲得し，水田開発を始めていた。

　また1928年には，張学良，鮑英鱗，沈鴻烈らが，後に栄興屯となる営口県
河北地区で営田股份有限公司を設立した(6)。営田公司は張学良政権の関係者を
含む多数の中国人地主による合同組織で，水田経営を計画した［東亜勧業株式
会社 1935, 11］(7)。

　しかし，1930年代にこの地を調査した東亜勧業によれば，「技術の拙劣資金
の欠乏又は匪賊の間断なき襲撃等」によって水田経営の成績はあがらず，さら
に満洲事変によって放棄されて［東亜勧業株式会社 1933；1935, 10］，その成果
をみる前に中断を余儀なくされた。

　以上のように，盤山県では民国期までに土地の払い下げが進み，一部では水
田開発が試みられた。これらは投機的な土地所有が主で，この時期に実際の開
発はほとんど進まなかったが，営田公司による灌漑，除塩，開田の方法は後の

第6章 「未利用地開発」の実施　183

時期の水田開発に継承される。

Ⅱ　朝鮮人移民の入植——営口安全農村の成功

　満洲国成立後，しばらくは各地で「治安」の悪い状況が続き，盤山県でも南部の葦草地帯では「匪賊」の活動がさらに盛んになっていた。この建国当初の「治安」対策として注目されたのが在満朝鮮人の存在であった。1883年の間島地域の開放以来，中国東北地域には次々と朝鮮人が移住し，1930年には60万人を超えていた。当時，朝鮮では農業危機が深刻化し，小作争議が頻発しており，朝鮮総督府は窮乏した朝鮮人の過剰人口を自作農として満洲に定着させようとした。他方，関東軍は日本人移民と競合する新たな朝鮮人の流入には消極的であり，すでに満洲に移住していた朝鮮人に対しては「散在鮮農の集団化」に重点を置いていた［松村 1972，226-239］。

　こうしたなか，朝鮮総督府は満洲事変後の混乱によって困窮状態に陥った在満朝鮮人を現地に定着させるため，自作農創定方針をとって朝鮮人安全農村の建設を進めた。安全農村の建設は東亜勧業に委託され，1933年2月以降，営口，河東，鉄嶺，綏化，三源浦の5地区で灌漑，排水などの土地改良工事が施され，金融，警備，教育，衛生などの施設が整備された。1935年までに総面積7200町歩，実耕水田面積5400町歩が開かれ，入植した朝鮮人は2400戸，1万1000人に達した［東亜勧業株式会社 1935，2-3］。

　同時にこれは関東軍や満鉄が目指す在満朝鮮人集住の方針にも矛盾しなかった。実施にあたって，満鉄から東亜勧業に巨額の資金が投入された。関東軍は「治安維持」の立場から安全農村を支持し，その設定に積極的に関与した。安全農村に設定されたのは，いずれも「匪賊」や抗日運動の拠点となった「治安」の悪い地域であった［金静美 1992，318-319］。

　そのうち営口安全農村は，後に盤山県に編入される営口県河北地区に建設されることになった[8]。1933年12月，蜂谷奉天総領事は日本外務省に対し，営口安全農村について次のように報告している。

184 第2部 地域における政策展開

東亜勧業からの内報に依れば旧牛荘城と営口田荘台との三地点の略中心た
る大房身一帯約一万四五千天地に亘る蘆田地帯は<u>由来馬賊の巣窟として我
討伐軍を悩ましたること一再ならざりしか今般軍側の要望に依り約百五十
万円の資金を供給し東亜勧業にて同地方の蘆草刈取排水工事を行ひたる上
之を畑地に変更すること</u>の計画中成り（後略，下線は引用者による）［蜂谷奉
天総領事 1933a］。

　東亜勧業は 1933 年 2 月までに建設地を決定し，3 月中に現地測量を完了し
た。朝鮮人農民の入植は同年 5 月に始まり，9 月までに約 600 戸，3000 人が入
植した［東亜勧業株式会社 1934a, 3-5］。

　買収されたのは，ほとんどが旧営田公司関係の土地であった。買収時の調査
によれば，関係する地主は 171 人であったが，その多くが旧軍閥有力者で，事
変後に行方がわからなくなっている者もいたという［東亜勧業株式会社 1934a,
7］。

　また一部では，「農村建設の計画を聞くや，従来其土地を放棄して居た旧営
田公司に属する地主等が恰も自ら再起の計画ある如く装ひ百方地価の釣上げ」，
「土地の不買同盟を決議する」などしたため，土地の買収は難航した［日本学術
振興会 1937, 187］。買収にあたって，満洲国は訓令を公布し，奉天省公署，営
口県公署の援助を求め，また奉天，営口の憲兵隊も動員された。最終的には，
この憲兵隊の「斡旋」によって 1933 年 12 月までに一天地当たり 20 円で地主
側に売却を了承させた［蜂谷奉天総領事 1933a］。1934 年 9 月末までに，買収予
定面積 2626 町歩のうち，1756 町歩の土地が買収された［東亜勧業株式会
社 1934b, 25］。

　土地買収工作と同時に，除塩，灌漑，排水の土地改良工事が開始された[9]。
この地域の土壌の含塩量は平均 2 パーセントであったが，稲作を行うためには
0.4 パーセントが耐塩性の限界であった。そのため，作付け前に充分耕鋤し，
数回にわたって除塩し，作付け後は湛水の塩分上昇による被害を避けるために，
数回にわたって土壌内の水を交換する必要があった。これには一般水田の数倍
の用水が必要となる。この地域では湛水後 9 日で含塩量は 0.8 パーセントを超

第6章 「未利用地開発」の実施 185

え，稲は枯れるとされた。そのため，遼河岸に毎秒150～170立方尺の揚水能力を持つ電動揚水機2台を設置し，大規模な除塩作業が実施された。揚水機場は翌年からの作付けを目指して1933年10月に稼働した。この揚水機場によって，2000町歩以上の灌漑除塩が可能になった。また業者による請負工事によって用水幹線，堤防，分水門，用水架樋，調節水門，排水門などが，入植した朝鮮人によって用水支線，排水幹支線，道路などが建設された［東亜勧業株式会社 1935, 15-16］【図6-2】。

　1934年度末現在，入植した朝鮮人は1043戸，5267人で，同年度中に1500町歩，翌年度には2400町歩の水田が開墾された［東亜勧業株式会社 1935, 16, 19-21］[10]。さらに営口農村は第2期計画を実施して拡張され，1937年までに満洲事変の避難民，朝鮮南部の水災移民など約1900戸が入植した。1939年度の作付面積は4200町歩に達し，1934年から1941年の8年間で米の生産量は約4倍に増加した。こうした営口農村の水田開発の成功は，1939年以降の一戸あたり収量や一反あたり納量の急激な伸びからもうかがうことができる［横山 1944, 245-246］【表6-1】。

　営口農村の成功は，近隣の朝鮮人を水田開発へ駆り立てた。営口周辺の遼河流域では，1934年5月に約260戸，1300人だった朝鮮人農民（営口農村入植数を除く）が，翌年5月までの1年間で約1200戸，4300人に増加している［三村哲雄在営口領事館事務代理 1935］。

　満洲国初期における盤山県の水田開発は，「治安不良」を契機に開始された。さらにこの開発を可能にしたのは，旧東北政権関係者所有の「逆産地」，そこで実施されていた水田開発方法の継承，そして労働力としての朝鮮人移民の存在であった。

186 第2部 地域における政策展開

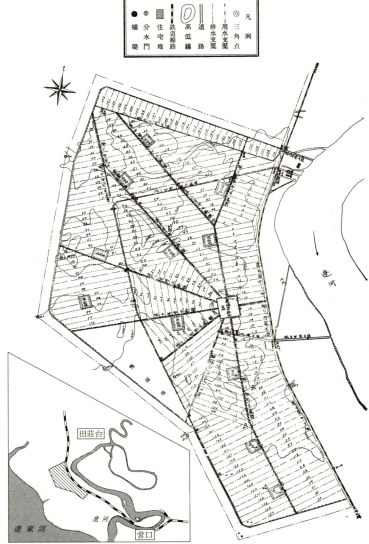

図6-2 営口農村土地改良計画平面図
出所:東亜勧業株式会社(1934a)より作成。

表6-1 栄興農村年度別作付け面積および総収量

年度別	作付け戸数（戸）	人口（人）	作付面積（町歩）	総収納量（石）	一戸当収量（石）	反当納量
1933	675	3012	——	——	——	——
1934	622	3019	1479.87	28942.51	46.53	——
1935	1035	5461	2477.00	42370.40	40.94	——
1936	1574	7879	3319.48	58977.17	37.47	——
1937	1868	9487	4017.56	78471.16	42.01	1.92
1938	1720	9669	3955.21	94328.69	54.84	2.13
1939	1834	9684	4200.00	108398.73	59.11	2.71
1940	1870	——	4200.00	107910.23	57.71	2.37
1941	1867	10471	4200.00	131892.28	70.64	3.14

出所：横山（1945，246）より作成。
注：一戸当収量は再計算し，原資料の誤りを訂正した。反当納量は1934年入植農家のものをとる。

Ⅲ　盤山県の土地改良事業と日本人開拓団の入植

1.　盤山県の土地改良事業

「アルカリ性不毛の地」であった営口安全農村の水田開発は，日本人移民政策においても注目されることになった。1934年7月，関東軍特務部は「遼河下流邦人移住地調査実施要領」を策定し，遼河下流域沿岸の北老湾地区，北小房身地区の土地調査を計画していた。この調査は「内地人の水田経営を目的とする移住計画立案上の基礎資料を得る為」とされたが[11]，満鉄は経費・人員の不足を，拓務省はすでに満鉄がこの地区の調査を行っていたことを理由にして，実施には消極的であった［満鉄経済調査会，1934］。予算の少ない試験移民期に，大規模な土地改良工事を要する地域での入植地建設は現実的ではなく，採用はされなかった。

1935年，臨時産業調査局が実施した土地利用調査において，遼河水系に属する盤山県は再び調査の対象となった［満洲国実業部臨時産業調査局，1936c］。ま

188 第2部 地域における政策展開

た1937年12月，遼河治水計画審議会で遼河水系全般の治水，利水，土地改良
計画の方針が確立され，その調査実施のため，交通部に遼河治水調査処が設置
された。遼河治水調査処の調査のうち，土地改良に関する調査・計画は産業部
建設司が担当し，盤山県でも調査が実施された［満洲国通信社 1941b, 65］。さ
らに1938年秋には，同地で産業部のアルカリ地帯調査団による調査も実施さ
れた。

1938年12月には土地改良事業の実施が正式に決定し，翌年以降，産業部は
上記の調査をふまえて，遼河水系のうち，盤山地区9万136町歩の土地改良調
査を行った［満洲国通信社 1941b, 67］。この結果，この地区では1940年から5
年間で水田2万町歩，畑地5万2700町歩の開墾事業を実施することが決定さ
れた。

第1期計画の田荘台地区は1941年に着工した。1942年4月には地区の一部
が完成し，開拓団の入植が始まった［児玉得三 1942, 1］。満洲土地開発株式会
社が技術開発を，満拓公社が開拓団の入植斡旋・営農指導をするとされたが，
第1期工事では一部の工程が満拓公社に委託された［「盤山県土地造成事業の概
貌」1941, 11］。また用地買収は1939年に開始されたが［孫福梅 1989, 349-350］，
1940年5月，任家屯では買収中止を求める陳情が出されている(12)。

工事は遼河岸の田荘台と二道橋子に揚水機場を建設して遼河の水をくみあげ，
揚水幹線を経由して灌漑，アルカリ土壌を洗浄し，水田や畑を開墾するという
もので［「盤山県土地造成事業の概貌」1941, 10］，営口農村と同じ方法がとられた。
第1期田荘台地区の工事は1943年に，第2期二道橋子地区の工事は1945年春，
日本の敗戦直前に完了した。

またさらなる用水確保のため，貯水池の建設が計画された。1944年4月，
二道橋子地区で疙瘩楼水庫の建設工事が始まっている。工事には錦州省内各県
旗から勤労奉公隊が動員され，県公署労務股では1万〜1万5000人を管理し
ていた［盤錦市人民政府地方志辦公室 1998c, 293］。1943年6月現在，盤山県で
満洲土地開発株式会社の工事に従事していた労働者は6745人，滞在日数は年
間240日であった［南満洲鉄道株式会社奉天調査室 1943, 39］。近隣住民のみなら

第6章 「未利用地開発」の実施　189

ず，山東省や河北省からも労働者が集められ，満洲国全域で土地改良事業に動員された労働者は約6万人に及んだ[13]。なお疙瘩楼水庫の建設は，全工程の60パーセントが完成した段階で日本の敗戦を迎え，戦後，1958年に工事が再開されて，1964年に完成している。

　以上のように，1940年代，盤山県のアルカリ地に日本人開拓団の入植地が建設された。これは満洲国が実施した土地改良事業の一つであったが，実際には事業の対象は既利用地にも及び，また事業の遂行は大量の中国人労働者によって支えられていた。

2. 日本人開拓団の入植

　1941年から1944年までに盤山県には19の日本人開拓団，約7000人が入植した【表6-2】。

　まず，1941年3月，岐阜県大野郷集合開拓団が任家屯村陸家屯に，同年5月，熊本集合開拓団がその隣接地に入植した。これらの集合開拓団は，入植前に団長が現地に赴き，県公署と交渉して入植地を決定している。初年度に大野郷開拓団では現地の水田20町歩が買収され，熊本開拓団でもすでに稲籾が蒔いてあったという［岐阜県開拓自興会 1977，303-310；佐藤 1980，76-84］。

　1942年には田荘台の土地改良地区への入植が始まった。1942年には，第11次集団児玉郷・庭田・淡路・鯉城帰農・下益城郷開拓団が，1943年には，第12次集団砥用村・大東郷・新潟帰農・多野郷開拓団および伊和生青年義勇隊がそれぞれ入植した。また，この地区には朝鮮人の朝光開拓団も入植した。

　各団の入植地は揚排水路によって碁盤の目状に区画された【図6-3】。また通常，入植地における個人家屋などの建設は，満拓公社の援助の下，入植者が行っていたが，盤山地区では満拓公社が家屋などを建設し，入植前年から朝鮮人，中国人を動員して入植予定地を耕起させていたという［「盤山県土地造成事業の概貌」1941，13］。第11次鯉城開拓団では，入植初年度の作付面積は水田50町歩であったが，翌年には水田260町歩，畑70町歩に拡大した［広島県民の中国東北地区開拓史編纂委員会 1989a，181-182］。第12次砥用村開拓団でも入植

190 第2部 地域における政策展開

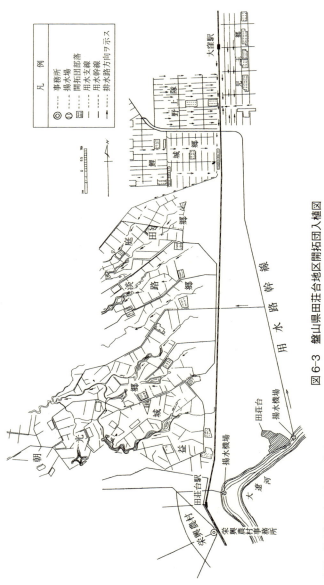

図6-3 盤山県田荘台地区開拓団入植図

出所：児玉徳三（1943）より作成。

表 6-2　盤山県開拓団入植一覧

日本人

種別-次	団名	入植年	入植地	出身地	在籍者数(人)	応召者数(人)	死亡者数(人)	未帰国者数(人)	帰国者数(人)	越冬地
集合-2	大野郷	1941	任家村陸家屯	岐阜県郡上郡	304	35	22		282	原地
集合-2	熊本	1941	任家村陸家屯	熊本県八代郡	209	45	8	2	199	大野
集団-11	児玉郷	1942	唐家郷勝利村	埼玉県児玉郡	472	78	7	6	459	原地
集団-11	庭田	1942	楡樹郷楡樹村	兵庫県庭田郡	331	60	6	3	332	原地
集団-11	淡路	1942	楡樹郷楡樹村	兵庫県	302	53	1	3	298	原地
集団帰農-11	鯉城	1942	王家郷新立屯	広島市	626	28	5	11	610	原地
集団-11	下益城郷	1942	楡樹郷拉々屯	熊本県下益城郡	633	85	8	3	622	原地
義勇-2	伊和生	1942	王家郷旭東村	混成	142	59	17	35	90	原地
集団-12	砥用村	1943	清水郷	熊本県下益城郡	125		10	1	114	原地
集団-12	大東郷	1943	垣壁子新立屯	香川県大川郡	611	95	54		557	庭田,淡路
集団-12	多野郷	1943	唐家郷	群馬県多野郡	210	23	10	10	190	伊和生
集団帰農-12	新潟郷	1943		新潟市	658	61	68	3	587	砥用―鯉城
集団-13	刈谷田郷	1944	新開郷張家村	新潟県南蒲原郡	688	57	59	7	622	大窪
集団-13	南佐久	1944		長野県南佐久郡	34	2	2	1	31	原地
集団-13	寒南郷	1944		香川県大川郡	107	12	13	1	93	大野
集団-13	上益城銀杏	1944	新立郷薄家村	熊本県上益城郡	222	0	2	4	216	伊和生
集団-13	緑（中峯弥）	1944	新開郷張家村	熊本県下益郡	246	53	11	1	234	益城郷
集団-13	輿論	1944	新立郷唐家堡	鹿児島県	572	102	87	3	482	鯉城
集団-13	小城郷	1944		佐賀県小城郡	53	4	8		45	原地

192　第2部　地域における政策展開

| 義勇-5 | 伊和生 | 1945 | 王家郷旭東村 | 混成 | 236 | 64 | 15 | 1 | 220 | 原地 |
| 実農 | 盤山 | 1945 | | 北海道 | 25 | 2 | | | 25 | 原地 |

朝鮮人

種別	団名	入植年（年）	入植地	出身地	在籍者数（人）	応召者数（人）	死亡者数（人）	未帰国者数（人）	帰国者数（人）	越冬地
安全農村	栄興	1933		満洲事変の難民／慶北道	10,770					
集合	栄興曲県	1937-		朝鮮慶南道，慶北道，平北道	10,774					
集団	朝光	1942	楡樹郷	朝鮮京畿道，慶尚道，平安道	2,523					
集団	越城	1944	新建郷黄家窩堡	朝鮮国内，中国東北	450					
集団	寒南	1943	新立郷仲家堡	朝鮮国内，中国東北	290					

出所：木島（1986），満洲国通信社（1944），孫・趙（2002）より作成。

後3カ月で100町歩が開田された［福永 1964, 218］。

　第11次広島鯉城開拓団，第12次新潟開拓団は，中小商工業者の転廃業者によって編成された大陸帰農開拓団であった。大陸帰農開拓団には農業経験のない者が多く，満洲国はその対応に苦慮していた。1942年6月には，鯉城開拓団の「一部開拓の使命を解せず且熱意希薄なる」者が，入植地における家屋の崩壊と罹病者の続出を「出身県当局に打電善処方要望」し，「県公署に退団願の提出」をし，さらに「無断逃走を図る」という事件が起きた。逃亡した団員は満洲国警察に逮捕され，連れ戻された。「何時でも金が出来たら帰れる」，「都合悪かったら退団してもよい」という募集に応じて渡満した大陸帰農開拓団は［膳英雄錦州憲兵隊長 1942］，この地域の移民政策の不安定要因となっていた。

　1944年には，二道橋子の土地改良地区に第13次集団刈谷田郷・南佐久・寒

第 6 章 「未利用地開発」の実施　193

南郷・上益城銀杏・緑・輿論・小城郷開拓団が入植した。そのほかに朝鮮人の寒南・越城開拓団も入植した。1945 年には，二道橋子地区にも通水が開始されたが，初年度の収穫を前に日本の敗戦を迎えた［二星 1965, 491］。

　日本の敗戦後，県内の朝鮮人のほとんど，日本人のほぼ全員が撤退することになった。1944 年末現在，2 万 4188 人であった朝鮮人は，戦後内戦期に大部分が逃亡し，1964 年にはわずか 1899 人となった[14]。他方，日本人は 1945 年7 月から 8 月 9 日までに約 1300 人が応召し，8 月 15 日現在，盤山県に居住する日本人は 6752 人，うち開拓団員は 6229 人であった。現地住民の襲撃を受けつつも，比較的安全な県内の開拓団に合流して越冬し，その多くが 1946 年 5月，第 1 次遣送によって引き揚げた。この間，日本人の駐在所長などが処刑され［外務省アジア局第 5 課 1952, 42-43］，水田指導や医療のため，数人が留用され，現地に留まった[15]。

　以上，盤山県への日本人開拓団の入植の特徴として，補充入植はなくすべてが新規開拓団であったこと，気候的配慮から西日本出身の団が多かったこと，大陸帰農開拓が含まれたことがあげられる。補充入植がなかったのは先行入植した開拓団がいなかったためであるが，これは「既入植地の補充入植の完遂に全力を傾注し，新規入植は，土地の造成改良地区と交通の便利な地域に限定し，かならずしも団数の多いことを求めない」とされたこの時期の政策方針とも矛盾しない［浅田 1976, 93］。盤山県の事例は，土地改良地区であれば，大規模な新規入植も積極的に推進されたことを示している。彼らに課せられたのは，もはや「日本人開拓民を中核とする民族協和の確立達成」や「東亜防衛に於ける北方拠点の強化」ではなく，土地改良地区における「満洲農業の改良発達及増産促進」であった［興農部大臣官房 1943, 113］。

む す び

　1930 年代後半，満洲国の日本人移民政策は従来の強制的な既利用地収奪から土地改良事業による「未利用地開発」への転換を模索していた。そして，こ

194　第2部　地域における政策展開

れは1938年以降に制度化され，実施された。満洲国の土地改良事業によって，盤山県では水田2万5667ヘクタールが造成され，各種揚排水施設も整備された。戦後の国共内戦によって，1949年に8348ヘクタールに減少した県内の水田面積は，1956年に戦前の水準に回復した。1990年現在，水田面積は7万6817ヘクタールに及び，東北でも有数の米の産地となっている［盤錦市人民政府地方志弁公室　1998c，28，56-57］。

　このように，満洲国が盤山県で実施した土地改良事業は，清朝の時期から続く東北地域の土地開発史の枠組みのなかで理解できる。アルカリ性土壌の改良による水田開発はこの地域の農業形態を変容させる契機となった。しかし，安全農村や土地改良事業に開発の側面のみをみることはできない。営口安全農村には，「治安」問題解決をはかる満洲国の意図，中国東北における朝鮮人人口の拡大を目指す朝鮮総督府の意図があった。また盤山県における土地改良事業は，日本人移民政策が二十カ年百万戸送出計画として展開されるなかで，不足する移民用地を確保し，日本人移民が確実に定着しうる環境を整備する目的をもっていたのである。

　　注
（1）　安全農村は，満洲事変後に在満朝鮮人を収容して建設された。
（2）　日本語では福永（1964），岐阜県開拓自興会（1977），佐藤（1980），牧野（1984），広島県民の中国東北地区開拓史編纂委員会（1989a；1989b），中国語では孫福梅（1986；1989），中国人民政治協商会議大窪県委員会文史資料委員会（1987），任（1993），孫・趙（2002）がある。
（3）　その要因として，日本稲作技術団の派遣と洗塩のための電力供給能力の向上をあげている。
（4）　勅令第409号「奉天省営口県廃止並奉天省蓋平県同海城県及錦州省盤山県区域変更ノ件」『政府公報』康徳4（1937）年12月1日別冊。
（5）　清末期の官有地払い下げについては，錦州官荘を事例とした江夏（1983）を参照のこと。
（6）　河北地区は前述の田荘台地区とともに1937年，盤山県に編入される。

第6章 「未利用地開発」の実施　195

（7）　日本側は，臧式毅も当地に間接的な利害関係をもっていたとしている［蜂谷総領事　1933b］。

（8）　既述のように，河北地区は1937年12月に盤山県に編入されるが，その際，営口農村は栄興農村に改称された。

（9）　「土地買収問題未解決の儘今日まで諸工事を進め来りしことご承知の通」［蜂谷奉天総領事　1933a］。

（10）　ただし，この数字は後掲【表6-1】の数字とは異なっている。

（11）　1934年3月の土龍山事件の後，すでに閣議で承認されていた第3次移民の入植地について，拓務省は第1次，第2次移民地を補強するため，これと接続する地域に入植させるべきとし，関東軍は事件の余波を憂慮してこれを避けるべきと主張していた［満洲開拓史復刊委員会　1980，152-155］。遼河下流移住地調査は，ちょうどこの時期に計画されたものである。

（12）　「康徳七年五月　錦州省盤山県下農民ノ動向
　　一．事実
　　錦州省盤山県下ノ大半ハアルカリ土壌ナルモ水稲耕作地トシテハ適地ナルヲ以テ開拓総局ハ開拓民入植ノ為メ先ツ同県任家屯一円ニ亘リ過般実施調査ヲ遂ゲ土地買収実施ヲ発表セルトコロ反対運動起リ人心不安ニ駆ラレツヽアリ，
　　二．反対運動ノ内容
　　『既耕地ノ買収ハ農民生活ヲ脅威シ例ヘ至当ノ価格ヲ以テ買収サルヽモ最近ノ如キ物価騰貴ノ時代ニ於テハ之ガ替地ノ購入困難ナリ』ト不満ノ言辞ヲ弄スル者多ク代表者ヲシテ協和会県本部ニ買収中止ヲ陳情スルニ至ラシメ一般ニ不安ニ駆ラレツヽアリ」［満洲国最高検察庁　1941，461］。

（13）　当時の事業関係者は，「昭和十八，十九，二十年の三カ年間は日本内地と同様，逐年急激に機器資材の缺乏を来たし，農地開発事業施行上幾多の辛酸をなめたが，労力においては，徴兵制度に準じて施行された国民勤労奉公法により，年々大量の満系労力を確保することができたので，いわゆる人海戦術をもって機械力を補って行った」としている［任田　1965，472］。

（14）　朝鮮人は1980年代以降，再び増加し，栄興郷や平安郷，新立郷に居住して，現在も多くが水稲作を行っている［盤錦市人民政府地方志辦公室　1998b，516-518］。

（15）　人数はやや異なるが，【表6-2】にもほぼ同じ経過がみられる。

第7章 戦時下の「開拓増産」と「農地開発」
——吉林省徳恵県の事例から

は じ め に

　アジア太平洋戦争が始まって以降，日本人移民政策も新たな局面を迎えた。満洲国は日本の戦時体制に組み込まれ，以後，「未利用地開発」は食糧増産のための「開発」としてさらに急速に展開される。

　本章でとりあげる吉林省徳恵県（現吉林省徳恵市）は新京の北にあって，すでに清朝の時期には漢人が移住し，18世紀後半以降に開墾が進んだ。肥沃な土地ではあったが，たびたび洪水に悩まされた。1943年，この徳恵県の第二松花江沿岸，岔路口地区で日本人開拓団のための「緊急農地造成計画」が実施された。この地区には1944年以降，日本の敗戦までに約1300人の日本人開拓団が入植している。

　こうした満洲国末期における都市近郊型開拓団はこれまであまりとりあげられてこなかった。そこで本章は徳恵県における農地造成を事例とし，アジア太平洋戦争時期における「未利用地開発主義」の転換についてみていく。まず，県の概況を確認したうえで，第二松花江開発の背景となった満洲国の施策をとりあげ，最後にこの地区で実施された農地造成と日本人開拓団の入植について検討する。資料は満洲国の行政資料や各種の調査資料，送出母村の役場資料，戦後中国で刊行された地方志，開拓団関係者による回想録などを用いる。現在，資料上の制約からこの地域の反応を十分に明らかにすることはできないが，上述の役場資料や回想録によってその一端をみていくこととする。

I 県の概況

　徳恵県は新京市の北約100キロメートルに位置し，北は松花江支流の第二松花江南岸に接する。県内は第二松花江支流の飲馬河，沐石河，伊通河によって三分され，河川沿岸は低湿地である。また鉄道が縦断して交通の便がよく，早くから開墾が進んでいた。1936年現在，県の総面積は約22万6100晌，総人口は約27万人であり，その75パーセントを占める約21万人が農業に従事していた［満洲国実業部臨時産業調査局 1937, 1-4］【図7-1】。

　清朝の時期，徳恵地域はジリム盟10旗のうちのゴルロス前旗の一部をなす蒙地であった[1]。蒙地とは，モンゴル王公が封建領土的支配権を有していた土地であり，清朝はこれをモンゴル人の遊牧の地として，漢人の移住，耕作を禁じていた［満洲帝国協和会地籍整理局分会 1939, 640］。しかし清朝の借地養民制によって漢人農民が流入し，乾隆末期以降に開墾が進んだ[2]。

　この背景には，租税収入を拡大するため，積極的に漢人を招致したモンゴル側の意図もあった。1799年，長春，農安附近でこうした私墾が問題となったが，すでにモンゴル側は租税によって生計をたてていたため，土地の開放が正式に認められた。このとき開放された沐徳，撫安，恒裕，懐徳は四大郷と呼ばれ，沐徳，懐徳はのちに徳恵県の一部となる。

　土地の開放に際して，モンゴル王公は攬頭と呼ばれる漢人有力者を介して農民を集めたが，攬頭は招民や耕地分配，徴租を仲介，管理することによって利益を得，勢力を拡大させていった［石田 1964, 215-217；満洲国実業部臨時産業調査局 1937, 24］。ゴルロス前旗では，1819年頃に龍湾荒（後の農安県），1823年に西夾荒（後の農安，長春，長嶺県の一部），1827年に東夾荒（後の徳恵県東部）があいついで漢人農民に開放された。

　この開放によって漢人農民が獲得したのは土地の永佃権（耕作権）であって，業種権（所有権）は依然としてモンゴル王公・旗にあった。しかし当時，農民は自らの土地が蒙地であると認識しながら，土地権利に対して不安を感じてい

198 第2部 地域における政策展開

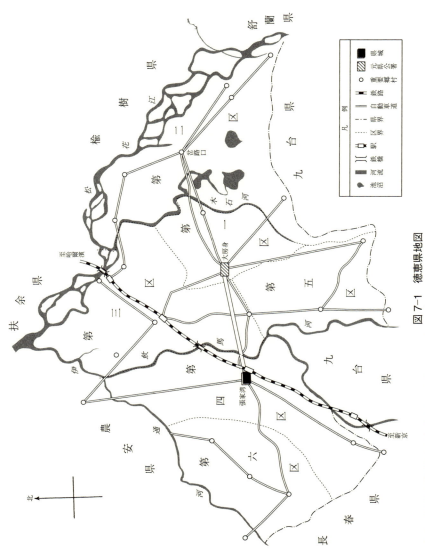

図7-1 徳恵県地図
出所:満洲国実業部臨時産業調査局(1937)より作成。

第 7 章　戦時下の「開拓増産」と「農地開発」　199

なかった。また農民は地租徴収機関である地局を通してモンゴル側に租を納め
たが，清末以降これらの地域には県が設置され，租の一部は県の収入となった
[満洲国実業部臨時産業調査局 1937，24-27；広川 2005，18]。徳恵県は 1910 年に設
置され，県公署を大房身に置いた。

　漢人農民の流入が進むと屯（集落）が形成され，多くの場合，屯名には閔家
屯，孫家駝子など初期に移住した農民の姓がつけられた。早くに攬頭から永佃
権を得た者の多くは，屯の有力者になっていた。徳恵県でやや詳細な統計調査
が残っている東閔家屯では，総戸数 33 戸のうち，地主 5 戸が総耕地面積の約
50 パーセントを所有していたが，満洲事変後，その多くは負債を抱えて撈外
青や雇農を兼ねていた[3][満洲国実業部臨時産業調査局 1937，59-86]。

　徳恵県では清末までに耕地化が進み，当初はおもに高粱が生産された。鉄道
の敷設にともなって商品作物である大豆の生産が増加し，1930 年代には総生
産量の約 30 パーセントを占めていた。水に弱い大豆は高地で生産され，河川
沿岸の低湿地では高粱などが生産された。これらの農産物は県内の張家湾や農
安県靠山屯へ搬出され，糧桟と呼ばれた穀物問屋を介して大都市に出荷された
[満洲国実業部臨時産業調査局 1937，1-49]。

　また鉄道沿線で大都市に近いことから地価も上昇したが，河川沿岸では水害
が頻発したために地価は低く，県内で差があった[興安局調査科 1939，82-83]。
「本〔徳恵―引用者注〕県の不作凶作の主な原因は殆んど水害であって，沿岸の
低湿地は殆んど連年に亘って此の被害を被って居り，特に近年は此の被害が大
きい模様である。被害面積は康徳元年度，三七，一二〇晌，康徳二年度，一八，
〇九七晌，康徳三年度，三四，六五八晌である」とされ[満洲国実業部臨時産業
調査局 1937，36]，その被害面積は県総面積の 10 パーセント前後に達していた。

　徳恵県では，蒙地の開放にともなって漢人農民が流入し，急速に開墾が進ん
だ。満洲国期にはほぼ県全域で耕地化されたが，農業生産は河川の氾濫によっ
て左右され，水害は克服されるべき課題となっていた。

200　第2部　地域における政策展開

II　第二松花江開発の背景

1. 開放蒙地と土地改良事業

　満洲国期に入って，徳恵県には2つの変化があった。第一は，土地所有権の一元化である。

　先にみたように，徳恵県はモンゴル王公・旗が所有権を有する蒙地であり，漢人農民に認められたのは耕作権のみであった。漢人農民の流入が進み，県が設置された地域は開放蒙地と呼ばれた。土地の開放によって，開放蒙地ではモンゴル側の土地所有権と漢人農民の耕作権が並存していた。1930年代半ば以降，満洲国はこの開放蒙地の土地整理に着手した。満洲国はモンゴル王公・旗との協議をへて，1938年10月17日，徳恵県を含む満洲国内の興安省外開放蒙地1230万3681晌を奉上させた。蒙地奉上とは，開放蒙地におけるモンゴル王公・旗の諸権利を国家に委譲し，農民の所有権を認めるものである［広川2005］。これによって従来蒙旗におさめられていた開放蒙地の蒙租は，満洲国の収入となった。徳恵県でも開放蒙地におけるモンゴル側の権利が失われ，土地所有権が一元化された。

　この蒙地奉上について，総務庁企画処長伊吹幸隆は，同年8月26日に開催された興安南省及省外蒙旗各旗長懇談会で次のように述べている。

　　政府ハ近ク未利用地開発計画ヲ樹立スル為ニ未利用地開発要項設定ハ之ニ基キマシテ従前確保土地政策，或ハ蒙地政策ヲ有機的総合的ニ相投合致シマシテ之ニ基キマシテ国家ガ積極的ニ未利用地ノ開発ヲ計ラントスル計画ヲ進テ居リマスガ，此ノ興安省外ニ於ケル開放蒙地決定ヲ急グ一ノ理由ハ，其ノ未利用地ノ開発ニ即応スル点ガアリマシテ此ノ実施ノ時期ニ就キマシテハ或ハ色々議論ガアルト思ヒマス。ソウ云フ別個ノ立場カラ実ハ之ヲ急イデ決定ヲ実施ニ移シ度イト考ヘマス［興安局 1938，47］。

　すなわち，伊吹企画処長は「未利用地開発」のために蒙地奉上を急いだとし

第7章　戦時下の「開拓増産」と「農地開発」　201

ている。おりしも1938年の夏から秋にかけて，関東軍や満洲国は「未利用地開発」の検討を進めており，8月18日に作成された「未利用地開発要綱」案には，「興安省外開放蒙地及錦熱蒙地に付ては速かに蒙旗現有権益を整理し，本要綱を適月す」とする条文が含まれている［「未利用地開発要綱」1938］。1938年10月の蒙地奉上は，同年12月の「未利用地開発要綱」と連動して進められたと理解できる。

　1941年現在，土地改良事業が実施または計画されていた18地区のうち，吉林省長春県新開河，四平省昌図県昌図，奉天省康平県康平，北安省克山県呼裕爾河の4地区［満洲土地開発株式会社 1941］，1943年には，21地区のうち，奉天省康平県康平，四平省昌図県昌図，同県東遼河，同県小遼河，吉林省長春県新開河，同省九台県飲馬河，同省徳恵県徳恵，龍江省白城県大仙大拉，北安省景星県景星の9地区が開放蒙地であった［南満洲鉄道株式会社奉天調査室 1943］。また1938年以前には開放蒙地への日本人の入植は確認できず，蒙地奉上によって日本人移民の入植地は大きく広がったといえる。

　蒙地奉上によって，開放蒙地におけるモンゴル王公の権限が排除され，これを民有地とすることによって，「未利用地開発」のための用地取得が可能となった[4]。

2．豊満ダム建設と第二松花江沿岸

　第二は，第二松花江の治水事業である。

　治水計画は満洲国成立当初から検討され，国道局と臨時産業調査局がこの調査を担当した。1933年3月，国務院に設置された国道局は，道路建設と平行して，第二技術処治水科，利水科を中心に国内全域の河川調査に着手した。また1934年12月，産業開発計画の基礎資料を得るために設置された臨時産業調査局は，松花江，遼河，太子河，鴨緑江の水源調査を実施した［内田 1979，3］。しかし，この段階では調査の実施のみであり，治水計画には着手していなかった。

　1937年から実施された「満洲産業開発五カ年計画」は，電力供給を1936年

202 第2部 地域における政策展開

の45.9万キロワットから5年間で140万キロワットに引上げるとし，そのうち水力発電に59万キロワットを割り当てた［堀 1987, 18］。これを契機として，満洲国では水力発電を目的とする河川総合開発計画が本格的に展開されることになった。

「満洲産業開発五カ年計画」の実施にむけて，満鉄経済調査会は1935年11月に「満洲治水方策」，「満洲運河及水利計画方策」を作成し，以後，満洲国の河川開発はこれらの方策にそって進められた。

1937年4月1日，満洲国は産業部に水力電気建設局を設置し，全国の治水・利水を実現する河川総合開発計画の具体化をはかった。水力電気建設局は過去30年間の雨量統計などを用いて現地調査を実施し，第二松花江（豊満），牡丹江（鏡泊湖），渾江（桓江）の3カ所にダムを建設することとした。この工事は国営とし，各工事予定地には地方工程処が設置された［内田 1979, 3-4］。また朝鮮と国境を画する鴨緑江については，1937年1月に満鮮鴨緑江共同技術委員会が設置され，両国共同で水豊ダムを建設することになった。

満洲国で河川の治水・利水が課題となったのには，次のような背景があった。満洲国の地勢は，東南部は白頭山系，北は小興安嶺，西北は大興安嶺の大山脈が馬蹄形に連なり，周囲を高い山に囲まれていた。その中央部は一大盆地を形成し，大部分が遼河，松花江流域である。年間雨量は300〜900ミリメートルで，日本の3分の1以下であったが，季節による雨量の差が甚だしく，1年間の総雨量の70パーセントが7，8月の2カ月に集中した。また中央の盆地は河川の勾配がほとんどなく平坦で，このため連年各地で氾濫が頻発していた［満洲国水力電気建設局 1940, 5-6］。満洲国は各地にダムを建設して河川下流の流水量や流水時期を調整し，雨期に集中する降水を灌漑用水として活用することをはかった。産業開発計画の一環としての水力発電は，治水・利水の河川総合開発計画とむすびついて展開された。

第二松花江の豊満ダムは，吉林市の上流25キロメートル，川幅が150メートルに狭まった大風門口に高さ約90メートル，延長1100メートルあまりのコンクリート堰堤を築造し，琵琶湖大の人造湖水を造る計画であった［内田 1979,

第7章　戦時下の「開拓増産」と「農地開発」　203

13-14]。工事は 1937 年 11 月に着工し，1942 年 11 月にすべての水門を閉塞，1943 年 3 月から発電を開始した。

　その目的は，(1) 松花江の洪水の完全除去，(2) 発電設備 70 万キロワット，年間電力量 30 億キロワット時，(3) 下流広野 17 万陌の開田灌漑，これによる産米 300 万石増産，(4) 飲料水，工業用水などの水資源確保，(5) 松花江の平水増加による航運への寄与であった [内田 1979，13-14]。またこの治水・灌漑の実施によって，農業移民 1 万戸の収容が可能であるとされた [満洲国水力電気建設局 1940，32]。

　同時に，工事は地域の犠牲をともなった。貯水池の建設によって水没した耕地・宅地は 150 平方メートル，水没戸数は 8400 戸に及んだ [内田 1979，18]。また，工事には，最盛期に一日あたり約 1 万 5000 人の労働者が動員され，その過半数は大東公司によって集められた。日中戦争開始後は労働力が不足し，通州事件の捕虜兵や吉林監獄の軽犯囚人，さらに 1943 年以降は国民勤労奉公隊も工事に動員された [内田 1979，23]。全工期を通しての死亡者は工事関係者側の統計で 1000 人あまり [内田 1979，66]，中国側の統計で 1 万人とされている[5]。

　豊満ダムの建設によって，第二松花江流域で洪水の除去がはかられた。ダムの水門が閉塞された翌年の 1943 年に第二松花江とその支流の飲馬河下流では，徳恵県，九台県，楡樹県で，1944 年には「緊急農地造成計画」によってゴルロス前旗で土地改良工事が開始された [南満洲鉄道株式会社奉天調査室 1943]。

　徳恵県では，すでに清朝の時期から漢人農民が流入し，農業開発が進んでいたが，さらに 1930 年代後半以降，満洲国は土地所有の一元化や近代的な水利技術の導入によって，この地域の変容に積極的に関与していった。新しい制度や技術は地域に近代的な農業環境をもたらす契機となりえたが，同時にこれらは日本人開拓団に優先的に充当されていくことになる。

Ⅲ　第二松花江開発と広島総合開拓団

1.　徳恵県の土地改良事業

　1943 年，徳恵県で土地改良事業が始まった。工事は満洲土地開発株式会社に委託され，第二松花江左岸，その支流の沐石河両岸で工事が実施された。総事業費は 825 万 7000 円，造成面積は水田 3000 町歩，畑地 5000 町歩，その他共同利用地などあわせて約 1 万 3000 町歩であった［広島県民の中国東北地区開拓史編纂委員会 1989a，200］。

　1942 年，満洲国は土地改良事業を実施するため，松花江左岸，沐石河両岸の土地約 1 万 5000 ヘクタールを買収した[6]。そのうち既墾地は全体の半分近くを占める約 7000 町歩，未利用地が約 3500 町歩，その他の土地が約 2500 町歩であった［広島県民の中国東北地区開拓史編纂委員会 1989a，201］。

　耕地は一ヘクタールあたり 140 円で買収され，荒地や湿地などは無償で没収された［徳恵県（市）地方志編纂委員会 2001，169］。当時，開拓総局の土地買収については，次のような統計がある。1939〜1941 年，開拓総局による一陌あたりの土地買収平均価格は，熟地で 75〜117 円，荒地で 5〜7 円，1942 年，熟地・荒地をあわせた買収平均価格は 61 円，1943 年 115 円，1939〜1943 年を通した買収平均価格は 26 円であった［南満洲鉄道株式会社奉天調査室 1943，15］。徳恵県の土地は全国平均よりも高い価格で買収されたが，この価格は当時，この地域の標準的な地価のわずか約 40 パーセントであったとされる［徳恵県（市）地方志編纂委員会 2001，169］。

　1942 年 11 月，第二松花江上流の豊満ダムの水門が閉塞され，徳恵県の土地改良工事は 1943 年に始まった。工事は洪水・冠水の防止を重視し，まず洪水の防止のため，第二松花江，沐石河に堤防が築造された。すでにこれ以前から民間で簡易堤防がつくられていたが，規格も基準も統一されておらず，洪水防止の機能には限界があったという［徳恵県（市）地方志編纂委員会 2001，186-187，

第 7 章 戦時下の「開拓増産」と「農地開発」 205

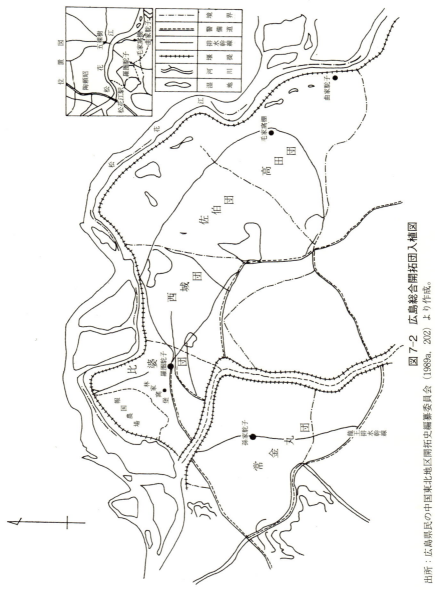

図 7-2 広島総合開拓団入植図

出所：広島県民の中国東北地区開拓史編纂委員会 (1989a, 202) より作成。

206　第2部　地域における政策展開

190-191]。同年，第二松花江左岸および沐石河両岸に堤防が完成した。また，冠水の防止のため，地区内に8本の幹線排水路をひき，大雨時の冠水防止をはかった。さらに1944年には，水門20カ所，排水路支線10カ所の築造が進められた［広島県民の中国東北地区開拓史編纂委員会 1989a，201]。

　1943年秋頃までに，この地区には広島総合開拓団が入植することが決定した。広島県は同年10月以降，県内各町村に分村・分郷形態による集団開拓団の編成を働きかけている。11月28日には，徳恵県公署で開拓総局，吉林省公署開拓庁，徳恵県公署，満拓公社，満洲土地開発株式会社の職員，広島県職員などが参加し，開拓団の入植に関する協議を行った［広島県民の中国東北地区開拓史編纂委員会 1989a，200]。

　他方で，この土地改良事業は，豊満ダムの建設と同様に，労工と呼ばれた多くの中国人労働者によって担われた。1943年6月現在，満洲土地開発株式会社に在籍した労働者は主に満洲国内からの約6万人とされる。第二松花江周辺では，新開河で9227人，第二松花江（ゴルロス前旗）で2669人，飲馬河で2356人が動員された［南満洲鉄道株式会社奉天調査室 1943，39]。徳恵県の労働者数は確認できないが，事業規模からみて，これらに匹敵する数の労働者が動員されていたと考えられる。こうした土地収奪や労働動員は地域の不満を生み出し，日本の敗戦とともに開拓団に向けて噴出する。

2．広島総合開拓団の入植とその戦後

　徳恵県の土地改良地区には，広島県内の佐伯・比婆・常金丸・高田・西城開拓団によって編成された広島総合開拓団が入植した【表7-1】。これら5カ団を送出したのは，いずれも分村・分郷移民の編成に熱心な地域であった[7]。計画戸数を達成するため，各地では積極的な宣伝活動や説得がなされた。そのうち，1942年9月に分村計画を申請した芦品郡常金丸村は，総戸数721戸（うち農業戸数621戸），一戸あたりの耕地面積は3反9畝で，「到底現在ノ儘ニテハ適正農業ノ経営ヲ為サシムルコト」のできない村であった［芦品郡常金丸村長後藤建一 1942]。1943年11月，常金丸村は第13次常金丸開拓団200戸の送出を

第 7 章　戦時下の「開拓増産」と「農地開発」　207

決定した［広島県芦品郡常金丸村長代理助役見平武雄 1943］。

　各団の幹部は茨城県内原訓練所で，基幹先遣隊は広島県比婆郡の七塚原修練農場，三江省樺川県の基幹開拓農民訓練所でそれぞれ訓練を行い，1944 年 3 月までに現地に入植した。補充先遣隊も加わって，4 月 3 日には，広島総合開拓団本部が置かれた羅圏駝子で入植式が行われた［佐々木・土居 2001, 1-5］。

　入植地は，岔路口村のほとんどと松花江村の一部にまたがっていた。岔路口村は，羅圏駝子，朝陽屯，欖頭房子屯，毛家油房屯に分かれ，1943 年現在，999 戸，8769 人（うち雇用労働力 330 人）が暮らしていた。京濱線松花江駅から本部のあった羅圏駝子には警備道路が通っており，岔路口警察署分駐所もあった。羅圏駝子から周辺の屯へも警備道路が整備され，入植時には護岸堤防や用排水路の建設，水田開発工事が進められていた。

　他方で，現地住民による土地利用状況は【表 7-2】の通りである。新たに水田造成も計画されたが，耕地面積はやや減少する。また，雇用労働力は「相当余裕アリ」とされた［吉林省徳恵県岔路口地区第十三次岔路口常金丸開拓団 1944］。

　入植直後には，「既存家屋利用ノ外満拓ニ於テソノ三〇％ノ建築代行準備中」であった。常金丸開拓団は林家窩堡に仮本部を設置したが，本部や先遣隊宿舎は既存家屋を利用した［吉林省徳恵県岔路口地区第十三次岔路口常金丸開拓団 1944］。その後，各団の入植地は【図 7-2】のように分割され，常金丸開拓団は「松花江駅ニ最モ近イ各団共熱望ノ第一地区ガ抽選デ当リ新設部落ノ杭入」をした。面積は 3125 陌で，中央を縦断する排水幹線工事が進められていた［常金丸開拓団長内田正雄 1944］。既存集落に隣接して団員家屋の建設が計画され，その周辺に所要耕地を設定したが［第十三次松花江常金丸開拓団 1944］，当初はやはり既存家屋を利用していた。先遣隊として入植した団員は，住宅を追われる現地住民の姿を目にしている。1945 年度の営農計画では，計画面積 497 陌（うち熟地は 284 陌）を，耕作地 251 陌，耕地防風林（畑地）6 陌，宅地（現畑地）27 陌，植林地（丘陵荒地）10 陌，放牧採草地（湿地荒地）200 陌にするとした。開拓団は現地住民にならって，大豆や高梁，粟などを作付けたほか，陸稲や蔬菜の導入を試みている［第十三次松花江常金丸開拓団 1944］。

208　第2部　地域における政策展開

表7-1　徳恵県開拓団入植一覧

種別-次	団名	入植年	出身地	在籍者数（人）	応召者数（人）	死亡者数（人）	未帰国者数(人)	帰国者数（人）	越冬地
集団-13	高田郷	1944	高田郡	299	26	147	29	123	原地
集団-13	佐伯郷	1944	佐伯郡	362	11	182	40	140	原地
集団-13	比婆郷	1944	比婆郡	206	13	33	3	170	原地
集団-13	西城村	1944	比婆郡	246	14	65	7	174	原地
集団-13	常金丸村	1944	芦品郡	220	18	94	4	122	原地

出所：木島（1986）より作成。

表7-2　広島総合開拓団土地利用計画

（単位：陌）

面積＼地目	水田	畑	荒地	放牧採草地	池沼	薪炭備林地	その他	計
入植時の現況	——	8,459	7,962	——	361		136	16,918
土地利用計画	2,250	4,500		3,330		2,790	3,428	16,298
1944年耕作予定面積	——	450						450

出所：吉林省徳恵県岔路口地区第十三次岔路口常金丸開拓団（1944）より作成。
注：一戸あたり標準面積は，水田2.5陌，畑5陌，放牧採草地3.7陌，薪炭備林地3.1陌。また200
　　戸が五カ団入植する計画であるが，1944年度は各団の入植地未定のため，総合開拓団全体で450
　　陌を分割耕作するとされた。

　広島総合開拓団は初年度から豊作だったとされるが，農作業には「現地人を
傭っていた」［小田・永岡1985，4，65］。家屋を接収した者とされた者が隣あわ
せて生活し，現地住民は後からきた日本人開拓団員に雇われる立場になった。

　1944年10月末以降，各団に本隊が入植したが［広島県民の中国東北地区開拓
史編纂委員会 1989a，211］，団員確保は困難を極め，分村助成金を受けていた常
金丸村では各集落に送出戸数を割り当てて，人数を確保しようとした［児玉正
昭 1997，191-193］。しかし戦況はさらに悪化し，1945年6月にはすべての送出
が打ち切られた[8]。

　1945年8月，ソ連軍が満洲に侵攻し，広島総合開拓団も終焉を迎える。当
時，徳恵県内には応召者200人を除いて2332人の日本人がおり，うち開拓団
員は1523人[9]であった［外務省アジア局第五課 1952b，6］。8月16日には，佐
伯，高田開拓団が江北の中国人約1000人に襲撃され，各団は総合本部があっ

第7章　戦時下の「開拓増産」と「農地開発」　209

た西城開拓団に集結した［外務省アジア局第五課 1952b, 154-155］。1946年1月までに県内で500人以上の日本人が死亡したと推定され，避難生活を送っていた佐伯，高田開拓団では衰弱死があいついだ。1946年1月以降，県内の日本人は長春へ移動し［外務省アジア局第五課 1952b, 156］，広島総合開拓団は同年9月から10月にかけて葫蘆島から船で博多へ引揚げた［木島 1986, 51］。日本の敗戦後，引揚げまでに開拓団員の約40パーセントが犠牲になった【表7-1】。

　以上のように，広島総合開拓団は強硬に送出されたにもかかわらず，結成からわずか1年あまりで現地への定着をみることなく敗戦を迎えた。敗戦直後には，現地住民の襲撃を受けるなどし，各団は大きな被害を出した。

　満洲国末期，すでに日本人移民政策も土地改良事業も事実上，崩壊しつつあった。農地を造成するために既利用地が収奪され，強制的に労働力が動員された。日本での団員確保も難航していた。

む　す　び

　「緊急農地造成計画」が実施された徳恵県では，すでに清朝の時期から農業開発が進んでいたが，1930年代後半以降，満洲国はこの地域の農業形態を左右する決定的な介入を行った。ひとつは，蒙地奉上によって開放蒙地におけるモンゴル側の権限を排除し，土地所有を一元化したことであり，もうひとつは，第二松花江の治水事業によって水田開発の青写真を描いたことである。

　しかしこうした近代的な農業開発への契機は，すでにその当初から日本人移民の入植を前提としたものであった。1943年以降に実施された徳恵県の土地改良事業は，既利用地の取得と現地労働力の動員によって成り立っていた。またすでに広島県では，団員の確保が困難になっていた。さらに入植した広島総合開拓団は，既利用地で現地住民の営農を引継ぎ，水田開発にはほとんど着手することなく敗戦を迎えた。他方で，戦後，中国政府は岔路口地区をはじめ，第二松花江沿岸各地で水田開発を進め，現在，これらの地域は一面の水田に生まれ変わっている。

210　第 2 部　地域における政策展開

　満洲国末期における以上のような「農業開発」は，食糧増産を目的とし，地域からの収奪によって成り立っていた。この「開発」はこの地域の戦後の農業形態に影響を与えたが，当時，日本人開拓団の農業生産はすべて日本に寄与するものとされ，満洲国は日本に対する食糧の供給源として位置づけられた。満洲国にとって，入植した日本人開拓団も，現地住民や動員された労働者も食糧増産を完遂するための一歯車でしかなかった。

　　注

（1）　盟・旗はモンゴルの行政単位で，盟の下に旗が置かれた。ジリム盟は，現在の黒龍江・吉林・遼寧省西部から内蒙古自治区東部にまたがる地域で，ホルチン 6 旗，ゴルロス 2 旗，ジャライド旗，ドゥルブド旗の 10 旗から構成されていた。

（2）　借地養民制は，清朝が雍正初年，山東地方の大飢饉を救済するために実施し，災害地域の農民を内モンゴルに移住させ，春から秋まで耕作させて，越年は許可しないという制度である［広川 2005，97］。

（3）　制度上，漢人農民に土地所有権は与えられなかったので，地主や土地所有という表現は適当ではないが，当時，実質的に永佃権は所有権とほぼ同等のものとして理解されていたため，そのまま利用する。また捹青は小作契約の一種で，雇主が小作人に対して牛馬，農具，住宅などを貸与し，収穫を一定の割合で分配するものである［満洲帝国協和会地籍整理局分会 1939，615］。

（4）　蒙地奉上について，詳しくは広川（2005）を参照のこと。広川は，蒙地奉上を「近代的」な土地制度の確立ととらえ，本項もこの枠組みに依拠している。

（5）　吉林市労工記念館展示による（2004 年 10 月 4 日現在）。

（6）　1942 年現在の興農部の統計によると，徳恵県における開拓総局所有地は 1 万 5639 陌［興農部農政司調査科 1942］，中国側の統計によると，開拓団が取得した土地は全体で 1 万 6264 ヘクタール，うち耕地が 7608 ヘクタールとされている［徳恵県（市）地方志編纂委員会 2001，169］。

（7）　広島県における広島総合開拓団の送出については，児玉正昭（1997）を参照。

（8）　昭和 20 年 7 月 11 日付広島県内政部長より常金丸村長宛拓第 129 号「昭和二十年度開拓民送出ニ関スル件」は，「本年度開拓民送出ニ関スル根本方針ニ付テハ近ク本省ヨリ指示アル予定ナルモ現下緊迫セル輸送事情ニ鑑ミ爾後当分ノ間新規

第 7 章　戦時下の「開拓増産」と「農地開発」　211

開拓民ノ送出ハ差シ控ヘラレ度。尚募集ヲ終了セル開拓民及未招致家族ニ付テモ
六月限渡満不可能ナルニ付適宜処理相成度依命通牒ス」としている［広島県内政
部長 1945］。

（9）　木島（1986）では 1333 人とされ【表 7-1】, やや異なっている。

終　章

1.　中央の政策決定と実施

　本書の目的は，満洲国の日本人移民政策を実証的に検討し，この政策に対する地域の側の関与を把握することであった。第1部では，移民行政機関の変遷とその業務，なかでも移民用地をめぐる業務や調査研究活動を通して，満洲国中央の政策決定と実施について検討した。

　1934年3月の土龍山事件を契機として，1935年7月，関東軍は満洲国民政部に拓政司を設置させ，これを日本人移民政策の実施に関与させた。1939年1月，満洲国は産業部に移っていた拓政司を開拓総局に拡大し，同年12月，日満両国政府は「満洲開拓政策基本要綱」を発表した。これによって，満洲国は国内における政策実施を担うことになり，開拓総局はその中心的機関となった。

　1940年以降，満洲国は中央・地方の移民行政機関や移民関係法，開拓青年義勇隊などの制度を整え，それに応じた財政負担を担うことになった。満洲国は「未利用地開発主義」を用地取得の基本方針とした。しかし戦時下には「開拓増産」に転換し，日本が要請する食糧増産にこたえるため，地域への配慮も放棄された。農地造成には労工，「虫食い団」には勤労奉公隊や耕作隊として現地住民が動員された。

　満洲国のもっとも主要な業務となった移民用地についてみれば，用地取得の主体は関東軍主導の下，東亜勧業，満拓会社，満拓公社へと移行し，開拓総局の設立によって国営とされた。この過程で，用地取得は現地に委員会を設置して地域の合意調達をはかる方法がとられるようになった。また満洲国は「未利用地開発主義」にしたがって，各地で土地改良事業を実施した。しかし，この事業も日本の戦況悪化にともなって「緊急農地造成計画」に転換し，「未利用地開発」の原則は放棄された。さらに1942年以降，団地計画によって，日本

214 終　章

人移民に移民用地の配分が実施された。土地は有償分譲とされ，その代金は年賦償還による回収が見込まれた。

　1940年6月には，開拓地における「総合的且実践的研究」を行うため，開拓総局の下に開拓研究所が設立された。研究所は各地の移民入植地で現地調査を実施したが，その調査は農家経済調査の実践としての色合いが強く，地域の理解には結びつかなかった。所長橋本傳左衛門は「民族協和」に否定的な考えをもっていた。

　もちろん，満洲国の移民政策には日本側の統制があった。関東軍は総務庁に設置された招墾地整備委員会，開拓委員会を通して，「内面指導」の経路を確保していた。また1936年以降，日本の拓務省，農林省などから満洲国の拓政司，開拓総局に日本の官僚や技師があいついで転入した。開拓研究所にも京大農学部卒業生を中心とする多くの若手研究者がやってきた。これによって，満洲国の日本人移民政策に日本側の方針が反映される体制ができ，アジア太平洋戦争時期には日本側の要請にそった「開拓増産」の遂行が可能になった。

　他方，1940年代初頭に満洲国がとった「開拓用地国営化」や「未利用地開発主義」などには，政策に対する地域の反応が間接的に反映されている。すでにみてきたように，政策担当者は移民用地取得において既墾地の買収や現地住民からの訴えがあったことを指摘している。満洲国は地域の反発を最小限とすべく，日本側とは異なる論理で政策を進めざるをえなかった。

　この政策は日本の対外移民政策であったのと同時に，満洲国の「開拓政策」でもあった。満洲国の政策としての一面をとらえるとき，そこには地域が政策に及ぼした影響の一端をみることができる。

2. 地域における政策展開

　第2部では，地域における政策展開を3つの事例から検討した。

　樺川県の事例では，満洲国初期に日本人移民用地買収をめぐって発生した土龍山事件とその後の関東軍，満洲国の対応を検討した。すでにみたように，この事件は関東軍の従来の移民用地買収方法に変更を加えることを余儀なくさせ，

用地取得事務を引継いだ満洲国は地域との交渉のなかで買戻や換地などの譲歩を求められ，住民側はさまざまな方法で自らの利益の確保をはかった。他方，事件当初，中国共産党は謝文東ら在地有力者に対する方針を定められなかった。

土龍山事件をめぐる地域の反応は，移民用地買収の方法を根本から変えるものであった。また地域の反応は満洲国の支配と中国東北人民の抵抗といった二項対立によってとらえることはできず，現地側にも中国共産党勢力，在地有力者層などそれぞれの立場があった。謝文東は後に東北抗日聯軍に合流し，満洲国に投降し，戦後は国民党についたが，その動揺に地域の葛藤とその複雑さをうかがうことができる。

盤山県の事例では，1940年から実施された満洲国の土地改良事業について検討した。盤山県では，すでに民国期に水田開発が試みられ，満洲事変後には沿海のアルカリ性土壌を改良して朝鮮人の安全農村が建設されていた。日本人移民のための土地改良事業はこの隣接地で実施され，多くの日本人が入植して水田耕作に従事した。盤山県の事例でも，移民用地の買収によって地域からの反発はあったが，「未利用地開発主義」によって地域への影響を最小限にするという土地改良事業の目的はおおむね達成されたといえる。

徳恵県の事例では，アジア太平洋戦争時期の「緊急農地造成計画」について検討した。すでに耕地化が進んでいたこの地域では，既利用地を収奪して農地「開発」が行われ，事業には多くの労工が動員された。また事業に先立って，蒙地奉上による土地所有の一元化，豊満ダム建設による松花江の治水・利水というこの地域の「開発」を左右する決定的な介入があった。しかし，収奪や動員に対して，地域から大きな反発があったようにはみられない。

これらの事例からは，満洲国の日本人移民政策が当初は地域の反応に制約され，そのために「未利用地開発」の方針を採用し，日本の戦況悪化と満洲国統治の浸透にしたがって最後は収奪性を全面に出していったことがうかがえる。

他方で，満洲国の日本人移民政策は一部の地域のありように変更を加えるものでもあった。樺川県の事例でみたように，満洲国は「治安維持」や日本人移民の定着のために，鉄道や警備道路，開拓道路などの交通インフラを整備した。

216 終　章

また盤山県の水田は，戦後内戦期に国民政府，次いで中国共産党に接収され，国共内戦によって一時的に荒廃したものの，1949 年以降，大規模農場として復興，拡充の工事が進められた。徳恵県における土地所有の一元化や松花江の治水・利水もこの地域の農業形態を変えたといえる。しかし，これらはいずれも満洲国の安定的な統治に寄与するものとされ，「開発」された農地は日本人の入植に対して優先的に充当されるものであった。さらにこれらの「開発」を支えたのは，現地の資源や労働力であったのである。

参考文献一覧

配列は著者・編者の五十音順，中国語文献はピンイン順による。

日本語文献

秋山淳子 2014「『満洲国』成立以降における土地商租権問題」寺林ほか編 2014 所収

浅田喬二 1968『日本帝国主義と旧植民地地主制——台湾・朝鮮・満州における日本人
　　大土地所有の史的分析』御茶の水書房

―― 1973『日本帝国主義下の民族革命運動——台湾・朝鮮・「満州」における抗日農民
　　運動の展開過程』未来社

―― 1976「満州農業移民政策の立案過程」満州移民史研究会編 1976 所収

―― 1989『日本帝国主義と旧植民地地主制——台湾・朝鮮・「満州」における日本人大
　　土地所有の史的分析』増補版，龍渓書舎

―― 1993「満州農業移民と農業・土地問題」『植民地化と産業化』（岩波講座『近代日
　　本と植民地』第 3 巻）岩波書店

浅田喬二・小林英夫編 1986『日本帝国主義の満州支配——十五年戦争期を中心に』時潮
　　社

荒武達朗 2008『近代満洲の開発と移民——渤海を渡った人びと』汲古書院

阿部公雄 1943「千振に於ける家畜——千振街総合調査（三）」『大陸開拓』第 6 輯

荒又操・花崎一郎・小笠原利夫 1943「黒台信濃村開拓協同組合調査——黒台信濃村の概
　　況（二）」『大陸開拓』第 5 輯

蘭信三 1994『「満州移民」の歴史社会学』行路社

―― 2002「「満洲移民」の問いかけるもの」『環』Vol. 10

五十嵐淳浩・山口賢三 1942「黒台信濃村土壌肥料調査——黒台信濃村の概況（一）」『大
　　陸開拓』第 4 輯

池田泰治郎 1938「満洲国の土地改良事業」『産業部月報』第 2 巻第 5 号

石田興平 1964『満洲における植民地経済の史的展開』ミネルヴァ書房

今井良一 2001「『満州』農業移民の経営と生活——第一次移民団『弥栄村』を事例とし
　　て」『土地制度史学』第 173 号

―― 2003「『満州』試験移民の地主化とその論理——第 3 次試験移民団『瑞穂村』を事

218　参考文献一覧

　　　　例として」『村落社会研究』第 9 巻第 2 号

―― 2005「戦時下における『満州』分村開拓団の経営および生活実態――長野県泰阜
　　　　分村第 8 次大八浪開拓団を事例として」『村落社会研究』第 12 巻第 1 号

―― 2008「大八浪開拓団の農業経営と開拓生活」〈満洲泰阜分村――七〇年の歴史と記
　　　　憶〉編集委員会編『満洲泰阜分村――七〇年の歴史と記憶』泰阜村

五十子巻三 1965「開拓移民政策の根本理念」満洲回顧集刊行会編 1965 所収

弥栄村開拓協同組合編 1942『弥栄開拓十年誌』満洲事情案内所（松下光男編『弥栄村
　　　　史――満洲第一次開拓団の記録』弥栄村史刊行委員会，1986 年復刻）

上田貴子 2003「文史資料についての覚書」『近現代東北アジア地域史研究会ニューズレ
　　　　ター』第 15 号

上原轍三郎［1937］『満洲農業移民の一形態――天理村』（満蒙研究資料第 24 号）北海
　　　　道帝国大学満蒙研究会

内田弘四編 1979『豊満ダム――松花江堰堤発電工事実録』大豊建設

浦上正義 1944「千振に於ける作物栽培調査――千振街総合調査（六・完）」『大陸開拓』
　　　　第 8 輯

宇留野勝彌 1978「満州開拓医興亡記」『日本医事新報』第 2806 号

江夏由樹 1983「清末の時期，東三省南部における官地の丈放の社会経済史的意味――
　　　　錦州官荘の丈放を一例として」『社会経済史学』第 49 巻第 4 号

江夏由樹・中見立夫・西村成雄・山本有造編 2005『近代中国東北地域史研究の新視角』
　　　　山川出版社

大出尚子 2014『「満洲国」博物館事業の研究』汲古書院

大槻正男 1938『農家経済簿記――その原理と京大式簿記詳説』養賢堂

大槻正男・永友繁雄 1935a「農家経済簿記」1，『農業と経済』第 2 巻第 1 号

―― 1935b「農家経済簿記」2，『農業と経済』第 2 巻第 2 号

―― 1935c「農家経済簿記」3，『農業と経済』第 2 巻第 3 号

―― 1935d「農家経済簿記」4，『農業と経済』第 2 巻第 5 号

小山内懋ほか 1941『水曲柳開拓団農家経済調査（康徳七年度）』（開拓研究所資料第 15
　　　　号）満洲国立開拓研究所

小田研一・永岡亀太郎 1985『松花江比婆開拓団』

小都晶子 2003「『満洲国』政府による日本人移民政策実施体制の確立と『日満一体化』」
　　　　『現代中国』第 77 号

参考文献一覧　219

―― 2006「日本人移民政策と『満洲国』政府の制度的対応――拓政司，開拓総局の設置を中心に」『アジア経済』第 47 巻第 4 号

―― 2007「『南満』日本人移民とその『記憶』――錦州省盤山県鯉城開拓団の『満洲』体験」山本有造編 2007 所収

―― 2008a「『満洲国』初期における日本人移民用地の取得と中国東北地域社会――『三江省』樺川県を事例として」西村成雄・田中仁編『中華民国の制度変容と東アジア地域秩序』汲古書院

―― 2008b「『満洲』における『開発』と農業移民――第二松花江『開発』と広島総合開拓団」蘭信三編『日本帝国をめぐる人口移動の国際社会学』不二出版

―― 2017「満洲国立開拓研究所の調査と研究」『アジア経済』第 58 巻第 1 号

開拓総局 1941a『開拓農業実験場営農成績概要』（開拓総局資料第 9 号・営農資料第 3 号）

―― 1941b『満洲開拓第二期五カ年計画案』

――[1942a]『満洲開拓第二期五カ年計画実行方策案』（『満洲移民関係資料集成』第 5 巻，不二出版，1990 年復刻）

――[1942b]『満洲開拓第二期五カ年計画実行方策案附属書』（『満洲移民関係資料集成』第 5 巻，不二出版，1990 年復刻）

―― 1943『第一回開拓全体会議議事録』（『満洲移民関係資料集成』第 5 巻，不二出版，1990 年復刻）

開拓総局招墾処 1942『開拓団執務提要』

開拓総局総務処計画科 1940a『満洲農業開拓民入植計画ト其実績』（開拓総局資料第 4 号）

―― 1940b『満洲開拓政策基本要綱』（開拓総局資料第 6 号）

開拓総局・満洲拓植公社 1942『開拓民営農指導ノ手引――特ニ春季指導ニ必要ナル事項ニ就テ』

［著者不明］1939「開拓総合研究機構整備要綱（案）」

開拓増産中央実践本部 1944『康徳十二年度開拓民増産指導対策要綱』

［著者不明］1943「開拓部会康徳十年度運動計画要綱」『協和運動』第 5 巻第 4 号

［著者不明］1941「開拓分会誕生す」『協和運動』第 3 巻第 7 号

［著者不明］1943「開拓保健団（法人）を設立――民生部内に本部」『満洲公衆保健協会雑誌』第 8 巻第 4 号

220　参考文献一覧

加藤聖文 2017『満蒙開拓団――虚妄の「日満一体」』岩波書店

河村幸次郎 1943「千振に於ける耕種法及病害虫――千振街総合調査（五）」『大陸開拓』第 7 輯

川村長作 1965「満洲の農地開発と私」満洲回顧集刊行会編 1965 所収

関東軍司令部 1938a「移民根本国策決定ノ為ノ重要検討事項（案）」（『満洲移民関係資料集成』第 2 巻，不二出版，1990 年復刻）

―― 1938b「移民根本国策決定ノ為ノ重要事項検討促進ニ関スル件（案）」（『満洲移民関係資料集成』第 2 巻，不二出版，1990 年復刻）

―― 1939a「移民根本国策基本要綱」（『満洲移民関係資料集成』第 2 巻，不二出版，1990 年復刻）

―― 1939b「移民懇談会々議概要」（『満洲移民関係資料集成』第 2 巻，不二出版，1990 年復刻）

関東軍特務部 1934「満洲農業移民根本方策（案）」南満洲鉄道株式会社経済調査会編『満洲農業移民方策――満洲拓植株式会社設立方策』（『立案調査書類』第 2 編第 1 巻第 7 号）（1936 年）（『満洲移民関係資料集成』第 24 巻，不二出版，1992 年復刻）

［著者不明］1942「甘南土地改良事業の概要」『満洲開拓月報』昭和 17 年 1 月（『満洲移民関係資料集成』第 36 巻，不二出版，1992 年復刻）

貴志俊彦・松重充浩・松村史紀編 2012『二〇世紀満洲歴史事典』吉川弘文館

木島三千男 1986『満州 1945 年』地久館

喜多一雄 1944『満洲開拓論』明文堂

北博昭編・解説 1991『興亜青年勤労報国隊東朝義記録』（『十五年戦争重要文献シリーズ』第 4 集）不二出版

―― 1993『満洲建設勤労奉仕隊関係資料』（『十五年戦争重要文献シリーズ』第 14 集）不二出版

―― 1994『興亜学生勤労報国隊関係資料』（『十五年戦争重要文献シリーズ』第 16 集）不二出版

木原林二・内田寛 1935「拓務省第一次農業移民事業成績調査報告」南満洲鉄道株式会社経済調査会編『満洲農業移民方策』（『立案調査書類』第 2 編第 2 巻第 1 号）（1936 年）（『満洲移民関係資料集成』第 26 巻，不二出版，1992 年復刻）

岐阜県開拓自興会編 1977『岐阜県満洲開拓史』岐阜県開拓自興会

参考文献一覧　221

君島和彦 1976「満州農業移民関係機関の設立過程と活動状況」満州移民史研究会編
　　　　1976 所収

京都大学農学部創立 70 周年記念事業会 1993『京都大学農学部 70 年史』京都大学農学部
　　　　創立 70 周年記念事業会

京都帝国大学農学部第一調査班 1942『弥栄村総合調査』（開拓研究所資料第 20 号）満
　　　　洲国立開拓研究所

京都帝国大学農学部第二調査班 1941『瑞穂村総合調査』（開拓研究所資料第 10 号）満
　　　　洲国立開拓研究所

金静美 1992『中国東北部における抗日朝鮮・中国民衆史序説』現代企画室

金永哲 2012『「満洲国」期における朝鮮人満洲移民政策』昭和堂

楠見貞治 1939「躍進する開拓国策――日満移民会議で何が議せられたか？」『拓け満
　　　　蒙』第 3 巻第 3 号

楠本雅弘・平賀明彦編 1988『戦時農業政策資料集』第 1 集第 5 巻，柏書房

軍政部軍事調査部編 1937『満洲共産匪の研究』第 1 輯，軍政部顧問部

［著者不明］1940「康徳七年度運動方針」『協和運動』第 2 巻第 2 号

興安局 1938『開放蒙地奉上関係記録集成』

興安局調査科［1939］.『郭爾羅斯前旗開放蒙地調査報告書』（開放蒙地資料第一輯）興
　　　　安局

向野元生 1965「満蒙に遺したもの――見なおされる開拓興農」満洲回顧集刊行会編
　　　　1965 所収

興農部開拓総局 1944『第二回開拓全体会議資料』

興農部大臣官房 1943『興農部関係重要政策要綱集』追録第 1 号

―― 1944『興農部関係重要政策要綱集』追録第 2 号

興農部農政司調査科 1942『各市県旗別開拓用地熟地（旱田・水田）面積資料（開拓総
　　　　局用地科資料ヨリ）』

国務院総務庁人事処編纂 1935『満洲国官吏録』康徳 2 年 12 月 1 日現在

―― 1938『満洲国官吏録』康徳 5 年 4 月 1 日現在

―― 1939『満洲国官吏録』康徳 6 年 4 月 1 日現在

―― 1942『満洲国官吏録』康徳 9 年 11 月 1 日現在

国務院民政部 1936『民政年報』第 3 次，民政部総務司調査科

児玉徳三 1942『錦州省盤山県大窪地区開拓団に於ける水質調査』（開拓研究所資料第 22

222　参考文献一覧

　　　号）開拓研究所哈爾濱分所

児玉正昭 1997「第二次世界大戦末期の『満州農業移民』——広島県を素材に」移民研
　　　究会編『戦争と日本人移民』東洋書林

後藤連一 1939「三江省県聯に現はれたる満洲拓植公社」『協和運動』第 1 巻第 1 号

小西俊夫 1944『篤農家座談会速記録』（開拓研究所資料第 33 号）開拓研究所

—— 1965「開拓研究所の創設時代」満洲回顧集刊行会編 1965 所収

—— 1987「旧満洲国立開拓研究所と橋本先生」橋本先生追想集編集委員会編 1987 所収

小林英夫 1976「満州農業移民の営農実態」満州移民史研究会編 1976 所収

坂本四郎 1941「三江省下四開拓村に於ける農家経済調査」『大陸開拓』第 1 輯

—— 1943『北安，龍江省開拓村農家経済調査——瑞穂村，五福堂新潟村，北学田の部』
　　　（開拓研究所資料第 27 号）開拓研究所

—— 1944a『農家経済簿の集計方法』（開拓研究所指導資料第 12 号）開拓研究所

—— 1944b「開拓村農業経営の特徴に就いて」『大陸開拓』第 9 輯

—— 1965「開拓研究所の追憶」満洲回顧集刊行会編 1965 所収

—— 1987「橋本先生の掌の上で」橋本先生追想集編集委員会編 1987 所収

坂本四郎ほか 1942a『五福堂開拓団農家経済調査（康徳八年度）』（開拓研究所資料第 18
　　　号）満洲国立開拓研究所

—— 1942b『三江省開拓村農家経済調査——弥栄村・千振街・熊本村・東北村』（開拓
　　　研究所資料第 23 号）満洲国立開拓研究所哈爾濱分所

［作道好男・作道克彦編著］1985『京都大学農学部六十年史』教育文化出版教育科学研
　　　究所

佐々木要・土居進 2001『満洲分村常金丸開拓団追憶史（編年記録）』

佐藤紳二編著 1980『曠野の栄光と挫折——熊本県満蒙開拓団の全記録』熊本日日新聞
　　　社

産業部 1939「開拓総局官制公布に際して」『産業部月報』第 3 巻第 1 号

産業部拓政司 1938a『満洲国に於ける日本内地人農業移民』（産業部資料第 36 号・拓政
　　　資料第 2 号）産業部資料科

—— 1938b『拓政関係例規集』

［著者，発行年不明］『三江省鶴立県鶴立崗地区湿地開拓事業計画概要』（東京大学東洋
　　　文化研究所図書室所蔵）

［著者，発行年不明］『三江省鶴立県蓮江口地区湿地開拓事業計画概要』（東京大学東洋

参考文献一覧　223

文化研究所図書室所蔵）

三江省民政庁行政科 1935「移民入植ヨリ拓殖会社成立ニ至ル迄ノ経緯」

実業部農務司墾務科 1937「招墾適地調査要項」

清水美里 2015『帝国日本の「開発」と植民地台湾――台湾の嘉南大圳と日月潭発電所』
　　　　有志舎

下村得治・鳥居精一 1943「千振の土性――千振街総合調査（四）」『大陸開拓』第7輯

植民地文化学会・中国東北淪陥 14年史総編室編著 2008『「満洲国」とは何だったのか
　　　　――日中共同研究』小学館

植民地文化学会編 2014『近代日本と「満州国」』不二出版

佳木斯農事試験場 1937『三江省地方ニ於ケル土地制度ト開拓』

白木沢旭児 2014a「満洲拓植公社の事業展開」寺林伸明・劉含発・白木沢旭児編 2014
　　　　所収

――2014b「満洲開拓における北海道農業の役割」寺林伸明・劉含発・白木沢旭児編
　　　　2014所収

白取道博 2008『満蒙開拓青少年義勇軍史研究』北海道大学出版会

代元正成 1942「農家経済経営調査」『調査』第2巻第3号

沈潔 1996『「満洲国」社会事業史』ミネルヴァ書房

［著者不明］1939「人事異動」『産業部月報』第3巻第11号

末廣昭責任編集 2006『地域研究としてのアジア』（岩波講座『「帝国」日本の学知』第6
　　　　巻）岩波書店

鈴木慎次郎 1967「開拓科学研究所」暉峻義等博士追憶出版刊行会編集発行『暉峻義等
　　　　博士と労働科学』

鈴木浩・小倉次郎 1943「千振に於ける農家経済調査（康徳六年度）――千振街総合調査
　　　　（二）」『大陸開拓』第6輯

大東亜省 1943a『満洲開拓第二期五箇年計画実行目標』

――1943b『第八次大八浪開拓団総合調査報告書』（調査資料第13号・海外移植民調査
　　　　資料第5輯）

高倉新一郎 1943「千振に於ける開拓村構成と農家生活――千振街総合調査（一）」『大
　　　　陸開拓』第5輯

高橋泰隆 1997『昭和戦前期の農村と満州移民』吉川弘文館

高見成編纂 1941『鮮満拓殖株式会社満鮮拓植株式会社五年史』（『社史で見る日本経済

224　参考文献一覧

史』植民地編第 15 巻，ゆまに書房，2002 年復刻）

拓政司第一科 1936「拓務省特別農業移民の概況」『民政部調査月報』第 1 巻第 1 号

田口正信 1941a「農家経済調査研究会開催」『大陸開拓』第 1 輯

―― 1941b『永安屯開拓団農業経済調査――主として若草部落の建設過程に就て』（開
　　　拓研究所資料第 11 号）満洲国立開拓研究所

―― 1942「第二回開拓研究会十二月七，八両日哈爾濱分所に於て開催さる」『大陸開
　　　拓』第 2 輯

―― 1943「北海道農家の生活を体験して」『大陸開拓』第 6 輯

―― 1944「北海道畑作農家の経済に就て――開拓村千振との比較考察」『大陸開拓』第
　　　8 輯

―― 1987「橋本傳左衛門先生と私」橋本先生追想集編集委員会編 1987 所収

田中耕司責任編集 2006『実学としての科学技術』（岩波講座『「帝国」日本の学知』第 7
　　　巻）岩波書店

田中耕司・今井良一 2006「植民地経営と農業技術――台湾・南方・満洲」田中耕司責任
　　　編集 2006 所収

田中耕司ほか 2006「文献解題・研究資料紹介」田中耕司責任編集 2006 所収

田中恒次郎 1976「日本帝国主義の満州侵略と反満抗日闘争――中国革命の展開と関連
　　　して」満洲移民史研究会編 1976 所収

―― 1986「反満抗日運動」浅田喬二・小林英夫編 1986 所収

―― 1997『「満州」における反満抗日運動の研究』緑陰書房

玉真之介 1985「満州開拓と北海道農法」『北海道大学農経論叢』第 41 集

―― 2003「日満食糧自給体制と満洲農業移民」野田公夫編『戦時体制期』（『戦後日本
　　　の食料・農業・農村』第 1 巻）農林統計協会

―― 2016『総力戦体制下の満洲農業移民』吉川弘文館

塚瀬進 1993『中国近代東北経済史研究――鉄道敷設と中国東北経済の変化』東方書店

―― 1998「1940 年代における満洲国統治の社会への浸透」『アジア経済』第 39 巻第 7
　　　号

寺林伸明・白木沢旭児・劉含発編 2014『日中両国から見た「満洲開拓」――体験・記
　　　憶・証言』お茶の水書房

暉峻義等 1942「満鉄開拓科学研究所概要」『労働科学』第 19 巻第 1 号

東亜勧業株式会社 1933『営口農村設定計画書』

参考文献一覧　225

―― 1934a『営口農村概観』

―― 1934b『河東，営口，鉄嶺，綏化安全農村建設の経過並に現状』

―― 1935『朝鮮人安全農村建設経過並現状――営口・河東・鉄嶺・綏化・三源浦』

東京帝国大学医学部大陸衛生研究会第二回三河調査班 1941『三河露農調査』（開拓研究
　　　所資料第 12 号）満洲国立開拓研究所

任田新治 1965「農地開発事業の進展」満洲回顧集刊行会編 1965 所収

都甲謙介 1938『満洲百万戸移民国策の全貌』（満洲事情案内所報告第 44 号）満洲事情
　　　案内所

中兼和津次 1981『旧満洲農村社会経済構造の分析』アジア政経学会

永友繁雄 1941「満洲の農業経営」『大陸開拓』第 1 輯

永友繁雄ほか 1941『開拓村に於ける雇傭労働事情調査』（開拓研究所資料第 13 号）満
　　　洲国立開拓研究所

中村孝二郎 1973『原野に生きる――ある開拓者の記録』開拓史刊行会

西村成雄 1984『中国近代東北地域史研究』法律文化社

―― 1987「中国東北地域における植民地支配と農村社会――『東安省』地主権力の変
　　　容」『大阪外国語大学学報』第 74 号

二星豊彦 1965「前郭旗と盤山の農地造成事業」満洲回顧集刊行会編 1965 所収

日本学術振興会 1937『満洲移民問題と実績調査』

［著者不明］1937「農務司事務分担表（康徳 4 年 5 月現在）」（共同組合図書資料センタ
　　　ー那須文庫所蔵）

朴敬玉 2015『近代中国東北地域の朝鮮人移民と農業』お茶の水書房

橋本傳左衛門 1932『満州移民発展策』

―― 1934「満洲移民の根本国策樹立の必要」『農業と経済』第 1 巻第 1 号

―― 1941「発刊の辞」『大陸開拓』第 1 輯

―― 1944「満洲移民発端の回顧（上）」『開拓』第 8 巻第 7 号

―― 1945「満洲移民発端の回顧（二）」『開拓』第 9 巻第 1 号

―― 1973『農業経済の思い出』橋本先生長寿記念事業会

橋本傳左衛門・京都帝国大学農学部本誌編集委員その他学生 1938「有畜農業調査を語る
　　　（座談会）」『農業と経済』第 5 巻第 8 号

橋本先生追想集編集委員会編 1987『橋本傳左衛門先生の思い出』農村更生協会

浜口裕子 1996『日本統治と東アジア社会――植民地期朝鮮と満洲の比較研究』勁草書

226　参考文献一覧

　　　房

早川［潔］1941「編輯後記」『大陸開拓』第1輯

哈爾濱分所第一部研究室 1944a「康徳八年度東安省開拓村農家経済調査──黒台村・西

　　　二道崗村」『大陸開拓』第8輯

── 1944b「三江省開拓村農家経済調査概要（康徳八年度）──弥栄村・千振街・熊本

　　　村・東北村」『大陸開拓』第9輯

［著者不明］1941「盤山土地造成事業の概貌」『満洲開拓月報』昭和16年12月（『満洲

　　　移民関係資料集成』第36巻，不二出版，1992年復刻）

広川佐保 2005『蒙地奉上──「満州国」の土地政策』汲古書院

広島県民の中国東北地区開拓史編纂委員会編 1989a『広島県満洲開拓史』上巻，広島県

　　　民の中国東北地区開拓史編纂委員会

── 1989b『広島県満洲開拓史』下巻，広島県民の中国東北地区開拓史編纂委員会

廣部永三郎 1940「協和会運動と開拓団」『協和運動』第2巻第4号

濱江省 1940『第三次開拓団瑞穂村建設五カ年史』濱江省公署

濱江省開拓庁 1939『濱江省管内開拓団概況（附濱江省農地造成計画概況，濱江省未利

　　　用地整備概況）』

濱江省長官房［1939］『濱江省農地造成計画概要』（濱江省弘報資料第2輯）

福留邦男・鈴木堯司 1935「拓務省第二次農業移民事業成績調査報告」南満洲鉄道株式会

　　　社経済調査会編『満洲農業移民方策』（『立案調査書類』第2編第2巻第1号）

　　　（1936年）（『満洲移民関係資料集成』第26巻，1992年復刻）

福永豊次 1964「満洲開拓の記」下田曲水編『砥用町史』下益城郡砥用町役場

藤原辰史 2007「学に刻まれた『満洲』の記憶──杉野忠夫の『農業拓殖学』」山本有造

　　　編 2007所収

古海忠之［1954］「満洲に於ける日本開拓政策に関する罪行」（新井利男・藤原彰編『侵

　　　略の証言──中国における日本人戦犯自筆供述書』岩波書店，1999年所収）

── 1978『忘れ得ぬ満洲国』経済往来社

閉鎖機関整理委員会編 1954『閉鎖機関とその特殊清算』1，在外活動関係閉鎖機関特殊

　　　清算事務所（クレス出版，2000年復刻）

［著者不明］1941「北満開拓地総合調査座談会」『開拓』第5巻第2号

星野直樹 1963『見果てぬ夢──満州国外史』ダイヤモンド社

細谷亨 2014a「戦時期における満洲分村移民送出と母村の変容──長野県諏訪郡富士見

村を事例に」『社会経済史学』第 80 巻第 2 号

―― 2014b「アジア・太平洋戦争期における『満洲分郷移民』の展開――新潟県中魚沼郡送出・『日生共栄開拓団』（1942-45 年）を事例として」『三田学会雑誌』第 107 巻第 3 号

堀和生 1987「『満州国』における電力業と統制政策」『歴史学研究』第 564 号

牧野伊三郎 1984「暴民の攻撃に耐えて」満拓会編著『満蒙開拓・死地からの脱出――満洲拓植公社社員と家族の敗戦引揚記録』あずさ書店

松村高夫 1972「満州国成立以降における移民・労働政策の形成と展開」満州史研究会編 1972 所収

松本武祝 2005『朝鮮農村の「植民地近代」経験』社会評論社

松本俊郎 2000『「満洲国」から新中国へ――鞍山鉄鋼業からみた中国東北の再編過程 1940-1954』名古屋大学出版会

［著者，発行年不明］『満洲移民関係要綱，要領集』（東洋文庫所蔵）

［著者，発行年不明］「満洲開拓第二期五カ年計画要綱案比較表」（アメリカ合衆国議会図書館所蔵）

満州移民史研究会編 1976『日本帝国主義下の満州移民』龍渓書舎

満洲回顧集刊行会編集 1965『あゝ満洲――国つくり産業開発者の手記』満洲回顧集刊行会

満洲開拓史刊行会編 1966『満洲開拓史』満洲開拓史刊行会

満洲開拓史復刊委員会企画編集 1980『満洲開拓史』増補版，全国拓友協議会

満洲建設勤労奉仕隊中央実践本部 1939「満洲建設勤労奉仕隊要綱」北博昭編・解説『満洲建設勤労奉仕隊関係資料』（『十五年戦争重要文献シリーズ』第 14 集，不二出版，1993 年復刻）

満洲国開拓総局 1941『満洲開拓第二期五カ年計画実施ニ際シテ』

満洲国軍刊行委員会編 1970『満洲国軍』蘭星会

［著者，発行年不明］『満洲国経済建設ニ関スル資料』（一橋大学経済研究所所蔵）

満洲国興農部開拓総局 1939a『三江省通河県新立屯地区営農標準案』

―― 1939b『濱江省海倫県三井子地区営農標準案』

―― 1939c『濱江省珠河県帽児山地区営農標準案』

満州国最高検察庁編 1941『満州国開拓地犯罪概要』（山田昭次編『満州移民』（『近代民衆の記録』6），新人物往来社，1978 年所収）

228 参考文献一覧

満洲国産業部農務司 1940『満洲国亜爾加里地帯調査報告』（産業部資料第 53 号）産業
　　　部大臣官房資料科

満洲国実業部臨時産業調査局編 1936a『康徳三年度農村実態調査報告書——戸別調査之
　　　部』第 1 分冊（瑷琿県，洮南県，樺川県，富錦県）

—— 1936b『康徳三年度農村実態調査報告書——戸別調査之部』第 4 分冊（海龍県，黒
　　　山県，盤山県，豊甯県，甯城県）

—— 1936c『大凌河水系第一号土地改良地区錦州省（錦県盤山県北鎮県大凌河左岸地
　　　方）調査書』（産調資料第 19 号）

—— 1937『康徳三年度県技士見習生農村実態調査報告書』吉林省徳恵県（産調資料第
　　　38 号）

満洲国史編纂刊行会編 1970『満洲国史』総論，満蒙同胞援護会

—— 1971『満洲国史』各論，満蒙同胞援護会

満洲国水力電気建設局編 1940『松花江水力発電計画概要』満洲電気協会

満洲国大同学院満洲国地方事情編纂会編 1934『満洲国地方事情』概説篇，大同印書館

満洲国通信社 1937『満洲国現勢』康徳 4 年版

—— 1938『満洲国現勢』康徳 5 年版

—— 1939『満洲国現勢』康徳 6 年版

—— 1940a『満洲国現勢』康徳 8 年版

—— 1940b『満洲開拓年鑑』康徳 7 年・昭和 15 年版（『満洲移民関係資料集成』第 31
　　　巻，不二出版，1992 年復刻）

—— 1941a『満洲国現勢』康徳 9 年版

—— 1941b『満洲開拓年鑑』康徳 8 年・昭和 16 年版（『満洲移民関係資料集成』第 32
　　　巻，不二出版，1992 年復刻）

—— 1942b『満洲開拓年鑑』康徳 9 年・昭和 17 年版（『満洲移民関係資料集成』第 33
　　　巻，不二出版，1992 年復刻）

—— 1944『満洲開拓年鑑』康徳 11 年・昭和 19 年版（『満洲移民関係資料集成』第 34
　　　巻，不二出版，1992 年復刻）

満洲国法制研究会編 1942『満洲国開拓農場法解説』興亜書院（国立国会図書館デジタ
　　　ルコレクション info:ndljp/pid/1457448）

［満洲国立開拓研究所］1944『満洲国立開拓研究所要覧（康徳 11 年 5 月現在)』

満州史研究会編 1972『日本帝国主義下の満州』御茶の水書房

満洲拓植公社 1939『第 2 回営業報告書』(『営業報告書集成』第 4 集 R360, 雄松堂書店, 1981 年復刻)

── 1940a『業務概要』(第七十六回帝国議会説明資料)(『満洲移民関係資料集成』第 11 巻, 不二出版, 1991 年復刻)

── 1940b『第 3 回営業報告書』(『営業報告書集成』第 4 集 R360, 雄松堂書店, 1981 年復刻)

── 1941『第 4 回営業報告書』(『営業報告書集成』第 4 集 R360, 雄松堂書店, 1981 年復刻)

── 1942『団地計画と農地配分計画』

── 1943『第八十四回帝国議会説明資料』(『満洲移民関係資料集成』第 12 巻, 不二出版, 1991 年復刻)

── 1944『団地計画と農地配分の指針』

満洲拓植公社土地課 [1939].『招墾地整備業務須知』満洲拓植公社

満洲拓植公社東京支社 1939『満洲開拓政策に関する内地側会議要録』(『満洲移民関係資料集成』第 3 巻, 不二出版, 1990 年復刻)

満洲帝国協和会地籍整理局分会 1939『土地用語辞典──日本・中国・朝鮮』厳南堂書店 (1981 年復刻)

満洲帝国協和会中央本部調査部編 [1943]『協和会組織運動叢書』第 2 輯上巻 (国立国会図書館憲政資料室「片倉衷文書」405)

満洲帝国地方事情大系刊行会編 1936『錦州省盤山県事情』(満洲帝国地方事情大系)

満洲土地開発株式会社 1941『満洲土地開発』

満鉄経済調査会 1934『遼河下流邦人移住地調査実施ニ関スル件──関東軍特務部打合会議議事報告書』

満鉄・産業部 1936『拓務省第五次移民団入植準備作業調査報告』

── 1937a『邦人移民地彙報』第 1

── 1937b『移民地常駐調査員報告座談会要録』(1937 年 4 月)

満鉄新京支社調査室 1941「調聯会務報告」『調査』第 1 巻第 1 号

満鉄調査部 1939a『日鮮満移民各関係機関懇談会報告』

── 1939b『三江省通河県新立屯地区営農計画案』

満鉄北満経済調査所 1938『濱江省珠河県帽児山地区ニ於ケル邦人第八次集団移民ノ農業経営計画案』(北経調査特第 6 号)

230　参考文献一覧

満蒙資料協会 1937『満洲紳士録』昭和 12 年版（『日本人物情報大系』第 13 巻，皓星社，
　　1999 年復刻）

―― 1940『満洲紳士録』第 3 版（『日本人物情報大系』第 14 巻，皓星社，1999 年復刻）

―― 1942『満華職員録』康徳 9 年・民国 31 年版（『日本人物情報体系』第 18 巻，皓星
　　社，1999 年復刻）

―― 1943『満洲紳士録』第 4 版（『日本人物情報大系』第 15 巻，皓星社，1999 年復刻）

水野福徳・石川伝二・井上実 1965「土龍山事件と密山工作」満洲回顧集刊行会編 1965
　　所収

南満洲鉄道株式会社編纂 1935『一般民地』中巻（満洲旧慣調査報告書）大同印書館
　　（復版）

南満洲鉄道株式会社経済調査会編 1935a『吉林省内三姓・勃利地方経済事情』

―― 1935b『満洲運河及水利計画方策』（『立案調査書類』第 18 編第 3 巻第 1 号）

―― 1935c『満洲治水方策』（『立案調査書類』第 18 編第 1 巻第 1 号）

―― 1935d『満洲国土地方策』（『立案調査書類』第 4 編第 1 巻）

―― 1935e『満洲農業移民方策』（『立案調査書類』第 2 編第 1 巻第 2 号）（『満洲移民関
　　係資料集成』14，不二出版，1991 復刻）

―― 1935f『満洲農業移民方策』（『立案調査書類』第 2 編第 1 巻第 2 号続 1）（『満洲移
　　民関係資料集成』15，不二出版，1991 年復刻）

―― 1936『満洲農業移民方策――満洲拓植株式会社設立方策』（『立案調査書類』第 2
　　編第 1 巻第 7 号）（『満洲移民関係資料集成』第 24 巻，不二出版，1991 年復
　　刻）

南満洲鉄道株式会社奉天調査室 1943『満洲農地造成及改良事業実施状態調査（序説）』

宮嶋博史・李成市・尹海東・林志弦編 2004『植民地近代の視座――朝鮮と日本』岩波書
　　店

村岡重夫 1938「盤山県に於ける鮮農水田経営の一例」『産業部月報』第 2 巻第 1 号

本岡武 1940「北満開拓と所謂北海道農法導入問題――北満開拓地農業経営論の一節」
　　『帝国農会報』第 30 巻第 12 号

―― 1941a「満洲開拓農業経営の基本問題――特に経営形成過程の問題を中心として安
　　田技佐の反駁に答ふ」『帝国農会報』第 31 巻第 10 号

―― 1941b「満洲農業開拓に関する文献評論」『農業と経済』第 8 巻第 12 号

安田泰次郎 1941「北満開拓地農業経営の新動向」『帝国農会報』第 31 巻第 4 号

参考文献一覧　231

山口重次 1973『満洲建国の歴史——満洲国協和会史』栄光出版社

山田豪一 1962a「満州における反満抗日運動と農業移民」上，『歴史評論』第 142 号

── 1962b「満州における反満抗日運動と農業移民」中，『歴史評論』第 143 号

── 1962c「満州における反満抗日運動と農業移民」下の 1，『歴史評論』第 145 号

── 1962d「満州における反満抗日運動と農業移民」下の 2，『歴史評論』第 146 号

山室信一 1993「『満洲国』統治過程論」山本有造編 1993 所収

山本有造 2007「『満洲』の終焉」山本有造編 2007 所収

山本有造編 1993『「満洲国」の研究』京都大学人文科学研究所

── 2007『「満洲」——記憶と歴史』京都大学学術出版会

山本晴彦 2013『満洲の農業試験研究史』農林統計出版

［著者不明］1939「結城開拓総局長談」『産業部月報』第 3 巻第 8 号

横山敏男 1945『満洲水稲作の研究』河出書房

羅錫勝 1941『満農雇傭労働事情調査』（開拓研究所資料第 14 号）満洲国立開拓研究所

羅錫勝・田広辰 1941『満農経済調査報告——阿城，密山，樺川，北安』（開拓研究所資料第 9 号）満洲国立開拓研究所

李海訓 2015『中国東北における稲作農業の展開過程』御茶の水書房

李良志（田中仁訳）1990「抗日民族統一戦線樹立における王明の役割について」『大阪外国語大学論集』第 2 号

劉含発 2001『日本人満洲移民と中国東北農民——満洲移民の土地問題をめぐる日中農民関係』新潟大学提出博士論文

── 2003「日本人満洲移民用地の獲得と現地中国人の強制移住」『アジア経済』第 44 巻第 4 号

S・P・S 1939「開拓総局を繞る人々」『満洲行政』第 6 巻第 2 号

中国語文献

盤錦市人民政府地方志辦公室編 1998a『盤錦市志』1（政治巻）北京　方志出版社

── 1998b『盤錦市志』2（総合巻）北京　方志出版社

── 1998c『盤錦市志』3（農業巻）北京　方志出版社

徳恵県（市）地方志編纂委員会作 2001『徳恵県志』長春　長春出版社

高楽才 2000『日本"満洲"移民研究』北京　人民出版社

232　参考文献一覧

韓健平ほか 2006『日偽時期的殖民地科研機構——歴史与文献』済南　山東教育出版社

黒龍江省檔案館・黒龍江省社会科学院歴史研究所編 1989『日本向中国東北移民』哈爾濱
　　　　黒龍江省新聞出版局

黒龍江省樺南県政協文史辦 1985「土龍山地区惨案」中国人民政治協商会議黒龍江遼寧
　　　　吉林省委員会文史資料研究委員会編『不能忘記的歴史』（黒龍江文史資料第 19
　　　　輯）哈爾濱　黒龍江人民出版社

金穎 2012『中国東北地区水利開発史研究（1840-1945)』北京　中国社会科学出版社

梁波 2006『技術与帝国主義研究——日本在中国的殖民科研機構』済南　山東教育出版
　　　　社

劉澤夫 1982a『土龍山農民暴動』哈爾濱　黒龍江人民出版社

—— 1982b「土龍山農民暴動紀実」中国人民政治協商会議黒龍江省哈爾濱市委員会文史
　　　　資料研究委員会編『黒龍江文史資料』第 4 輯，哈爾濱　黒龍江人民出版社

農業部農業機械化管理司編 2009『中国農業機械化重要文献選編（1949-2009)』北京
　　　　中国農業出版社

任夢里 1993「大野郷開拓団始末」李作権編『経済略奪』（偽満史料叢書）長春　吉林人
　　　　民出版社

蘇来 1986「土龍山農民抗日暴動」中国人民政治協商会議佳木斯市委員会文史資料研究
　　　　委員会編『佳木斯文史資料』第 5 輯，佳木斯　中国人民政治協商会議佳木斯市
　　　　委員会文史資料研究委員会

孫春日 2003『「満洲国」時期朝鮮開拓民研究』延吉　延辺大学出版社

孫福梅 1986「日本開拓団在盤山」『東北地方史研究』1986 年第 2 期

—— 1989「偽満時期日本帝国主義対遼河下游地区的農業略奪」東北三省中国経済史学
　　　　会・東北淪陥十四年史総編室・吉林省民族研究所・吉林師範学院古籍研究所編
　　　　『中国東北地区経済史専題国際学術会議文集』北京　学苑出版社

孫継武・鄭敏編 2002『日本向中国東北移民的調査与研究』長春　吉林文史出版社

孫進・劉秀蘭編 2005『土龍山農民暴動』樺南　中共樺南県委党史研究室

孫玉玲・趙済時 2002「日本"開拓団"入侵遼寧省大窪県情況的調査」孫継武・鄭敏編
　　　　2002 所収

田広辰 1951「対於冬季積肥攢糞的意見」『東北農業』第 22 期

—— 1952「両年来推広新農具工作中的幾点体会」『東北農業』第 34 期

王鴻賓ほか主編，《東北人物大辞典》総編纂委員会編 1996『東北人物大辞典』第 2 巻上，

瀋陽　遼寧古籍出版社

王勝今 2005『偽満時期中国東北地区移民研究——兼論日本帝国主義実施的移民侵略』
　　　　北京　中国社会科学出版社

葉忠輝ほか 1986『東北抗日聯軍第八，九，十，十一軍』哈爾濱　黒龍江人民出版社

衣保中 1999『朝鮮移民与東北地区水田開発』長春　長春出版社

衣保中・廉暁梅 1997「日本移民侵略与東北殖民地土地占有関係」『北方文物』1997 年第
　　　　3 期

中国人民政治協商会議大窪県委員会文史資料委員会編 1987『日偽時期大窪開拓団史料』
　　　　（大窪県文史資料第 7 輯）大窪　中国人民政治協商会議大窪県委員会文史資料
　　　　委員会

鐘秀成・関玉瓚・田広辰 1951「談談新旧耕作法問題」『東北農業』第 30 期

中央檔案館・中国第二歴史檔案館・吉林省社会科学院合編 1991『東北経済略奪』（日本
　　　　帝国主義侵華档案資料選編 14），中華書局

公文書類

・外務省記録

「本邦会社関係雑件　東亜勧業株式会社」（E. 2.2.1.3-2）

蜂谷奉天総領事 1933a 廣田外務大臣宛第 443 号電信　昭和 8 年 12 月 10 日

蜂谷奉天総領事 1933b 廣田外務大臣宛第 444 号電信　昭和 8 年 12 月 10 日

「満蒙各地に於ける朝鮮人農業状況関係雑件」（E. 4.3.1.6）

三村哲雄在営口領事館事務代理 1935 機密第 184 号電信「遼河流域に於ける鮮農分布状
　　　　況に関する件」昭和 10 年 5 月 23 日

「本邦移民関係雑件　満洲国ノ部」（J. 1.2.0. J2-23）

亜細亜局第三課 1934「土龍山事件概要」

在満洲国特命全権大使菱刈隆 1934a「依蘭県事件ニ関スル件」昭和 9 年 3 月 26 日

――― 1934b「土龍山事件ノ経過等ニ関スル件」昭和 9 年 3 月 31 日

駐満海参謀長 1934「吉林省依蘭方面土地買収事件ニ関スル状況報告」康徳元年 6 月 5
　　　　日

日小田三姓警察分署長 1934「最近ノ匪勢ト民心ノ動向ニ関スル件」康徳元年 4 月 10 日

菱刈大使 1934a 廣田外務大臣宛第 381 号電信　昭和 9 年 3 月 16 日

――― 1934b 廣田外務大臣宛第 484 号電信　昭和 9 年 4 月 2 日

234　参考文献一覧

—— 1934c 廣田外務大臣宛第 645 号電信　昭和 9 年 5 月 6 日

森島総領事 1934a 廣田外務大臣宛第 44 号ノ 2 電信　昭和 9 年 1 月 23 日

—— 1934b 廣田外務大臣宛合第 43 号電信　昭和 9 年 4 月 9 日

—— 1934c 廣田外務大臣宛合第 265 号電信　昭和 9 年 4 月 14 日

満洲国協和会中央事務局次長山口重次 1934「依蘭地方問題ニ対スル一般誤認是正ニ関
　　　スル件」康徳元年 6 月 8 日

[著者不明] 1934「聯合外信第 3 号」昭和 9 年 3 月 22 日

「満洲拓殖会社関係一件」1 (J. 1.2.0. J15)

在満洲国特命全権大使菱刈隆 1934c「吉林省東北部移民地買収ニ関スル件」昭和 9 年 4
　　　月 4 日

拓務省拓務局東亜課 1932「満洲移住適地調査概要一覧」

[著者，発行年不明]「調査事項」

「満洲拓殖会社関係一件」2 (J. 1.2.0. J15)

在佳木斯大久保主任 1938 佐藤外務大臣宛電報，昭和 13 年 3 月 4 日

「満洲拓殖会社関係一件」4 (J. 1.2.0. J15)

関東軍司令部 1935「満洲国移民機関設置案」昭和 10 年 3 月 1 日

「満洲省別概況」（調書）(K'. 7.1.2.2–2–1)

外務省アジア局第五課 1952a『錦州省概況』

—— 1952b『吉林省概況』

・**防衛庁防衛研究所「陸軍省大日記類」（アジア歴史資料センター）**

陸軍省軍務局軍事課 1936「満洲国民政部拓政司長任用ニ関スル件」Ref. C01003152600,
　　　昭和 11 年「陸満密綴 7.1〜7.13」

関東軍参謀長磯谷廉介 1939a「満洲国開拓総局技正要員として現職官吏割愛方に関する
　　　件」Ref. C01003430800, 昭和 14 年「満受大日記　第 6 号」

—— 1939b「満洲国開拓総局及地方内務行政関係職員募集に関する件」Ref.
　　　C01003433500, 昭和 14 年「満受大日記（密）」

—— 1939c「満洲国開拓総局技佐要員として日本現職官吏割愛方に関する件」Ref.
　　　C01003519700, 昭和 14 年「満受大日記　第 17 号」

関東軍参謀長飯村穣 1939「満洲国開拓総局技佐要員として日本国現職官吏割愛方に関
　　　する件」Ref. C01003535100, 昭和 14 年「陸満密大日記　第 18 号」

—— 1940「満洲国開拓総局技正要員として現職官吏割愛方に関する件」Ref.
　　C01003556000，昭和 15 年　陸満機密大日記　第 3 冊

・常金丸村役場「自昭和十七年起　満洲分村計画関係書類」
芦品郡常金丸村長後藤建一 1942 広島県知事宮村才一郎宛第 1988 号「満洲分村計画助
　　成金公布申請書」1942 年 9 月 19 日
吉林省徳恵県岔路口地区第十三次岔路口常金丸開拓団 1944「第十三次常金丸開拓団入
　　植計画案」康徳 11 年 3 月 8 日
第十三次松花江常金丸開拓団 1944「康徳十二年度営農計画概要書」
常金丸開拓団長内田正雄 1944 康徳 11 年 5 月 18 日付常金丸村宛書簡
広島県芦品郡常金丸村長代理助役見平武雄 1943 大東亜大臣青木一雄宛「第一三次常金
　　丸開拓団編成計画承認申請書」1943 年 11 月 16 日
広島県内政部長 1945 常金丸村長宛拓第 129 号「昭和二十年度開拓民送出ニ関スル件」
　　昭和 20 年 7 月 11 日

・一橋大学経済研究所附属社会科学統計情報研究センター「美濃部洋次満洲関係文
　書」
実業部 1935「墾務行政ノ帰属ニ就キテ」康徳 2 年 2 月 17 日，I-10-1

・東京大学教養学部「片倉衷関係文書」
［著者不明］1938「備忘録・第 1 号」（極秘）
［著者不明］1938「未利用地開発要綱」（秘，タイプ印刷）

・「東北日本移民檔案」（桂林　広西師範大学出版社，2003 年）
膳英雄錦州憲兵隊長 1942 錦憲高第 275 号「錦州省盤山県下内地開拓団員ノ一部動揺ニ
　　関スル件」昭和 17 年 6 月 14 日，吉林省档案館編『吉林巻』3
富錦支行 1938a「宝清県ニ於ケル満拓土地買収並ニ同県農民復興貸款整理ニ関スル件」
　　康徳 5 年 8 月 13 日，吉林省档案館編『吉林巻』1
富錦支行 1938b「綏濱県ニ於ケル満拓土地買収並ニ同県春耕貸款整理ニ関スル件」康徳
　　5 年 8 月 19 日，吉林省档案館編『吉林巻』1

236　参考文献一覧

・中央檔案館ほか編『東北経済略奪』（北京　中華書局，1991年）

哈爾濱警察庁長 1934a 哈警特秘発第 118 号「哈爾濱警察庁長致民政部警務司長報告」
　　　　1934 年 4 月 5 日

哈爾濱警察庁長 1934b 哈警特秘発第 142 号「哈爾濱警察庁長致民政部警務司長報告」
　　　　1934 年 4 月 9 日

牡丹江憲兵隊長 1937 牡憲高 201 号「牡丹江憲兵隊長致関東憲兵隊司令官報告」1937 年
　　　　3 月 14 日

治安部警務司長 1937 治警特秘第 182 号「治安部警務司長関于湯原県原住民対移民団遷
　　　　入的反応的報告」1937 年 8 月 18 日

治安部警務司 1937 治警特秘第 257 号「治安部警務司関於密山県楊木崗農民停止耕種水
　　　　田的報告」1937 年 9 月 2 日

・中央檔案館ほか編『東北地区革命歴史文件匯集』（長春　吉林人民出版社，1991
　年）

中共勃利県委 1935「中共勃利県委給吉東特委的報告——関於県委改組，四軍活動及韓
　　　　民工作等問題」（1935 年 8 月 5 日）甲 37

中共満洲省委 1934「中共満洲省委関於組織和領導反日反満的武装暴動，鞏固拡大赤色
　　　　遊撃区等問題給密山県委及勃利区委的信」甲 19

中共密山県委 1934「中共密山県委給吉東局的報告——関於密山，勃利政治形勢和赤色
　　　　遊撃隊，民変等工作」甲 27

あ と が き

　本書は，2007年3月に大阪外国語大学に提出した博士論文「『満洲国』の日本人移民政策と中国東北地域社会の変容」をもとにしている。当時の博士論文の審査にあたっては，田中仁先生，秋田茂先生，蘭信三先生，五島文雄先生，西村成雄先生にさまざまなご助言をいただいた。ご助言にこたえきれなかった部分も多く，中国東北地域の実態を明らかにするなどの本書で克服できなかった課題には今後も取り組んでいきたい。

　各章の初出は以下の通りである。本書の刊行にあたって，大幅に加筆・修正するとともに，一部で構成を組みかえている。

第1章　「日本人移民政策と『満洲国』政府の制度的対応──拓政司，開拓総
　　　　局の設置を中心に」（『アジア経済』第47巻第4号，2006年）

第2章　「『満洲国』政府による日本人移民政策実施体制の確立と『日満一体
　　　　化』」（『現代中国』第77号，2003年）

第3章　書き下ろし（第2節は第6章，第7章初出論文の一部）

第4章　「満洲国立開拓研究所の調査と研究」（『アジア経済』第58巻第1号，
　　　　2017年）

第5章　「『満洲国』初期における日本人移民用地の取得と中国東北地域社会
　　　　──『三江省』樺川県を事例として」（西村成雄・田中仁編『中華民国の制
　　　　度変容と東アジア地域秩序』汲古書院，2008年）

第6章　「『満洲国』の土地改良事業と日本人移民政策──錦州省盤山県を事例
　　　　として」（富士ゼロックス小林節太郎記念基金小林フェローシップ研究助成論文，
　　　　2006年）

なお，同稿の改訂版を「『南満』日本人移民とその『記憶』──錦州省盤山県
鯉城開拓団の『満洲』体験」（山本有造編『「満洲」──記憶と歴史』京都大学学術

238 あとがき

出版会，2007年）として発表した。
第7章 「『満洲』における『開発』と農業移民——第二松花江『開発』と広島
　　　総合開拓団」（蘭信三編『日本帝国をめぐる人口移動の国際社会学』不二出版，
　　　2008年）

　指導教官の田中仁先生には，学部在学中から一貫してご指導いただいてきた。
田中先生は資料と向き合うことの大切さを教えてくださり，学部卒業論文では
『盛京時報』を素材とした。大学院進学後，『政府公報』に出会えたことが，満
洲国の日本人移民政策に本格的に取り組むきっかけになった。田中先生は，些
細なことで立ち止まってしまう私が答えを出せるまで辛抱強くつきあってくだ
さった。田中先生の研究者，教育者としての姿勢はつねに私の目標である。
　中国東北地域史研究をご専門とする副指導教官の西村成雄先生は，いつも適
確な指摘を与え，またこの領域の研究を進めるうえで多くの機会を与えてくだ
さった。西村先生がお連れくださった京都大学人文科学研究所共同研究「記憶
と歴史——満洲縁故者の場合」（2002年4月～2004年3月）では，山本有造先生
をはじめとする先生方の議論から多くのことを学んだ。また近現代東北アジア
地域史研究会は，満洲移民研究を中国東北地域史の枠組みで進めようとする私
の視野を大きく広げてくれた。さらにこれら多くの研究の場をご一緒させてい
ただいてきた先輩の上田貴子さんには，公私にわたってお世話になっている。
　博士課程在籍中に留学した東北師範大学（吉林省長春市）では，歴史文化学
院の高楽才先生にご指導いただいた。高先生のご研究の背後にある東北人とし
ての歴史観，地域観に触れられたことは，何よりも得難い留学の成果であった。
　その後，国際日本文化研究センターの劉建輝先生に研究員としてひろってい
ただいた。恵まれた研究環境のなかで，刺激的な議論に触れることができ，充
実した日々を過ごすことができた。
　井村哲郎先生には，私が新潟大学で初めての学会発表をした2002年以来，
研究上，多くのご助言をいただいている。井村先生にはアメリカや中国東北地
域で資料調査をする機会もいただき，満鉄資料に対する先生の貢献を理解する

あとがき　239

ことができた。

　これまでに，以下の研究助成を受けてきた。
　富士ゼロックス小林節太郎記念基金 2004 年度小林フェローシップ研究助成
「『満州国』政府の日本人移民政策と中国東北地域社会──植民地統治と地域社
会の相互規定性」
　2007 年度笹川科学研究助成「近現代中国東北地域における日本人移民と農
業『開発』──『満洲国』移民関係機関の研究活動とその実践」
　りそなアジア・オセアニア財団 2007 年度研究助成「1940 年代中国東北地域
の農村『近代化』──村における日本の植民地支配と土地改革の経験を通して」
　2009～2010 年度科学研究費補助金・若手研究（B）「満洲移民をめぐる中国
東北地域社会の変容」(21710261)
　2016～2019 年度科学研究費補助金・基盤研究（C）「近現代中国東北地域の
農業開発──満洲国期の農地開発とその戦後」(16K03098)

　本書の刊行にあたっては，公益財団法人りそなアジア・オセアニア財団の出
版助成を受けた。この支援がなければ，本書の刊行は困難であった。深く御礼
申し上げる。また学術書の出版が厳しくなるなか，本書の出版を快諾してくだ
さった汲古書院の三井久人氏，入稿が大幅に遅れ，多大なご迷惑をおかけした
柴田聡子さんの励ましがなければ，刊行することはかなわなかった。あわせて
御礼申し上げる。
　ここまで多くの先生や友人に支えられてきた。最後に，研究の道に進みたい
といった日から今日まで，最大限の理解と支援を与えてくれた両親に感謝した
い。

　2019 年 4 月

　　　　　　　　　　　　　　　　　　　　　　小都　　晶子

索　引

あ行

アルカリ地帯調査　25, 94, 131, 188

石黒忠篤　　　30, 38, 120

磯谷廉介　　　　　　30

一・二六指示　　　　165

稲垣征夫　25, 30, 38, 45, 47, 63

移民事務処理委員会　35, 36

五十子巻三　25, 27, 45, 47, 63

尹相弼　　　　　　　18

宇留野勝彌　　　　　70

営口安全農村（営口農村）
179, 183, 185, 187, 188, 194

栄興安全農村（栄興農村）
106

営田股份有限公司（営田公司）
182, 184

大槻正男　　　121, 147

か行

街村制　　31, 32, 55, 56

開拓委員会　37〜39, 90, 214

開拓医学院　　　34, 70

開拓協同組合法　55, 56

開拓事業特別会計　26, 52

開拓指導員訓練所　54, 59, 131

開拓女塾　　　　54, 64

開拓増産中央実践本部　68

開拓増産本部　　65, 68

開拓団法　　　　55, 56

開拓道路　　　172, 215

開拓特別指導郡　　　64

開拓農業実験場　54, 61

開拓農場法　55, 56, 79, 104, 107, 108, 110

開拓保健団　　64, 70, 71

開拓民営農指導要領　61

開放蒙地　200, 201, 209

買戻　　　　168, 176, 215

換地　　88, 168, 176, 215

片倉衷　　　25, 30, 35

勝弘貞次郎　　　　182

加藤完治　　　30, 38, 120

勘領　　　　　170, 171

企画委員会　　　38, 39

基幹開拓農民訓練所　59, 207

祁致中　　　　165, 171

岸信介　　　　　　25

吉林省東北部移民地買収実施要綱　　　　166

義勇隊開拓団　　59, 67

義勇隊開拓民　　63, 67

協和会　31, 33, 48〜51, 75,

協和会関係

167

協和会開拓部会　51, 65, 146

協和会開拓分会　　50

協和会中央本部　31, 38, 49

緊急農地造成計画　67, 99, 100, 102, 110, 196, 203, 209, 213, 215

勤労奉公隊　73, 102, 188, 203, 213

公主嶺農事試験場　60, 123

江密峰開拓訓練所　59

五カ年二万戸送出計画　19, 20

谷次亨　　　　　　31

小平権一　　　　　120

さ行

三江省移民用地整備実施要領　　　　88

暫行的甲種移民実施要領案
21, 35, 85

謝文東　164, 165, 167, 169, 171, 172, 176, 215

集団部落　　　　19, 172

招墾地整備委員会　37〜39, 87, 170, 214

商租権　　　　8, 37, 103

水力電気建設局　　202

杉野忠夫　　　　　44

242 索 引 せん〜まん

宣撫工作　18, 19, 48, 87, 90
宗光彦　　　　　　4, 146

た行
第1回開拓全体会議　　65
第1次試験移民（第1次移
　民）　4, 16, 80, 104, 157,
　161, 164
第5次集団移民（第5次移
　民）　　　19, 20, 170
第3次試験移民（第3次移
　民）　16, 80, 82, 170
大東公司　　　　　203
第2回開拓全体会議　　66
第2次試験移民（第2次移
　民）　4, 16, 82, 157, 162,
　165
対満農業移民会議　17, 18
第4次試験移民（第4次移
　民）　　　18〜20, 170
大陸科学院　94, 119, 148
大陸帰農開拓団　192, 193
大陸帰農開拓民　64, 65, 67
高倉正　　25, 27, 31, 38
武部六蔵　　　　　63
田中孫平　22, 45, 48, 167
団地計画　　54, 106, 108〜
　111, 213
地籍整理　103, 104, 107,
　108
中国共産党　87, 157, 165,
　166, 171, 176, 215, 216
張学良　　　　8, 182

張景恵　　　　　　25
張作霖　　　　　　8
朝鮮人安全農村（安全農
　村）　106, 179, 183, 194,
　215
朝鮮総督府　35, 45, 100,
　102, 183, 194
坪上貞二　30, 31, 38, 85
暉峻義等　　　　　117
東亜勧業株式会社（東亜勧
　業）　16, 80〜85, 89, 103,
　162, 169, 182〜184, 213
東北抗日聯軍　165, 171,
　172, 215
東宮鉄男　　　80, 161
特別治安粛正工作　172
都甲謙介　17, 18, 31, 48
土龍山事件　9, 16, 17, 22,
　39, 80, 82, 84, 157, 158,
　164, 165, 168, 170, 171,
　176, 213〜215

な行
内国開拓民　52, 55, 56, 65,
　67, 72, 73, 90
内面指導　9, 15, 35, 37, 39,
　40, 75, 214
中村孝二郎　31, 82, 129,
　146
那須皓　　　　　　120
日鮮満移民各関係機関懇談
　会　4, 30, 117, 118
日満一体化　4, 47, 51, 75

二宮治重　　　　　38
日本人移民用地整備要綱
　　　21, 37, 85, 170
二十カ年百万戸送出計画
　3, 15, 21, 24, 35, 45, 51, 60,
　63, 89, 157, 194
農家経済調査　120, 121,
　123, 130, 146〜151, 214
農村経済更生運動　120,
　121
農務稷　　　　　　106

は行
橋本傳左衛門　30, 38, 119,
　122, 130, 214
平川守　　　22, 27, 31
藤原綱太郎　　122, 129
古海忠之　　　　　51
報国農場　　　66, 71, 72
豊満ダム　201〜204, 206,
　215
北満に於ける集団農業移民
　の経営標準案　60, 103
星野直樹　　　　27, 30
北海道農法　6, 60, 61, 145,
　150, 151

ま行
松木俠　　　　　　63
松野傳　　　　　　61
満洲医科大学　　　119
満洲移住協会　　　58
満洲開拓政策基本要綱　3,

索引 まん〜ろう 243

9, 15, 30, 32〜36, 39, 40,
43, 44, 47, 48, 51, 52, 55,
56, 58, 60〜63, 65, 70, 71,
74, 89, 90, 104, 106, 116〜
119, 121, 122, 131, 145,
213
満洲開拓青年義勇隊（青年
義勇隊）　27, 31, 32, 43,
61〜64, 67, 74, 88, 189,
213
満洲開拓青年義勇隊響導訓
練所　　　　　　　59
満洲開拓青年義勇隊訓練所
（義勇隊訓練所）50, 62,
68
満洲開拓青年義勇隊訓練本
部（義勇隊訓練本部）
32, 61, 65
満洲開拓第二期五カ年計画
3, 54, 63, 64, 74
満洲建設勤労奉仕隊（勤労
奉仕隊）　44, 52, 54, 66,
67, 71〜73
満洲建設勤労奉仕隊中央実
践本部　　　　　　71
満洲国移民機関設置案　17
満洲国緊急農地造成計画要
綱　　　　　　　　100
満洲産業開発五カ年計画
27, 44, 201, 202
満洲事変　3, 8, 182, 183,
185, 199, 215

満洲拓植委員会　　33〜36,
39
満洲拓植委員会事務局　25,
30, 36, 38, 45
満洲拓植株式会社（満拓会
社）　15, 17〜21, 84〜86,
89, 92, 103, 104, 110, 168,
170, 213
満洲調査機関聯合会（調
聯）　　　130, 146, 147
満洲土地開発株式会社　73,
96, 99, 100, 188, 204, 206
満洲農業移民根本方策
（案）　　　　　17, 18
満洲農業移民百万戸移住計
画案　　　　　　21, 85
満洲農地開発公社　　100
満鮮拓植株式会社（満鮮
拓）　31〜33, 38, 59, 89,
96, 103, 104, 106
満鉄開拓科学研究所　117
〜119
満蒙開拓青少年義勇軍（青
少年義勇軍）　　　34
満蒙開拓哈爾濱訓練所　58,
59
満蒙政策諮問会議　　120
密山県拓政辦事処　　19
南満洲及東部内蒙古に関す
る条約　　　　　8, 182
未利用地開発　9, 25, 26, 34,
44, 52, 93, 94, 98, 102, 110,

193, 196, 200, 201, 213,
215
未利用地開発主義　4, 34,
61, 64, 74, 79, 90, 92, 99,
102, 110, 131, 179, 196,
213〜215
未利用地開発要綱　25, 93,
201
蒙地奉上　6, 200, 201, 209,
215
森重干夫　　　　　22, 25

や行
安井誠一郎　　　　　30
安田泰次郎　　　　　61
山口重次　　　　　167
山崎芳雄　　　　　　4
結城清太郎　27, 30, 32, 38,
45, 167

ら行
李延禄　　　　165, 171
李華堂　　　165, 171, 172
李叔平　　　　27, 38, 96
李杜　　161, 162, 165, 167
臨時産業調査局　94, 147,
187, 201
労工　　　206, 213, 215
労働科学研究所（労研）
117

著者紹介

小都　晶子（おづ　あきこ）

1975 年生まれ。大阪外国語大学大学院言語社会研究科博士後期課程修了，博士（学術）。
国際日本文化研究センター特任助教，立命館大学言語教育センター外国語嘱託講師などを経て，現在，摂南大学外国語学部講師。

「満洲国」の日本人移民政策

汲古叢書 154

二〇一九年八月二三日　発行

著　者　小都　晶子

発行者　三井　久人

整版
印刷　株式会社理想社

発行所　汲古書院

〒102-0072
東京都千代田区飯田橋二─五─四
電話〇三（三二六五）一九七六四
ＦＡＸ〇三（三二三二）一八四五

ISBN978-4-7629-6053-6　C3322
Akiko OZU © 2019
KYUKO-SHOIN, CO., LTD. TOKYO
＊本書の一部または全部及び画像等の無断転載を禁じます。

汲 古 叢 書

1	秦漢財政収入の研究	山田　勝芳著	本体 16505円
2	宋代税政史研究	島居　一康著	12621円
3	中国近代製糸業史の研究	曾田　三郎著	12621円
4	明清華北定期市の研究	山根　幸夫著	7282円
5	明清史論集	中山　八郎著	12621円
6	明朝専制支配の史的構造	檀上　寛著	品　切
7	唐代両税法研究	船越　泰次著	12621円
8	中国小説史研究－水滸伝を中心として－	中鉢　雅量著	品　切
9	唐宋変革期農業社会史研究	大澤　正昭著	8500円
10	中国古代の家と集落	堀　敏一著	品　切
11	元代江南政治社会史研究	植松　正著	13000円
12	明代建文朝史の研究	川越　泰博著	13000円
13	司馬遷の研究	佐藤　武敏著	12000円
14	唐の北方問題と国際秩序	石見　清裕著	品　切
15	宋代兵制史の研究	小岩井弘光著	10000円
16	魏晋南北朝時代の民族問題	川本　芳昭著	品　切
17	秦漢税役体系の研究	重近　啓樹著	8000円
18	清代農業商業化の研究	田尻　利著	9000円
19	明代異国情報の研究	川越　泰博著	5000円
20	明清江南市鎮社会史研究	川勝　守著	15000円
21	漢魏晋史の研究	多田　狷介著	品　切
22	春秋戦国秦漢時代出土文字資料の研究	江村　治樹著	品　切
23	明王朝中央統治機構の研究	阪倉　篤秀著	7000円
24	漢帝国の成立と劉邦集団	李　開元著	9000円
25	宋元仏教文化史研究	竺沙　雅章著	品　切
26	アヘン貿易論争－イギリスと中国－	新村　容子著	品　切
27	明末の流賊反乱と地域社会	吉尾　寛著	10000円
28	宋代の皇帝権力と士大夫政治	王　瑞来著	12000円
29	明代北辺防衛体制の研究	松本　隆晴著	6500円
30	中国工業合作運動史の研究	菊池　一隆著	15000円
31	漢代都市機構の研究	佐原　康夫著	13000円
32	中国近代江南の地主制研究	夏井　春喜著	20000円
33	中国古代の聚落と地方行政	池田　雄一著	15000円

34	周代国制の研究	松井　嘉徳著	9000円
35	清代財政史研究	山本　進著	7000円
36	明代郷村の紛争と秩序	中島　楽章著	10000円
37	明清時代華南地域史研究	松田　吉郎著	15000円
38	明清官僚制の研究	和田　正広著	22000円
39	唐末五代変革期の政治と経済	堀　敏一著	12000円
40	唐史論攷－氏族制と均田制－	池田　温著	18000円
41	清末日中関係史の研究	菅野　正著	8000円
42	宋代中国の法制と社会	高橋　芳郎著	8000円
43	中華民国期農村土地行政史の研究	笹川　裕史著	8000円
44	五四運動在日本	小野　信爾著	8000円
45	清代徽州地域社会史研究	熊　遠報著	8500円
46	明治前期日中学術交流の研究	陳　捷著	品　切
47	明代軍政史研究	奥山　憲夫著	8000円
48	隋唐王言の研究	中村　裕一著	10000円
49	建国大学の研究	山根　幸夫著	品　切
50	魏晋南北朝官僚制研究	窪添　慶文著	14000円
51	「対支文化事業」の研究	阿部　洋著	22000円
52	華中農村経済と近代化	弁納　才一著	9000円
53	元代知識人と地域社会	森田　憲司著	9000円
54	王権の確立と授受	大原　良通著	品　切
55	北京遷都の研究	新宮　学著	品　切
56	唐令逸文の研究	中村　裕一著	17000円
57	近代中国の地方自治と明治日本	黄　東蘭著	11000円
58	徽州商人の研究	臼井佐知子著	10000円
59	清代中日学術交流の研究	王　宝平著	11000円
60	漢代儒教の史的研究	福井　重雅著	品　切
61	大業雑記の研究	中村　裕一著	14000円
62	中国古代国家と郡県社会	藤田　勝久著	12000円
63	近代中国の農村経済と地主制	小島　淑男著	7000円
64	東アジア世界の形成－中国と周辺国家	堀　敏一著	7000円
65	蒙地奉上－「満州国」の土地政策－	広川　佐保著	8000円
66	西域出土文物の基礎的研究	張　娜麗著	10000円

67	宋代官僚社会史研究	衣川　強著	品　切
68	六朝江南地域史研究	中村　圭爾著	15000円
69	中国古代国家形成史論	太田　幸男著	11000円
70	宋代開封の研究	久保田和男著	10000円
71	四川省と近代中国	今井　駿著	17000円
72	近代中国の革命と秘密結社	孫　　江著	15000円
73	近代中国と西洋国際社会	鈴木　智夫著	7000円
74	中国古代国家の形成と青銅兵器	下田　誠著	7500円
75	漢代の地方官吏と地域社会	髙村　武幸著	13000円
76	齊地の思想文化の展開と古代中國の形成	谷中　信一著	13500円
77	近代中国の中央と地方	金子　肇著	11000円
78	中国古代の律令と社会	池田　雄一著	15000円
79	中華世界の国家と民衆　上巻	小林　一美著	12000円
80	中華世界の国家と民衆　下巻	小林　一美著	12000円
81	近代満洲の開発と移民	荒武　達朗著	10000円
82	清代中国南部の社会変容と太平天国	菊池　秀明著	9000円
83	宋代中國科擧社會の研究	近藤　一成著	12000円
84	漢代国家統治の構造と展開	小嶋　茂稔著	品　切
85	中国古代国家と社会システム	藤田　勝久著	13000円
86	清朝支配と貨幣政策	上田　裕之著	11000円
87	清初対モンゴル政策史の研究	楠木　賢道著	8000円
88	秦漢律令研究	廣瀬　薫雄著	11000円
89	宋元郷村社会史論	伊藤　正彦著	10000円
90	清末のキリスト教と国際関係	佐藤　公彦著	12000円
91	中國古代の財政と國家	渡辺信一郎著	14000円
92	中国古代貨幣経済史研究	柿沼　陽平著	品　切
93	戦争と華僑	菊池　一隆著	12000円
94	宋代の水利政策と地域社会	小野　泰著	9000円
95	清代経済政策史の研究	薫　武彦著	11000円
96	春秋戦国時代青銅貨幣の生成と展開	江村　治樹著	15000円
97	孫文・辛亥革命と日本人	久保田文次著	20000円
98	明清食糧騒擾研究	堀地　明著	11000円
99	明清中国の経済構造	足立　啓二著	13000円

100	隋唐長安城の都市社会誌	妹尾　達彦著	未　刊
101	宋代政治構造研究	平田　茂樹著	13000円
102	青春群像－辛亥革命から五四運動へ－	小野　信爾著	13000円
103	近代中国の宗教・結社と権力	孫　　江著	12000円
104	唐令の基礎的研究	中村　裕一著	15000円
105	清朝前期のチベット仏教政策	池尻　陽子著	8000円
106	金田から南京へ－太平天国初期史研究－	菊池　秀明著	10000円
107	六朝政治社會史研究	中村　圭爾著	12000円
108	秦帝國の形成と地域	鶴間　和幸著	13000円
109	唐宋変革期の国家と社会	栗原　益男著	12000円
110	西魏・北周政権史の研究	前島　佳孝著	12000円
111	中華民国期江南地主制研究	夏井　春喜著	16000円
112	「満洲国」博物館事業の研究	大出　尚子著	8000円
113	明代遼東と朝鮮	荷見　守義著	12000円
114	宋代中国の統治と文書	小林　隆道著	14000円
115	第一次世界大戦期の中国民族運動	笠原十九司著	18000円
116	明清史散論	安野　省三著	11000円
117	大唐六典の唐令研究	中村　裕一著	11000円
118	秦漢律と文帝の刑法改革の研究	若江　賢三著	12000円
119	南朝貴族制研究	川合　　安著	10000円
120	秦漢官文書の基礎的研究	鷹取　祐司著	16000円
121	春秋時代の軍事と外交	小林　伸二著	13000円
122	唐代勲官制度の研究	速水　　大著	12000円
123	周代史の研究	豊田　　久著	12000円
124	東アジア古代における諸民族と国家	川本　芳昭著	12000円
125	史記秦漢史の研究	藤田　勝久著	14000円
126	東晉南朝における傳統の創造	戸川　貴行著	6000円
127	中国古代の水利と地域開発	大川　裕子著	9000円
128	秦漢簡牘史料研究	髙村　武幸著	10000円
129	南宋地方官の主張	大澤　正昭著	7500円
130	近代中国における知識人・メディア・ナショナリズム	楊　　韜著	9000円
131	清代文書資料の研究	加藤　直人著	12000円
132	中国古代環境史の研究	村松　弘一著	12000円

133	中国古代国家と情報伝達	藤田　勝久著	15000円
134	中国の教育救国	小林　善文著	10000円
135	漢魏晋南北朝時代の都城と陵墓の研究	村元　健一著	14000円
136	永楽政権成立史の研究	川越　泰博著	7500円
137	北伐と西征―太平天国前期史研究―	菊池　秀明著	12000円
138	宋代南海貿易史の研究	土肥　祐子著	18000円
139	渤海と藩鎮―遼代地方統治の研究―	高井康典行著	13000円
140	東部ユーラシアのソグド人	福島　恵著	10000円
141	清代台湾移住民社会の研究	林　淑美著	9000円
142	明清都市商業史の研究	新宮　学著	11000円
143	睡虎地秦簡と墓葬からみた楚・秦・漢	松崎つね子著	8000円
144	清末政治史の再構成	宮古　文尋著	7000円
145	墓誌を用いた北魏史研究	窪添　慶文著	15000円
146	魏晋南北朝官人身分制研究	岡部　毅史著	10000円
147	漢代史研究	永田　英正著	13000円
148	中国古代貨幣経済の持続と転換	柿沼　陽平著	13000円
149	明代武臣の犯罪と処罰	奥山　憲夫著	15000円
150	唐代沙陀突厥史の研究	西村　陽子著	11000円
151	朝鮮王朝の対中貿易政策と明清交替	辻　大和著	8000円
152	戦争と華僑　続編	菊池　一隆著	13000円
153	西夏建国史研究	岩﨑　力著	18000円
154	「満洲国」の日本人移民政策	小都　晶子著	8000円

（表示価格は2019年8月現在の本体価格）